MÉMOIRES

DE

TALLEMANT DES RÉAUX.

PARIS, IMPRIMERIE DE DECOURCHANT,
Rue d'Erfurth, n° 1, près de l'Abbaye.

LES HISTORIETTES

DE

TALLEMANT DES RÉAUX.

—

MÉMOIRES

POUR SERVIR A L'HISTOIRE DU XVIIe SIÈCLE,

PUBLIÉS

SUR LE MANUSCRIT INÉDIT ET AUTOGRAPHE;

AVEC DES ÉCLAIRCISSEMENTS ET DES NOTES,

PAR MESSIEURS

MONMERQUÉ,
Membre de l'Institut,

DE CHATEAUGIRON ET TASCHEREAU.

TOME SIXIÈME.

PARIS,
ALPHONSE LEVAVASSEUR, LIBRAIRE,
PLACE VENDÔME, 16.

—

1835

MÉMOIRES

DE

TALLEMANT.

LE PARQUET.

Le Parquet, qu'on appelle à cette heure Potel-*Romain*, à cause qu'il parle fort de Rome, où il a été, est fils d'un M. Potel, greffier du Conseil. Il n'avoit plus que sa mère quand il se mit dans le monde. C'étoit un gros garçon, noir et plein de rougeurs, la bouche enfoncée et les yeux de travers; avec cela il venoit de quitter la perruque, et avoit trois ou quatre moustaches postiches (1) de chaque côté, où il y avoit plus de douze aunes de ruban noir : on n'avoit pas encore trouvé les coins de cheveux. Il n'y avoit rien de plus plaisant que de voir Des Cures, autre louche, et lui se faire la révérence.

Le Parquet débuta par madame de Ribaudon, à qui il donna les violons et la comédie; il lui donna cadeau (2) et à plusieurs autres; et un jour il mena les

---

(1) Des mèches de faux cheveux.
(2) Repas donné à des femmes ailleurs que chez soi. On a déjà vu ce mot dans ces Mémoires, et Molière l'emploie souvent.

vingt-quatre violons aux Tuileries. Il n'étoit bruit que de lui ; il se fourroit parmi les gens de la cour, et il pouvoit se vanter que la cour et la ville se moquoient de lui en même temps. On en fit un vaudeville assez plaisant :

> C'est monsieur Du Parquet,
> Cet homme si coquet;
> Hé! quoi, ne connoissez-vous pas
> Le brave Du Parquet et ses louches appas ?
> Les dames dans le Cours,
> Pour lui, font mille tours ;
> Et tous les princes, de bon cœur,
> Lui vont criant : Parquet, ton serviteur.
> Il est divertissant
> Lui seul plus que cinq cents :
> Sans ce garçon, le cabinet,
> Ni les ruelles n'ont rien de parfait.

Et il y en avoit encore une qui disoit :

> Il n'est pas jusqu'au perroquet,
> Qui ne dise : *Bonjour Parquet.*

Cette chanson, chantée par tous les laquais, le fit déserter, et il alla à Rome, où il fut assez long-temps pour être appelé au retour Potel-*Romain.*

On avertit sa mère que ce garçon se faisoit moquer de lui ; mais cette bonne femme dit que c'étoit une chose étrange qu'on portât une telle envie à ce pauvre Parquet; qu'on vouloit l'empêcher de se faire valoir, que jamais garçon n'avoit mieux débuté que lui, que tout le monde l'aimoit à la cour, que M. de Beaufort le voyoit de bon œil (c'étoit au commencement de la Régence); que cela venoit de ses frères; mais qu'ils avoient beau faire, qu'elle ne les aimeroit jamais autant que lui. Enfin cette femme mourut. Parquet, un peu revenu, s'en alla voyager ; depuis il s'est fort mis dans la crapule et dans les chansons. Il a mis tout *Cyrus* en couplets, sur l'air de *la Duchesse* ; ils sont assez plaisants. Il est mort jeune.

FOURBERIES.

Un nommé Audebert de Poitiers et sa femme, pour bien marier une petite fille qui leur venoit de naître (c'étoit leur premier enfant), se résolurent d'être quinze ans sans coucher ensemble, ou du moins sans travailler à la propagation du genre humain. A quinze ans ils la marient comme une fille unique, et dont la mère n'auroit plus d'enfants. Le soir même des noces, Audebert et sa femme se remirent à provigner, et elle conçut dès cette nuit-là. Le gendre fut bien étonné de voir sa belle-mère grosse et les testons (1) de sa femme changés en demi-quarts d'écus.

Furetière, ne sachant comment obliger sa mère à lui donner partage, s'avisa d'une plaisante invention, mais qui n'étoit pas autrement selon les bonnes mœurs. Il avoit une sœur assez jolie ; il fait qu'un de ses amis se trouve une ou deux fois en lieu où elle étoit ; cet homme faisoit l'homme de qualité ; il s'éprend, il

---

(1) Le teston, sous Henri IV et sous Louis XIII, valoit quinze sous, sauf de légères variations ; ainsi il équivaloit au quart d'écu. (*Voyez* le *Traité historique des monnoies de France*, par Le Blanc.)

parle; la dame charge son fils de s'en informer. Cet homme se disoit d'auprès de Reims. Furetière apporte des lettres à sa mère, où l'on disoit les plus belles choses du monde de cet homme; il envoyoit des gens de temps en temps, qui se disoient de Reims; la mère aussitôt s'informoit à eux; ils disoient merveilles, et lui avouoient qu'il falloit que ce gentilhomme fût bien amoureux, car, pour le bien, il auroit trouvé tout autre chose. La mère, en se vantant, disoit à son fils : « Tu as toujours fait le bel esprit; trouve donc un « parti comme celui-là pour toi. » La demande se fait : on vient à faire des articles. Le fils consent à tout, pourvu que la mère l'égale; et quand il eut touché son fait, l'accordé disparut. La fille, quoiqu'il y allât du sien, car il avoit fallu souffrir quelques privautés, dit que le tour lui avoit semblé si plaisant, qu'elle n'en pouvoit vouloir du mal à son frère.

Le maître du *Gros-Chenet*, hôtellerie dans la rue Saint-Martin, avoit le plus furieux nez qu'on ait jamais vu; c'étoit un maître nez, qui en avoit de petits aux deux côtés. Un gentilhomme avoit accoutumé de loger chez lui; et, comme cet homme étoit bon et facile, il en emprunta à diverses fois de petites sommes, et enfin cela monta jusqu'à huit cents livres, et le gentilhomme lui en fit une promesse. Cet homme ne savoit ni lire ni écrire, et, ne se défiant point du cavalier, il se contenta de faire écrire au dos de cette promesse par son *fillot*, le fils du savetier son voisin, *Promesse de monsieur un tel de la somme de huit cents livres*, et il la met parmi ses papiers. Au bout de quelque temps, le hobereau ne revenant point, l'hô-

telier appelle son fillot : « Prends une telle promesse ;
« lis : *Je soussigné confesse, etc.* » Et, au lieu de
seing, il y avoit : « Quel chien de nez vous avez !
« quel grand diable de nez vous avez ! » Le petit garçon lit tout, de suite. Son parrain, croyant qu'il se moquoit de lui, lui donne un beau soufflet : voilà l'enfant
à pleurer, qui lui soutient qu'il y avoit ainsi. Il appelle
quelqu'un. On dit que cet enfant ne mentoit pas. Il
n'y avoit ni date ni nom. Le hobereau pourtant fut
condamné quelque temps après, car on trouva des témoins, et on lui confronta son écriture.

Un prêtre, à Arcueil, où est l'aquéduc, pour attraper de l'argent, s'associa avec un pâtissier du village,
et lui fit porter au fond de l'aquéduc une manne pleine
de tourtières de cuivre. Là, toutes les nuits, il faisoit
un bruit enragé avec ses tourtières : le prêtre servit
fort à faire accroire que c'étoit le diable, et qu'il gardoit là-dedans de grands trésors, et que, si on lui faisoit quelque offrande, on en tireroit bien des richesses.
Trois jeunes garçons, persuadés par leurs pères avares,
y vont pour lui faire offrande chacun d'une pièce de
cinquante-huit sous ; ils trouvent un homme avec une
grande barbe qui leur dit : « Que voulez-vous ? — Nous
« venons vous faire offrande. — Vos pièces ne sont
« pas de poids, » leur dit-il. Ils y retournent avec des
pièces d'un écu [1], et rapportent chacun un plat d'argent d'un marc. Voilà le monde bien étonné. La
femme d'un sergent, dont le mari étoit absent, eut le vent
de cela ; elle avoit deux mille cinq cents livres en argent ;

---

[1] C'étoit le louis d'argent que l'on fabriqua sous Louis XIII.

elle parle au prêtre, qui voulut mille écus, à condition qu'au bout d'un mois elle en auroit quarante mille, et ainsi tous les mois, et que, quand elle auroit soixante et dix ans, le diable feroit d'elle ce qu'il lui plairoit : pour cela elle vendit des meubles, et parfit la somme de mille écus. Le sergent revient, demande ce que sont devenus ses meubles et son argent. « Là, là, dit-elle, « ne faites point de bruit pour si peu de chose. Avant « qu'il soit long-temps, vous verrez tel qui vous mé- « prise, vous venir faire la cour. » Elle lui conta l'histoire. Le prêtre s'en étoit déjà enfui ; mais il fut attrapé. On le condamna aux galères et le pâtissier aussi ; pour la femme du sergent, elle fut condamnée au fouet, pour s'être, autant qu'en elle étoit, donnée au diable (1651).

MONDORY,

OU L'HISTOIRE DES PRINCIPAUX COMÉDIENS FRANÇOIS.

Agnan a été le premier qui ait eu de la réputation à Paris. En ce temps-là, les comédiens louoient des habits à la friperie ; ils étoient vêtus infâmement, et ne savoient ce qu'ils faisoient. Depuis vint Valeran (1), qui étoit un grand homme de bonne mine ; il étoit

(1) L'abbé de Marolles parle de cet acteur sous l'année 1616 : « Lors- « que, dit-il, cette fameuse comédienne, appelée La Porte, montoit « encore sur le théâtre, et qu'elle se faisoit admirer de tout le monde « avec *Valeran*, et que Perrine et Gaultier étoient des originaux qu'on « n'a jamais su imiter. » (*Mémoires de Marolles*, 1656, in-fol., p. 31.)

chef de la troupe; il ne savoit que donner à chacun de ses acteurs, et il recevoit l'argent lui-même à la porte. Il avoit avec lui un nommé Vautray, que Mondory a vu encore, et dont il faisoit grand cas. Il y avoit deux troupes alors à Paris; c'étoient presque tous filous, et leurs femmes vivoient dans la plus grande licence du monde; c'étoient des femmes communes, même aux comédiens de la troupe dont elles n'étoient pas.

Le premier qui commença à vivre un peu plus réglement (1), ce fut Gaultier-Garguille (2) : il étoit de Caen, et s'appeloit Fleschelles. Scapin, célèbre acteur italien, disoit qu'on ne pouvoit trouver un meilleur comédien. Gaultier étudioit son métier assez souvent, et il est arrivé quelquefois que, comme un homme de qualité qui l'affectionnoit l'envoyoit prier à dîner, il répondoit qu'il étudioit.

Belleville, dit Turlupin (3), vint un peu après Gaul-

Cette La Porte s'appeloit Marie Varnier; son mari, Mathurin Lefèvre, avoit pris le nom de La Porte. (*Histoire du Théâtre-François* des frères Parfaict, t. 3, p. 579.) Il est question de ces acteurs dans *le Voyage de maître Guillaume en l'autre monde vers Henri le Grand*, Paris, 1612, p. 62. On y parle de femmes qui babillent « comme personnes qui se « vont désennuyer à l'hôtel de Bourgogne *pour voir jouer les bateleurs* « *de Valeran et de La Porte.* »

(1) *Sic*, pour *régulièrement*.

(2) Hugues Gueru, dit Fléchelles, dit *Gaultier-Garguille*, débuta dans la troupe du Marais, vers 1598. Sauval en fait une description fort plaisante. (*Antiquités de Paris*, t. 3, p. 37.) Voyez aussi l'*Histoire du Théâtre-François*, t. 4, p. 320. L'abbé de Marolles, dans le passage déjà cité, parle de *Perrine* et de *Gaultier*; il indique aussi *la Farce de la querelle de Gaultier-Garguille et de Perrine, sa femme, avec la Sentence de séparation entre eux rendue à Vaugirard, par a, e, i, o, u, à l'enseigne des Trois-Raves*. Cette pièce bizarre a été réimprimée par Caron, dans sa Collection de facéties.

(3) Henri Le Grand s'appeloit Belleville dans le haut comique, et

tier-Garguille, et ils ont long-temps joué ensemble avec La Fleur, dit Gros-Guillaume (1), qui étoit le *fariné*; Gaultier le vieillard, et Turlupin le fourbe. Turlupin, renchérissant sur la modestie de Gaultier-Garguille, meubla une chambre proprement; car tous les autres étoient épars çà et là, et n'avoient ni feu ni lieu. Il ne voulut point que sa femme jouât (elle a joué depuis sa mort, étant remariée avec d'Orgemont dont nous parlerons ensuite), et il lui fit visiter le voisinage; enfin il vivoit en bourgeois.

La comédie pourtant n'a été en honneur que depuis que le cardinal de Richelieu en a pris soin, et, avant cela, les honnêtes femmes n'y alloient point. Il trouva Bellerose (2) sur le théâtre de l'Hôtel de Bourgogne avec sa femme, bonne actrice, la Beaupré et la Violette, personne aussi bien faite qu'on en pût trouver; elle a eu bien des galants, et, lorsqu'elle ne valoit plus rien, l'abbé d'Armentières, qui devint après l'aîné, par

---

Turlupin dans la farce. On assure qu'il a joué la comédie pendant cinquante-cinq ans. (*Histoire du Théâtre-François*, tome 4, p. 240.) Sauval donne sur lui quelques détails au lieu déjà cité. On a imprimé, à la suite du *Recueil général des OEuvres et Fantaisies de Tabarin*, deux farces qui donnent une idée de la manière de ce comédien. C'étoient de véritables parades d'un cynisme excessif.

(1) Robert-Guérin, dit La Fleur, dit Gros-Guillaume, farceur de l'Hôtel de Bourgogne. « Il ne portoit point de masque, mais se couvroit le visage de farine, et ménageoit cette farine, de sorte qu'en remuant seulement un peu les lèvres, il blanchissoit tout d'un coup ceux qui lui parloient. » (*Antiquités de Paris*, par Sauval, tome 3, page 38.)

(2) Pierre Le Messier, dit Bellerose, un des meilleurs acteurs de ce temps-là. On croit que c'est lui qui a joué d'original le rôle de *Cinna*. (*Histoire du Théâtre-François*, tome 5, page 24.) On voit dans la Gazette en vers de Robinet, du 25 janvier 1670, que Bellerose venoit de mourir.

la mort de son frère, la tira du théâtre, et en fit le fou à un point si étrange, qu'après sa mort il eut long-temps le crâne de cette femme dans sa chambre.

Mondory commença à paroître en ce temps-là. Il étoit fils d'un juge ou d'un procureur fiscal de Thiers, en Auvergne (1), où l'on faisoit autrefois toutes les cartes à jouer; pour lui, il se disoit fils de juge. Son père l'envoya à Paris chez un procureur. On dit que ce procureur, qui aimoit assez la comédie, lui conseilla d'y aller les fêtes et les dimanches, et qu'il y dépense-roit et s'y débaucheroit moins que partout ailleurs. Il y prit tant de plaisir qu'il se fit comédien lui-même; et, quoiqu'il n'eût que seize ans, on lui donnoit des principaux personnages, et insensiblement il fut le chef d'une troupe, composée de Le Noir et de sa femme qui avoit été au prince d'Orange. Cette Le Noir étoit aussi jolie personne qu'on pût trouver. Le Noir mourut, et sa femme s'en tira. Le comte de Belin, qui avoit Mairet à son commandement, faisoit faire des pièces, à condition qu'elle eût le principal personnage; car il en étoit amoureux, et la troupe s'en trouvoit bien. La Villiers (2) y étoit aussi. On dit que Mondory s'en éprit, mais qu'elle le haïssoit; et que la haine qui fut entre eux fut cause, qu'à l'envie l'un de l'autre, ils se firent deux si excellentes per-sonnes en leur métier. Le comte de Belin, pour mettre cette troupe en réputation, pria madame de Ram-bouillet de souffrir qu'ils jouassent chez elle la *Virgi-*

---

(1) Jusqu'à présent on le croyoit d'Orléans. (*Histoire du Théâtre-François*, t. 5, p. 96.)

(2) La femme de Villiers, ou de De Villiers, auteur médiocre et bon acteur; il jouoit les valets.

nie de Mairet (1). Le cardinal de La Valette y étoit, qui fut si satisfait de Mondory, qu'il lui donna pension. Il en donnoit comme cela aux hommes extraordinaires qui lui plaisoient.

Mondory eut toujours de la reconnoissance pour madame de Rambouillet; car ce fut de ce jour-là qu'il commença à entrer en quelque crédit. Sa femme n'a jamais pensé à monter sur le théâtre, et lui n'a jamais joué à la farce; c'est le premier qui s'est avisé de cela : Bellerose y jouoit. Il ne laissa voir sa femme à personne, et il disoit aux gens : « C'est une innocente « qui ne bouge des églises. » Il tiroit part et demie. Il étoit de certaines conversations spirituelles chez Giry (2) et chez Du Ryer (3), et faisoit des vers passablement : il ne manquoit point d'esprit, et savoit fort bien son monde. Je me souviens qu'on fit une certaine pièce qu'on appeloit *l'Esprit Fort* (4), où l'on avançoit, en contant les visions de l'Esprit Fort, que Mondory faisoit mieux que Bellerose (5); et, Bellerose, car c'étoit à l'Hôtel de Bourgogne, et en parlant à lui,

---

(1) En 1631. (T.) — Cette tragi-comédie de Mairet fut imprimée en 1635.

(2) Louis Giry, avocat. Il étoit des assemblées qui se tenoient chez Conrart, mais il s'en étoit retiré; et le cardinal de Richelieu le fit proposer par Bois-Robert pour être de l'Académie françoise. (*Histoire de l'Académie*, par Pellisson; Paris, 1730, t. 1, p. 6 et 208.)

(3) Pierre Du Ryer, de l'Académie françoise. On a de lui dix-neuf pièces de théâtre, aussi mauvaises les unes que les autres.

(4) *L'Esprit Fort, ou l'Angélie*, comédie en cinq actes et en vers de Jean Claveret, avocat d'Orléans.

(5) Le personnage du poète des *Visionnaires* a bien fait voir ce que c'étoit que Mondory; personne n'en a approché. (T.) — *Les Visionnaires* sont de Desmarets. Cette pièce eut un grand succès; elle n'est pas sans mérite.

qu'on disoit cela, faisoit la plus sotte mine du monde à cet endroit-là, au lieu de ne faire pas semblant de l'entendre. Cependant tout le monde fut bientôt de l'avis de *l'Esprit Fort;* mais le Roi, peut-être pour faire dépit au cardinal de Richelieu, qui affectionnoit Mondory, tira Le Noir et sa femme de la troupe du Marais (c'est où jouoit Mondory), et les mit à l'Hôtel de Bourgogne (1). Mondory prit Baron (2), et dans peu sa troupe valoit encore mieux que l'autre; car lui seul valoit mieux que tout le reste : il n'étoit ni grand, ni bien fait; cependant il se mettoit bien, il vouloit sortir de tout à son honneur, et, pour faire voir jusqu'où alloit son art, il pria des gens de bon sens, et qui s'y connoissoient, de voir quatre fois de suite la *Marianne* (3). Ils y remarquèrent toujours quelque chose de nouveau; aussi, pour dire le vrai, c'étoit son chef-d'œuvre, et il étoit plus propre à faire un héros qu'un amoureux. Ce personnage d'Hérode lui coûta bon; car, comme il avoit l'imagination forte, dans le moment il croyoit quasi être ce qu'il représentoit, et il lui tomba en jouant ce rôle une apoplexie sur la langue qui l'a empêché de jouer depuis (4). Le cardinal de Richelieu l'y obligea une fois; mais il ne

(1) Le Noir et sa femme quittèrent, en 1634, la troupe du Marais pour passer à l'Hôtel de Bourgogne. (*Histoire du Théâtre-François,* t. 5, p. 95.)

(2) C'étoit le père du célèbre Baron.

(3) *Marianne,* tragédie de Tristan l'ermite, jouée en 1636, et imprimée en 1637. Cette pièce s'est soutenue pendant cent ans au théâtre, et elle eut un succès qui sembla balancer celui du *Cid.* (*Histoire du Théâtre-François,* t. 5, p. 191.)

(4) Il fut frappé d'apoplexie en jouant, et il en demeura paralytique, ce qui fit dire au prince de Guémené : *Homo non periit, sed periit artifex.* (*Histoire du Théâtre-François,* t. 5, p. 98.)

put achever (1). Si ce cardinal eût voulu, au moins Mondory en eût-il pu instruire d'autres; mais, pour cela, il eût fallu lui donner de l'autorité, car il n'y avoit si petit acteur qui ne crût en savoir autant que lui. Ce fut lui qui fit venir Bellemore, dit le *Capitan Matamore* (2), bon acteur. Il quitta le théâtre parce que Desmarets lui donna, à la chaude, un coup de canne derrière le théâtre de l'Hôtel de Richelieu. Il se fit ensuite commissaire de l'artillerie, et y fut tué. Il n'osa se venger de Desmarets, à cause du cardinal, qui ne le lui eût pas pardonné.

Le cardinal, après que Mondory eut cessé de monter sur le théâtre, faisoit jouer les deux troupes ensemble chez lui, et il avoit dessein de n'en faire qu'une. Baron et la Villiers, avec son mari, et Jodelet (3) même allèrent à l'Hôtel de Bourgogne. D'Orgemont et Floridor avec la Beaupré soutinrent la troupe du Marais, à laquelle Corneille, par politique, car c'est un grand avare, donnoit ses pièces; car il vouloit qu'il y eût deux troupes.

(1) Le cardinal de Richelieu le fit revenir à Paris, et l'engagea à jouer le principal rôle dans la comédie de *l'Aveugle de Smyrne*; mais il n'en put jouer que quelques actes. (*Mémoires pour servir à l'Histoire du théâtre, et spécialement à la Vie des plus célèbres comédiens françois*, dans le *Mercure de France*, mai, 1738, p. 826.)

(2) Cet acteur n'étoit connu, jusqu'à présent, que par le nom de son rôle. (*Histoire du Théâtre-François*, t. 5, p. 350.) Bellemore est mis, par les frères Parfait, au nombre des acteurs sur lesquels on n'a conservé aucune notion (p. 104.)

(3) Julien Geoffrin, dit *Jodelet*. Il étoit le *fariné* du théâtre du Marais. (*Mémoires de Tallemant*, t. 3, p. 38.) Tallemant a consacré un petit article à cet acteur (*ibid.*, p. 42). Après avoir joué pendant vingt-cinq ans sur le théâtre du Marais, il eut ordre du Roi d'entrer dans la troupe de l'hôtel de Bourgogne. (*Histoire du Théâtre-François*, tome 5,

D'Orgemont, à mon goût, valoit mieux que Bellerose, car Bellerose étoit un comédien fardé, qui regardoit où il jetteroit son chapeau, de peur de gâter ses plumes : ce n'est pas qu'il ne fît bien certains récits, et certaines choses tendres, mais il n'entendoit point ce qu'il disoit. Baron de même n'avoit pas le sens commun ; mais si son personnage étoit celui d'un brutal, il le faisoit admirablement bien. Il est mort d'une étrange façon. Il se piqua au pied, en marchant trop brutalement sur son épée, comme il faisoit le personnage de don Diègue, au *Cid*, et la gangrène s'y mit. Floridor (1) étoit amoureux de la femme de Baron, et une fois qu'il sembla au mari qu'elle avoit parlé trop passionnément à Floridor, au sortir de la scène, il lui donna deux bons soufflets. Elle est encore fort jolie ; ce n'est pas une merveil-

p. 95.) Il mourut au mois de mars 1660. (*Ibid.*, tome 6, p 240) Loret, dans sa *Muse historique*, lui fit cette naïve épitaphe :

> Ici gît qui de Jodelet
> Joua cinquante ans le rolet,
> Et qui fut de même farine,
> Que Gros-Guillaume et Jean-Farine,
> Hormis qu'il parloit mieux du nez
> Que lesdits deux enfarinés.
> Il fut un comique agréable,
> Et, pour parler selon la fable,
> Paravant que Clothon, pour nous pleine de fiel,
> Eût ravi d'entre nous cet homme de théâtre,
> Cet homme archiplaisant, cet homme archifolâtre,
> La terre avoit son Mome aussi bien que le ciel.

(1) Josias de Soulas, sieur de Prinefosse, dit *Floridor*. Il étoit noble et prenoit le titre d'écuyer. (*Voyez* la note de la p. 32 du t. 5 de ces *Mémoires.*)

leuse actrice, mais elle est fort bien, et elle réussit admirablement pour la beauté ; cependant elle a eu seize enfans (1).

(1) Mademoiselle Baron, mère du célèbre Baron, jouoit les rôles tragiques et ceux du haut comique. « Sa beauté surpassoit encore ses ta-« lents pour le théâtre. On rapporte que, lorsqu'elle se présentoit pour « avoir l'honneur de paroître à la toilette de la Reine-mère, Sa Majesté « disoit à toutes ses dames : « Mesdames, voilà la Baron ; » et elles prenoient la fuite. (*Histoire du Théâtre-François*, tome 9, page 155.) Elle mourut des suites d'un saisissement, au mois de septembre 1662. On lit dans la *Muse historique* de Loret, à la date du 9 septembre :

>Cette actrice de grand renom
>Dont la Baronne étoit le nom,
>Cette merveille du théâtre,
>Dont Paris étoit idolâtre,
>Qui, par ses récits enchanteurs,
>Ravissoit tous ses auditeurs
>De sa belle et tendre manière,
>Est depuis deux jours dans la bière ;
>Et la mort n'a point respecté
>Cette singulière beauté,
>Faisant périr en sa personne
>Une grâce toute mignonne,
>Un air charmant, un teint de lis,
>Mille et mille agrémens jolis
>Qui des yeux étoient les délices,
>Bref, une des rares actrices,
>Qui, pour notre félicité,
>Sur la scène ait jamais monté.
>Dès que l'on voyoit son visage,
>Tous les cœurs lui rendoient hommage;
>Son discours et son action
>Inspiroient de l'attention ;
>Soit qu'elle fût reine ou bergère,
>Déesse, ou nymphe bocagère,
>Elle plaisoit à tout moment.....
>. . . . .
>Approchant ses derniers momens
>Elle reçut ses sacremens ;

D'Orgemont mourut bientôt après [1]. Floridor, qui y est aujourd'hui, lui succéda. Il jouoit encore au Marais avec la Beaupré [2], vieille et laide, quand il arriva une assez plaisante chose. Sur le théâtre, elle et une jeune comédienne se dirent leurs vérités. « Eh « bien ! dit la Beaupré, je vois bien, mademoiselle, « que vous voulez me voir l'épée à la main. » Et en disant cela, c'étoit à la farce, elle va quérir deux épées point épointées. La fille en prit une, croyant badiner. La Beaupré, en colère, la blessa au cou, et l'eût tuée, si on n'y eût couru. Depuis, M. de Beaufort donnant certaine comédie où cette fille étoit nécessaire, il l'alla prier de venir. Elle y alla embéguinée, quoiqu'elle eût juré de ne jouer jamais avec

> Et comme durant son bel âge
> Elle joua maint personnage
> Dans des déguisements divers,
> Voyez son épitaphe en vers :
> Ici gît qui fut Indienne,
> Bohémienne, Egyptienne,
> Athénienne, Arménienne,
> Qui fut Turque, qui fut païenne,
> Le tout comme comédienne,
> Et puis mourut bonne chrétienne.

[1] Ce passage indique l'époque de la mort de ce comédien de la troupe du Marais. Elle étoit plus incertaine auparavant. (Voyez *l'Histoire du Théâtre-François*, t. 5, p. 102.)

[2] Segrais en parle en ces termes : « La Beaupré, excellente comédienne de ce temps-là, qui a joué aussi dans les commencements de la grande réputation de M. Corneille, disoit : « M. Corneille nous a « fait un grand tort ; nous avions ci-devant des pièces de théâtre pour « trois écus, que l'on nous faisoit en une nuit ; on y étoit accoutumé, « et nous gagnions beaucoup ; présentement les pièces de M. Corneille « nous coûtent bien de l'argent, et nous gagnons peu de chose. » (*Mémoires anecdotes de Segrais*; Amsterdam, 1723, p. 213.)

la Beaupré. Plusieurs personnes lui parlèrent d'accommodement; elle dit qu'elle n'en vouloit rien faire, et elle s'en alla dès qu'elle eut fini, car son rôle ne duroit pas jusqu'à la fin de la pièce. Cette Beaupré quitta le théâtre il y a six ans, et présentement elle joue en Hollande.

Floridor, las d'être au Marais avec de méchants comédiens, acheta la place de Bellerose (1) avec ses habits, moyennant vingt mille livres; cela ne s'étoit jamais vu. Le chef ayant part et demie dans la pension que le Roi donne aux comédiens de l'Hôtel de Bourgogne, c'est ce qui fit donner cet argent. Ce Floridor est fils d'un ministre; il s'appelle Josias. Autrefois, quand il paroissoit, du temps de Mondory, les laquais crioient sans cesse : « *Josias, Josias.* » Ils le faisoient enrager. C'est un médiocre comédien, quoi que le monde en veuille dire; il est toujours pâle; cela vient d'un coup d'épée qu'il a eu autrefois dans le poumon; ainsi point de changement de visage. Montfleury (2), s'il n'étoit point si gros, et qu'il n'af-

---

(1) Bellerose s'est fait dévot; mais sa femme n'a point quitté. (T.)

(2) Zacharie-Jacob, dit Montfleury, père de l'auteur comique, étoit bien né, et après avoir été page du duc de Guise, il se donna au théâtre. C'est lui qui accusa Molière d'avoir épousé sa propre fille. Notre grand poète est maintenant bien lavé de cette injure. (Voyez l'*Histoire de Molière*, par J. Taschereau, deuxième édition, 1828, p. 89.) « On « prétend que Montfleury mourut par les efforts violents qu'il fit en « jouant Oreste, où l'on assure que son ventre s'ouvrit. Il étoit si prodigieusement gros, qu'il étoit soutenu par un cercle de fer. Il faisoit « des tirades de vingt vers de suite, et poussoit le dernier avec tant de « véhémence, que cela excitoit des brouhahas et des applaudissements qui « ne finissoient point. Il étoit plein de sentiments pathétiques, et quelquefois jusqu'à faire perdre la respiration aux spectateurs. » (*Mercure de France*, de mai 1738, p. 830.)

fectât point trop de montrer sa science, seroit un tout autre homme que lui. Jodelet, pour un *fariné* naïf, est un bon acteur ; il n'y a plus de farce qu'au Marais, où il est, et c'est à cause de lui qu'il y en a. Il dit une plaisante chose au *Timocrate* (1) du jeune Corneille, dont la scène est à Argos ; on lui avoit dit qu'il y avoit dans cette ville-là une fontaine où Junon, tous les ans, revenoit prendre une nouvelle virginité. Il vint conter cela après que la pièce fut achevée (2), et dit : « S'il y avoit une fontaine comme cela au « Marais, il faudroit que le bassin en fût bien grand. » Il fait bien un personnage de valet, et Villiers dit : « *Philippin* (3), mari de la Villiers, ne le fait pas mal « aussi, mais n'est pas si bien. » Jodelet parle du nez, pour avoir été mal pansé de la v....., et cela lui donne de la grâce. Gros-Guillaume autrefois ne disoit quasi rien ; mais il disoit les choses si naïvement, et avoit une figure si plaisante, qu'on ne pouvoit s'empêcher de rire en le voyant ; peut-être s'il fût venu du temps de Trivelin, de Scaramouche et de Briguelle (4), qu'il n'auroit pas tant fait rire les gens.

Il faut finir par la Béjard (5). Je ne l'ai jamais vue

---

(1) Tragédie de Thomas Corneille, représentée en 1656.

(2) Il fit cette plaisanterie dans la farce qui terminoit le spectacle. (*Voyez* plus haut la même anecdote rapportée par Tallemant dans l'Historiette de Jodelet, t. 3, p. 42 de ces *Mémoires*.)

(3) Ce nom de *Philippin* étoit celui du valet dans *le Festin de Pierre* de de Villiers, tragi-comédie en cinq actes, représentée en 1659.

(4) C'étoient trois célèbres acteurs du Théâtre Italien.

(5) Madeleine Béjart, ou *Béjard*, fille de Joseph Béjart, huissier ordinaire du Roi ès eaux et forêts, et de Marie Hervé, sa femme, baptisée sur la paroisse Saint-Gervais, à Paris, le 8 janvier 1618. (*Note communiquée par M. Beffara.*)

jouer ; mais on dit que c'est la meilleure de toutes. Elle est dans une troupe de campagne (¹); elle a joué à Paris, mais ç'a été dans une troisième troupe qui n'y fut que quelque temps. Son chef-d'œuvre, c'étoit le personnage d'Epicharis, à qui Néron venoit de faire donner la question (²).

Un garçon, nommé Molière, quitta les bancs de la Sorbonne pour la suivre (³); il en fut long-temps amoureux, donnoit des avis à la troupe, et enfin s'en mit et l'épousa (⁴). Il fait des pièces où il y a de l'esprit ; ce n'est pas un merveilleux acteur, si ce n'est pour le ridicule. Il n'y a que sa troupe qui joue ses pièces ; elles sont comiques (⁵). Il y a dans une autre

---

(¹) Madeleine Béjart et Jacques Béjart, son frère, dès 1645, concoururent avec Molière à former, à Paris, une troupe de comédiens, sous le nom de l'*Illustre théâtre*. Louis Béjart, autre frère, se réunit à eux plus tard. Cette troupe, après avoir joué à Paris, parcourut la province, passa à Nantes en 1648; revint à Paris en 1650, où elle joua à l'Hôtel de Conti. En 1653, elle se rendit à Lyon et dans différentes villes du Languedoc et de Provence; elle y joua, entre autres pièces, *l'Étourdi* et *le Dépit amoureux*. Enfin, au mois d'octobre 1658, la troupe de Molière vint se fixer à Paris. (*Note communiquée par M. Beffara.*)

(²) Nous ignorons de quel auteur étoit cette tragédie d'*Épicharis*. Elle n'est pas indiquée par les frères Parfait, par Beauchamp, ni par le duc de La Vallière.

(³) Tallemant est le seul écrivain qui parle de cette circonstance. On croit que Molière, après avoir étudié en droit à Orléans, se fit recevoir avocat.

(⁴) Erreur de Tallemant. Molière épousa, le 20 février 1662, Armande-Gresinde-Élisabeth Béjart, sœur de Madeleine. Ce passage, relatif à Molière, a été écrit par Tallemant à la marge de son manuscrit. Il est un peu plus récent que le texte principal de l'ouvrage.

(⁵) Molière n'avoit donné que deux pièces, *l'Étourdi*, représenté à Lyon en 1653, et *le Dépit amoureux*, joué à Béziers, en 1654. Molière ne commença à jouer à Paris qu'en octobre 1658, et *les Précieuses ridicules*, où le génie de Molière commença à se révéler, furent repré-

troupe un nommé Filandre qui a aussi de la réputation ; mais il ne me semble pas naturel. La Bellerose est la meilleure comédienne de Paris ; mais elle est si grosse que c'est une tour (1). La Beauchâteau est aussi bonne comédienne ; elle ne manque jamais, et fait bien certaines choses (2).

Le théâtre du Marais n'a pas un seul bon acteur ni une seule bonne actrice.

Il y a à cette heure une incommodité épouvantable à la comédie, c'est que les deux côtés du théâtre sont pleins de jeunes gens assis sur des chaises de paille ; cela vient de ce qu'ils ne veulent pas aller au parterre (3), quoiqu'il y ait souvent des soldats à la porte, et que les pages ni les laquais ne portent plus d'épées. Les loges sont fort chères, et il y faut songer de bonne heure. Pour un écu ou pour un demi-louis (4), on est sur le théâtre ; mais cela gâte tout, et il ne faut quelquefois qu'un insolent pour tout troubler. Les pièces ne sont plus guère bonnes.

sentées pour la première fois le 18 novembre 1659. Tallemant ne pouvoit donc pas encore suffisamment apprécier Molière.

(1) On ne sait rien sur la Bellerose; on ignore même quels rôles elle remplissoit. (*Histoire du Théâtre-François*, t. 5, p. 28.)

(2) Madeleine Bouget, femme de François Châtelet, dit Beauchâteau, et mère du petit Beauchâteau. (*Ibid.*, t. 9, p. 413.)

(3) On étoit alors debout au parterre. Cet usage s'est maintenu jusque vers 1782, époque de la construction du Théâtre-François, au Palais-Royal.

(4) Tallemant parle ici de l'écu d'or, qui étoit à peu près de la valeur du demi-louis. On avoit commencé, en 1640, à fabriquer des louis et des demi-louis d'or, ainsi que des louis d'argent. (Voyez le *Traité historique des monnoies de France* de Le Blanc.)

CONTES DE PRÉDICATEURS

ET DE MINISTRES.

M. de Mâcon, ci-devant M. de Sarlat, a eu grande réputation pour la prédication, quand il étoit M. de Lingendes(1). Il prêchoit une fois un carême à Rennes, il étoit alors à Monsieur; il avoit été avant cela au comte de Moret. Un charlatan, qui se disoit aussi à Monsieur, le vint trouver un jour, et lui dit qu'étant à même maître et de même profession (2), il avoit pris la hardiesse de lui venir faire la révérence. « Hé! qui êtes-vous, « monsieur? — Je suis, dit-il, cet homme qui monte sur « le théâtre dans cette place; nous parlons tous deux « en public. » M. de Rennes arrive là-dessus. « Mon- « sieur, lui dit M. de Lingendes, je suis ravi d'une « chose; si par hasard je tombois malade, voilà mon- « sieur qui achèvera : nous sommes de même *profes- « sion.* » Il eût été plus tôt évêque s'il n'eût point été à Monsieur. Son cousin, le Père de Lingendes(3), un des meilleurs prédicateurs de la Société, le remit bien

---

(1) Neveu de Lingendes le poète. (T.) — Jean de Lingendes, évêque de Sarlat, en 1642, fut promu au siége de Mâcon en 1650. Ce fut lui qui prononça, à Saint-Denis, l'oraison funèbre de Louis XIII.

(2) La femme d'un maréchal ferrant disoit au maréchal de Biron : « Hé! monsieur, à cause du métier, faites-moi rendre mon âne. »
(T.)

(3) Claude Lingendes, né en 1591, devint provincial de France, et mourut à Paris, supérieur de la maison professe, le 12 avril 1660.

avec les Jésuites; il étoit brouillé avec eux; il le fit prêcher dans leurs églises. Ce furent eux qui, par le moyen de M. de Noyers, le firent évêque de Sarlat; depuis il permuta pour d'autres bénéfices, et enfin il fut évêque de Mâcon à la régence. Il ne sait que médiocrement ce que c'est qu'éloquence; il y a quelquefois beaucoup d'esprit dans ses sermons; il fait quelquefois aussi des prédications de cordelier; il se pique surtout de bien entendre saint Paul; cependant, quand il l'explique, on ne l'entend pas autrement. On en a fort médit avec une madame de Marigny, femme d'esprit, qui logeoit sur la Tournelle : il y avoit un vaudeville :

> Éloquente de Marigny,
> Quel amoureux te baise?
> Je le connois, je l'ai vu dans la chaise.

Il passe pour un bon courtisan, et il est toujours prêt à flatter ceux qui donnent les bénéfices. Une fois il dit une chose chez madame Saintot [1], qui n'étoit guère judicieuse. Quelqu'un lui dit : « Je pense que « le sermon d'hier est le meilleur que vous ayez fait. « — Le meilleur que j'aie fait, reprit-il, c'est celui « d'un tel jour; il me valut soixante pistoles. » Une autre fois il étoit encore chez madame Saintot, avec quatre ou cinq autres prélats ou abbés; pas un ne sut dire quelle fête il étoit.

Un curé, au prône, dit : « Voyons quelle fête il y a

[1] Cette madame Saintot, qui étoit si éprise de Voiture. (*Voyez* l'Historiette de Voiture, t. 2, p. 272 et suiv.)

« cette semaine : Saint-Simon Saint-Jude. Judas fêté !
« Il ne faudra la chômer que le matin pour saint Si-
« mon, ou, plutôt, point du tout, pour apprendre à
« saint Simon à hanter mauvaise compagnie. »

Un ministre disoit toujours en prêchant : *Il n'y a
ni rime ni raison*, et il répétoit cela cent fois pour
un sermon. Ses brebis s'en ennuyèrent, et en deman-
dèrent un autre. On leur dit : « Eh bien ! êtes-vous
« contents ? — Oui, dirent-ils naïvement, il n'y a ni
« rime ni raison à ses sermons. »

Un prédicateur, ne voyant pour tout auditeurs que
sept femmes, leur dit : « Je ne laisserai pas de prêcher ;
« notre Seigneur prêcha bien pour trois p......, et
« vous voilà sept. »

Le Père Bouvard, Cordelier, avoit de l'esprit, mais
il disoit quelquefois de grandes grotesques. En prêchant sur *Flos campi*, il dit que cette tulipe avoit été
fouettée pour nous. On dit une *tulipe fouettée* (1) ;
il méritoit d'être fouetté lui-même.

Un prédicateur disoit qu'on appeloit la femme *mu-
lier*, parce qu'elle est *mule hier, mule aujourd'hui,
mule in æternum*.

Un ministre gascon, en prêchant sur la parabole de
la vigne, prêcha si longuement, qu'un des auditeurs
s'en alla en disant qu'il alloit quérir une serpe pour

(1) C'est une tulipe marquée de petites raies, particulièrement de
lignes rouges sur fond blanc, qui ressemblent à des traces de coups de
fouet. (*Dict. de Trévoux*.)

faire un passage à ce pauvre homme; qu'autrement il ne sortiroit jamais de cette vigne.

Un moine prêchoit à Cinq-Queues, près Pont-Sainte-Maxence, le jour de la fête du village. Il crut que le patron s'appeloit saint Queux; dans son sermon, il leur dit : « Il faut que vous imitiez en toutes choses « votre bon patron, *M. saint Queux.* » Un marguillier lui dit : « C'est saint Martin. — Votre bon patron, re-« prit-il, *M. saint Martin*, et en grec *M. saint* « *Queux.* » C'est ainsi qu'il s'en sauva.

A Saint-Pierre-aux-Bœufs (1), les marguilliers et le curé étant en dispute, avoient nommé deux prédicateurs pour le carême. Il fut conclu, pour les accommoder, que l'un prêcheroit le matin, et l'autre l'après-dînée. Le jour de Pâques fleuries, le premier, qui étoit l'archidiacre de Bayeux, dit qu'il laissoit à celui qui prêcheroit après lui à expliquer si c'étoit un âne ou une ânesse sur qui Notre-Seigneur étoit monté; que c'étoit un célèbre Cordelier, un grand personnage, qui leur expliqueroit aisément le plus grand mystère qu'il y eût dans l'Évangile du jour. Le Cordelier monte en chaire, et dit : « Puisque M. l'archidiacre a laissé à « expliquer si c'est un âne ou une ânesse, je vous prie, « messieurs, de lui dire que c'est un âne. »

Un curé, parlant contre les Juifs, disoit : « Vous « étiez bien enragés d'aller faire mourir un pauvre « diable qui ne vous faisoit point de mal ! »

(1) C'étoit à Paris une des paroisses du quartier de la Cité. Elle étoit dans la rue du même nom, qui va de la rue des Marmousets au parvis Notre-Dame. Il existe encore une partie de son ancien portail.

Un Italien, qui a traduit *l'Illustre Bassa* (1), pour dire que Soliman donna deux *montres* (2) à son armée, a mis, *due horologi*.

Un Jésuite, à l'Oratoire, au lieu de dire des langues de feu, dit des langues *de bœuf*.

Un Cordelier comparoit Notre-Seigneur à une bécasse, à cause que tout en est bon.

Un prédicateur parlant de l'épée que Denys le tyran avoit fait suspendre à un filet (3), ne se souvint plus de la suite, et il dit hardiment : « Le fil est bon; « il durera bien jusqu'à demain. Demain nous dirons « le reste. »

MADAME DE VIEILLEVIGNE.

Madame de Vieillevigne est Bretonne; elle avoit un frère nommé Guergroy, gentilhomme fort accommodé, qui étoit un plaisant homme. A toute heure il quittoit la compagnie, pour aller, disoit-il, à M. le cardinal de Richelieu qui n'avoit jamais ouï parler de lui : il avoit un cheval magnifique, et étoit logé comme un paysan; il mourut jeune et sans enfants, et laissa sa sœur de Vieillevigne héritière. Or le mari de cette

---

(1) *Ibrahim, ou l'Illustre Bassa*, roman de mademoiselle de Scudéry; il parut sous le nom de son frère, en 1641.

(2) Terme de guerre : paie faite au soldat après avoir passé la revue.

(3) L'Histoire de Damoclès.

femme est un homme riche, mais si stupide, qu'à l'Académie, M. de Benjamin fut contraint de lui faire écrire sur ses bottes : « Jambe droite et jambe gauche. » Une fois on lui fit accroire qu'il étoit de bois : « Mais je me remue, disoit-il. — C'est par ressort, » lui répliqua-t-on. Depuis cela on l'appeloit l'homme de bois. Sa femme avoit un lévrier le plus beau du monde, et qu'elle aimoit tendrement : on mena ce lévrier à la chasse du sanglier quasi en dépit d'elle; il y fut tué. On ne savoit comment le lui dire : « Lais« sez-moi faire, dit le mari. Ma mie, lui dit-il, votre « lévrier a été tué; mais consolez-vous, Henri le Grand « le fut bien. »

Elle gouvernoit tout chez cet homme; elle avoit une procuration générale; cependant elle disoit toujours : « M. de Vieillevigne me laisse toute la peine. » Elle ne concluoit rien sans faire semblant de lui en parler; elle lui faisoit troquer des chevaux avec ceux qui le venoient voir, et, quand elle est avec lui, il n'est pas la moitié si sot que quand elle n'y est pas. Un jour que le maréchal de La Meilleraye lui envoya un gentilhomme, ce gentilhomme, dans la basse-cour, se mit à faire ses nécessités; il étoit pressé. Il avoit envoyé son laquais au château savoir si monsieur y étoit : ce laquais le trouve dans la cour. Vieillevigne s'avance, et dit à ce garçon : « Va-t'en boire. » Et quoiqu'il vît cet homme accroupi sur le fumier, il va toujours à lui; l'autre lui crioit : « Monsieur, je suis au désespoir.... Voire, « voire, achevez, ne vous embarrassez point; don« nez, je tiendrai votre cheval. » Il prend ce cheval pendant que l'autre relevoit ses chausses. Il n'avoit qu'un garçon qui est mort fou. Il fut question de marier leur fille aînée; la mère avoit inclination pour le fils de La Roche-Giffard, qui est son neveu à la mode de Bretagne, et qui a ses terres proche des siennes, mais ni tous ses amis ni le maréchal de La Meilleraye ne l'ont jamais pu persuader au père; il disoit, pour ses raisons, que le père, comme il étoit vrai, l'avoit méprisé, et qu'il étoit mort les armes à la main contre le Roi. Cependant, comme cette femme avoit une procuration générale, et qu'elle s'étoit munie d'un bon avis de parents, elle fit faire des articles et des annonces. On menoit le bon homme un peu tard au prêche, afin qu'il ne les entendît pas. Pas un de ses gens, car tout dépend de madame, ne lui en dit mot. On l'amusa à la porte du temple, tandis qu'on marioit sa fille. Sa femme dit que, par ce moyen, elle ne marie point sa fille comme principale héritière, et qu'ainsi elle peut couper pour quatre cent mille livres de bois, et en avantager les cadettes. Le mariage a été approuvé par le parlement de Bretagne. Il est pourtant fâcheux d'avoir ainsi diffamé son mari.

PRONOSTICS.

Je ne m'amuserai point à mettre ici tous les contes qu'on fait de Nostradamus ; je marquerai seulement quelque chose de ses Centuries.

> Siècle nouveau, alliance nouvelle,
> Un marquisat mis dedans la nacelle.
> A qui plus fort des deux l'emportera; etc. (1).

Voilà le second mariage de Henri IV, et la guerre du marquisat de Saluces bien marqués.

> Quand de Robin la traîtreuse entreprise, etc. (2).

On voit clairement que *Robin*, c'est *Biron* retourné, car *La Fin* est nommé dans le quatrain, et ce fut *La Fin* qui le découvrit.

Celui de M. de Montmorency est encore plus exprès :

> Nove obturée au grand Montmorency,
> Hors lieux prouvés, livré à claire peine.

Nove, c'est Castelnaudary, dont on lui ferma les portes ; *lieux prouvés*, c'est-à-dire *lieux publics*. Il ne

---

(1) Voyez les *Prédictions de M. Nostradamus pour les ans courants en ce siècle*, n° 1, à la suite des *Vraies Centuries et prophéties de maître Michel Nostradamus* ; Amsterdam, chez Jean Janson, etc., 1668, petit in-12, p. 148.

(2) *Ibid.*, n° 6.

fut pas décapité en place publique. *Livré à claire peine,* c'est la façon de prononcer de Toulouse.

On y a trouvé :

Sénat de Londre à mort mettra son roi.

Et quand Dom Tadée mourut auprès du Pont-Rouge, on trouva :

A Ponte-Rosse chef Barberin mourra.

Il y a bien des choses qu'on n'entend pas. Depuis on a bien falsifié ses Centuries ; mais, dans ceux qui sont imprimés avant le commencement du siècle, on y voit ce que je viens de marquer.

Il y a ici un maître des requêtes nommé Villayer, qui dit que son frère étoit fort des amis de Nostradamus, et voici ce qu'il en conte. Un jour Nostradamus lui dit : « Je vous dirai votre fortune et celle « de vos enfants ; mais je veux que cela soit passé par-« devant notaire, et en présence de six témoins, afin « que vous ne doutiez pas de ma science. » Cela fut écrit chez un notaire, comme il avoit dit. Entre autres choses il lui prédit qu'il seroit marié deux fois (Villayer n'avoit alors que vingt ans), mais qu'il feroit couper la tête à sa première femme (cela est arrivé, il la lui fit couper pour adultère et pour empoisonnement ; en Bretagne l'adultère suffit, et Villayer étoit de ce pays-là, et y demeuroit). Il lui dit qu'il en auroit une fille qui seroit mariée à un tel, dont j'ai oublié le nom ; cela arriva encore. Il lui dit après que, de sa seconde femme, il auroit trois fils, que deux se-

roient tués à la guerre et l'autre à un siége fameux ; ce fut à Cazal, du temps du maréchal de Toiras. Il dit aussi que ses filles mourroient devant lui. Or Villayer en avoit une d'environ trente-deux ans qui étoit mariée, c'étoit une personne fort enjouée, et qui badinoit toujours avec le bon homme. « Tu as beau faire, lui di-
« soit-il, il faut que tu passes la première. » En effet, il l'enterra.

Un autre maître des requêtes, nommé M. de Refuge, croyoit fort à l'astrologie judiciaire : lui étant né un fils, il fit aussitôt son horoscope. Le chancelier de Sillery, qui savoit comme il s'adonnoit à cette science, lui demanda ce que les astres promettoient à cet enfant. « J'en aurai, répondit-il, beaucoup de
« satisfaction, si je le puis sauver un certain jour qu'il
« est menacé d'un grand accident (et il le lui marqua);
« il doit être tué d'un coup de pied de cheval. » Ce jour-là étant venu, Refuge s'enferme dans une chambre avec la nourrice et l'enfant, car cela lui devoit arriver avant que d'être sevré. Par malheur, le chancelier de Sillery, qui avoit oublié le jour et la prédiction, ayant à lui recommander une affaire qu'il devoit rapporter le lendemain, l'envoya prier de le venir trouver. Il s'excuse par trois et quatre fois, mais il n'osa lui mander pourquoi il restoit au logis, croyant que le chancelier se moqueroit de lui. Enfin M. de Sillery lui mande que c'étoit pour le service du Roi. Il fallut donc sortir; et, au lieu d'emporter sa clef, il la donne à une servante, avec défense d'ouvrir. La nourrice, qui s'ennuyoit dans cette chambre, presse cette servante, deux heures durant, de lui ouvrir : la

servante le lui refuse. Enfin, le mari de cette femme, qui étoit de la campagne, arrive à cheval. La nourrice fait de nouveaux efforts, la servante lui ouvre; la nourrice avoit son enfant à son cou. Pour aider à tirer un bissac qui étoit sur ce cheval, elle met son enfant à terre. Ce cheval rue et donne droit dans la tête de l'enfant qui mourut sur l'heure.

Un gentilhomme anglois, qui s'étoit attaché à Buckingham, eut plusieurs fois des visions la nuit que le duc devoit être assassiné; il n'osoit le lui dire, de peur qu'il se moquât de lui; enfin, pourtant, il s'y hasarda. Quelques jours après, un Écossois, qui avoit eu querelle avec le domestique du duc, et qui croyoit que c'étoit à cause de cela qu'il lui avoit refusé une compagnie de gens de pied, enragé de cela, sort en dessein de tuer ou le duc ou son domestique, le premier qu'il rencontreroit des deux. Il trouva le duc, et le tua.

J'ai vu à Rome un Père Bagnarée, Augustin, homme vénérable. Il s'adonna à l'astrologie judiciaire, et, ayant trouvé qu'il devoit mourir avec un habit rouge, il conclut qu'il devoit être cardinal. Pour y parvenir, il se mit à faire toutes les fourberies dont il se put aviser, pour amasser de quoi acheter le chapeau. Il avoit bien vingt-cinq mille écus quand il mourut. Voici une de ses friponneries, ou plutôt un de ses crimes, qui lui valut trois mille livres. Un Juif de Rome avoit un ennemi qui étoit chrétien; ce Juif fut quelques jours sans paroître, et on ne pouvoit découvrir ce qu'il étoit devenu. Les Juifs, en général, firent publier qu'ils donneroient trois mille livres à quiconque révéleroit le meurtrier; car ils ne doutoient pas qu'on ne l'eût tué. Le meurtrier se confesse au Père Bagnarée, et dit qu'il avoit coupé le Juif à morceaux, et l'avoit jeté en tel lieu dans un privé. Le Père fait tomber entre les mains des Juifs une lettre qui portoit : « Mettez les trois mille livres en tel lieu, et « vous trouverez le nom du meurtrier qu'on aura mis « en la place de l'argent. » Cela fut fait. Il trouva aussi dans l'horoscope qu'il avoit fait du pape Urbain, qu'il mourroit un tel jour : persuadé de cela, il offre à je ne sais quelles gens de l'empoisonner pour une certaine somme. Il croyoit gagner cela sans péril, et que les autres penseroient que le pape, qui seroit mort de mort naturelle, seroit mort de poison. La chose se découvre : il se sauve; mais celui qui étoit avec lui le trahit, et lui ayant donné une potion endormante, il l'enlève de Venise, où ils étoient, jusque sur les terres du pape. Là, pour ne pas diffamer l'habit de Saint-Augustin, on le pendit avec un habit de pénitent rouge.

Un garçon, nommé Malual, fils d'un homme d'affaires, se fit faire son horoscope, et parce qu'il y avoit qu'il mourroit entre six et sept, le 7 du mois d'août 1653, il prit la poste en Foretz, où il se trouvoit, au commencement de ce mois fatal, de peur de tomber malade à la campagne; il s'échauffa en venant à Paris, prit une bonne pleurésie dont il mourut le 7 d'août, à trois heures du matin.

Du temps de la Reine-mère, il y avoit ici un Écossois nommé Inglis, dont on conte assez de choses. M. de Sancy, alors homme d'épée, et depuis évêque de Saint-Malo, pour le surprendre, lui envoya sa nativité sans se nommer. « Ah ! dit Inglis, dès qu'il se fut « mis à faire sa figure, je le connois, le petit rousseau, « il fera le voyage de Constantinople. » Il y fut en ambassade.

Il dit d'un gentilhomme, qui étoit gouverneur de Nesle : « Il me presse par écrit de lui faire sa figure; « mais il a pensé ne m'en presser plus : il a été en « danger de se noyer il n'y a que quatre jours. » Gombauld, à qui Inglis dit cela, trouva ce gentilhomme sur le Pont-Neuf, qui lui dit : « En venant, « j'ai pensé me noyer. » Il lui manqua le temps justement.

Il demandoit toujours quelque chose, et jamais n'obtenoit rien; il venoit toujours trop tard. Une fois il alla demander à la Reine la charge d'un homme qui se portoit assez bien. « Cette charge ne vaque pas. — « Il est vrai, madame, mais celui qui la possède « mourra dans huit jours. » Elle la lui promit. L'homme mourut dans le terme, mais le pauvre Inglis mourut quatre jours devant. Il mourut comme subitement. Il n'avoit garde de le savoir; car ses parents, qui ne vouloient pas qu'il s'adonnât à l'astrologie, lui célèrent toujours sa nativité.

Un gentilhomme, nommé Boyer, avoit inventé je ne sais quelle carte sur laquelle il tiroit sa figure, et avec une pirouette il devinoit. Rudavel a appris de lui, et Arnauld de Rudavel. Gombauld, qui logeoit avec lui, lui dit : « Hier, à minuit, une femme est venue

« loger céans. » Il fait sa figure, il fait aller sa pirouette ; il trouve qu'il y avoit du meurtre, et que cette femme avoit du jaune à son habit. Effectivement elle avoit une jupe jaune, et il y avoit eu du sang répandu. Ce Boyer fut appelé en duel, et dit avant que de partir : « Ma figure dit que je n'en reviendrai pas. » Il y fut assassiné.

PIERRE PHILOSOPHALE.

L'empereur Rodolphe II, dernier du nom, avoit un premier médecin qu'on disoit avoir trouvé la pierre philosophale. Son maître ne permettoit point qu'on l'inquiétât sur cela ; car il lui faisoit, dit-on, de l'or potable (1), et le tint en santé longues années. Ce

(1) L'or potable a été regardé long-temps comme un remède souverain. Brantôme attribue à sa vertu la conservation de la beauté de la duchesse de Valentinois. (*OEuvres de Brantôme*, t. 7, p. 430, édition Foucault, 1823.) Corbinelli, un siècle après, croyoit devoir son salut à l'or potable. (*Lettre de madame de Sévigné à Bussy*, du 13 octobre 1677.) Cela fait souvenir du pape Grégoire XIV que l'on ne soutint, dit-on, dans sa dernière maladie, qu'en lui faisant avaler de l'or moulu et des pierreries dissoutes ; ce qui occasiona une dépense de quinze mille écus d'or. (*Art de vérifier les dates*, à l'article GRÉGOIRE XIV, année 1590.) Il nous est tombé sous la main un livret du Père Gabriel de Castaigne, intitulé : *L'Or potable qui guarit de tous maux*, dédié à Marie de Médicis. (Paris, 1660, deuxième édition.) On y voit qu'au mois de novembre 1610, ce Père, appelé près de la Reine qui souffroit d'un mal de dents, lui remit une fiole d'or potable. On ne sera pas fâché de trouver ici un échantillon du style du P. Castaigne, avec son mélange de latin d'école. « *Altissimus creavit medicinam simpliciter,*

médecin avoit à son service un François, âgé de treize ans, ou environ; c'étoit un garçon qui s'étoit débauché; il le prit en affection, et lui montra tous ses secrets. Le médecin vient à mourir; ce garçon, nommé Saint-Léger, eut peur qu'on ne l'enfermât, il se sauve. On le cherche partout; point de nouvelles. On avoit son portrait; on en fait faire plusieurs copies qu'on envoie partout. Il vient à Paris, et, pour se cacher, il offre à un homme, qui tenoit des pensionnaires à l'Université, de lui donner tout ce qu'il voudroit pour un trou de chambre, à condition de guérir la femme de cet homme, qui étoit abandonnée des médecins; l'hôte déloge quelqu'un, lui donne un bouge (1). Or, il y avoit là-dedans, en pension, un petit garçon de Paris, nommé Du Pré; c'est de lui que je sais ceci. Saint-Léger se servit de lui à bien des choses, parce qu'il le reconnut discret. Ce M. Du Pré là est un galant homme. Saint-Léger lui envoyoit chercher des drogues ordinaires chez l'apothicaire, dans lesquelles il mettoit d'une certaine poudre, et il guérit l'hôtesse en fort peu de jours. Souvent il donnoit un coffret à ce petit garçon pour porter à un affineur qui en avoit une clef : le coffret étoit pesant; quelquefois

« *et non medicinas secundum quid,* voire, *pro omnibus nobis,* non point
« *pro medicis tantum :* car il est écrit : *Qui potest capere capiat;* voilà
« donc qu'un chacun qui sait peut guarir toutes maladies et douleurs.
« *Ite ergo, curate omnem langorem et omnem infirmitatem;* avec la
« simple médecine de l'or potable vous guarirez tous maux, *nam qui*
« *totum dicit nihil excludit.* Notre Seigneur a dit toutes maladies et
« infirmités : *Quid ergo statis totâ die otiosi?* Un ignorant vous dira
« que les métaux ne se peuvent rendre en eau beuvable, ou boyvable,
« ou potable : il est faux; il est un âne, parce que par science et par
« expérience nous en avons fait présent à Sa Majesté, etc., etc. »

(1) Petite chambre ou cabinet. (*Dict. de Trévoux.*)

on donnoit un écu d'or au petit Du Pré. Ce Saint-Léger n'avoit pour tout instrument qu'un petit fourneau portatif. Il falloit qu'il fît sa poudre fort aisément, car Du Pré dit qu'en trois ou quatre mois, il lui en vit user plus de trente fois plein une poire à porter de la poudre à canon dans la poche. Il fit des cures admirables dans le temps qu'il fut à l'Université. Voici comme il fut découvert. Le garçon de l'apothicaire de l'hôtesse avoit vu ce portrait que Beringhen (1), père de M. le premier, qui étoit curieux de chimie, avoit fait venir d'Allemagne, car son maître le servoit; il en avertit donc Beringhen : voilà un exempt qui vient demander cet homme. Du Pré dit : « Il est allé à la messe. » Il y étoit allé en effet; mais apparemment il avoit eu le vent de quelque chose, car on ne l'a jamais vu depuis.

MONCONTOUR.

Moncontour est fils de Bordeaux, receveur-général de Tours, dont Bordeaux, ambassadeur en Angleterre, qui n'est point son parent, quoiqu'il porte même nom, a épousé la fille. Ce garçon a fait autant de folles dépenses qu'homme de sa sorte. Il étoit ici conseiller au Grand-Conseil. Il a eu des garnitures de

(1) Pierre Beringhen, que Henri IV attacha à sa personne pour prendre soin de ses armes. Son fils, favori de la reine Anne d'Autriche, fut pourvu de la charge de premier écuyer. (Voyez les *Mémoires du duc de Saint-Simon*, t. 1, p. 78, édition de 1829.)

point de Gênes de six mille livres (*collet, manchettes et canons*). Pour un an, il a pris pour cent pistoles de peignes; les parties du rôtisseur montent à dix mille écus pour un an, en chapons de Bruges [1]. On le dupoit. Le lieutenant-civil conte qu'une nuit, qu'il faisoit courir pour attraper des filous, on prit trois jeunes hommes qu'on lui amena: le premier étoit fort propre; il se dit valet-de-chambre de M. de Moncontour; le second, quasi aussi propre que lui, se dit valet de garde-robe de M. de Moncontour, et le troisième, qui ne leur cédoit guère, se dit chef de sommellerie de M. de Moncontour. Ils alloient, disoient-ils, chercher leur maître qui étoit chez une dame de qualité. « Et qui est-elle? — Monsieur, nous n'o-« serions la nommer. » Or, cette dame de qualité, c'étoit madame de Gaillonnet [2].

Il y aura trois ans cet automne, que Prunevaux, intendant des finances, maria sa fille avec Moncontour, qu'on croyoit riche. Quelques jours après les noces, ce galant homme de Moncontour va trouver le receveur des consignations, Betaud, qui avoit une tapisserie de dix mille livres à vendre, parce qu'elle étoit trop haute pour les exhaussements de sa maison; ils tombent d'accord du prix; Betaud se contente du billet de Moncontour, payable à volonté. Deux jours après, Betaud demanda, par rencontre, à Prunevaux, si cette

---

[1] Il nous semble qu'on n'avoit pas vanté, jusqu'à présent, les chapons de Bruges; ceux du Mans, déjà célébrés par Belon, se montrent toujours dignes de leur réputation. (*Vie privée des François*, par Le Grand d'Aussy; Paris, 1782, t. 1, p. 285.)

[2] *Voyez* plus haut, tome 4, p. 439, l'Historiette de la Gaillonnet; elle justifie le mépris que Tallemant déverse ici sur cette femme.

tapisserie avoit plu à sa fille; il se trouva qu'il ne savoit ce que c'étoit. Betaud va faire des reproches à Moncontour, qui lui avoue qu'il l'avoit mise en gage pour trois mille livres chez un tapissier; qu'au reste, c'étoit pour une bonne action, et pour délivrer le monde de ce voleur de l'Escluselles; qu'au lieu de dix mille livres, il feroit à Betaud une promesse de trois mille livres, après que la tapisserie auroit été retirée de chez le tapissier; ce qu'il fit; car Betaud aima mieux perdre mille écus que dix mille francs.

Ce l'Escluselles étoit un illustre filou qui avoit eu bien des familiarités avec la Gaillonnet, et même lui avoit prêté quelquefois de l'argent. Un jour il voulut qu'elle lui donnât une obligation, elle le maltraita; il prit son temps, et la vola, elle et Moncontour, au retour de Forges, mais seulement jusqu'à la concurrence de sa dette. Ils le firent prendre, et ce fut pour le faire dépêcher que Moncontour emprunta ces trois mille livres; car le lieutenant-criminel, qui disoit qu'il n'étoit pas trop chargé, dès qu'il vit de l'argent, dit : « C'est un coquin, il en faut purger le monde. » Effectivement, il fut roué.

Au bout de deux ou trois mois, Prunevaux fit séparer sa fille de biens; il ne lui avoit pas donné grand-chose. Peu de temps après, Bordeaux, père de Moncontour, s'absenta. On accuse Bordeaux, l'intendant des finances, beau-père de sa fille, de lui avoir fait faire une banqueroute frauduleuse. Il en a fait autant autrefois lui-même.

Moncontour reçut assez bien cette calamité; il disoit à ses confrères du Grand-Conseil : « Remettez un peu
« cette buvette sur pied; car désormais je n'aurai plus

« d'ordinaire que celui-là. » Quelquefois il disoit :
« Depuis que mon père a fait *un trou à la nuit*, je
« me trouve plus en repos que jamais : lui et mon
« beau-père ne faisoient que me gronder, ma femme
« étoit jalouse, mes valets demandoient sans cesse ; me
« voilà délivré de tout cela. »

CONTES, NAIVETÉS, BONS MOTS, ETC.

Le père de feu M. le marquis de Rambouillet avoit une tante, abbesse de Poissy ; en ce temps-là on se divertissoit fort bien dans les religions ; le marquis y avoit une galanterie : sa maîtresse s'appeloit Le May. Un jour qu'il y fut dîner, c'étoit vers la mi-juin, sa tante lui envoya une vieille religieuse, nommée Rosmadec, pour l'entretenir pendant qu'il dînoit : cela ne lui plaisoit nullement, et il eût bien voulu que c'eût été sa maîtresse. Au dessert, on lui présenta des pommes ridées et des cerises nouvelles ; au même temps, la jeune religieuse qu'il demandoit entra ; et M. de Rambouillet dit en repoussant ses pommes : « Quand
« Le May vient, qu'on m'ôte Rosmadec. »

Un vieillard de quatre-vingts ans, étant logé à Montpellier, à une extrémité de la ville, s'avisa d'aller loger à l'autre bout, et dit pour raison : « J'ai tou-
« jours tâché de n'être à charge à personne ; je n'ai
« plus guère à vivre, et, si je fusse demeuré où j'étois,
« on eût eu beaucoup de peine à me porter au cime-

« tière; au lieu qu'où je suis, il n'y aura qu'un pas à
« faire. »

Un Poitevin huguenot, nommé M. Matthieu, pour être exempt de tailles, soutint qu'il étoit de la maison de Saint-Matthieu, qui est une bonne maison de Poitiers, et disoit pour ses raisons que ses ancêtres s'étant faits de la religion, en haine des saints, au lieu de Saint-Mathieu, s'étoient seulement appelés Matthieu.

Un conseiller de Paris jouoit à la paume; on lui vint dire : « Monsieur, madame vient d'accoucher. — « Eh bien! cet enfant ne lui rentrera pas dans le « corps. » A une demi-heure de là, on lui vint dire : « Madame est encore accouchée d'un autre enfant.— « Ah! pardieu! dit-il, je m'en vais. Si je n'y allois, « elle ne feroit qu'accoucher tout aujourd'hui. »

Une femme disoit : « Ce livre est assez agréable, « mais il a un mauvais accent. »

Un Allemand, en voyageant, quand le vin étoit bon, écrivoit sur la cheminée de l'hôtellerie : *Est*, et *Est, Est,* quand il étoit excellent. A Montefiascone, en Italie, où il y a de fort bon muscat, il écrivit : *Est, Est, Est*, et en but tant qu'il en creva. Son valet lui fit cette épitaphe :

Est, Est, Est et propter Est, Est, Est
Dominus meus hic est (1).

(1) Coulanges a vu l'épitaphe dans l'église de Montefiascone. Le héros de l'anecdote étoit un prélat allemand de la famille des Fugger d'Augsbourg. (*Mémoires de Coulanges*; Paris, 1820, in-8º, p. 294.)

M. d'Arpajon (1), voulant faire le bel esprit, s'avisa de traiter Sarrazin et Pellisson; et, pour cajoler Sarrazin : « Ah! monsieur, lui dit-il, que j'aime votre « *Printemps* (2)! — Je ne l'ai point fait, dit Sarrazin, « c'est une pièce de Montplaisir.—Ah! votre *Temple* « *de la Mort* est admirable. — C'est de Habert (3), le « commissaire de l'artillerie. » Enfin, Pellisson, par pitié, trouva moyen de le faire tomber sur le *sonnet d'Ève* (4).

D'Audiguier (5), auteur de *Lisandre et Caliste*, disoit à Théophile qu'il ne tailloit sa plume qu'avec son épée : « Je ne m'étonne donc pas, lui dit Théophile, que vous écriviez si mal. »

M. de Criqueville, président au mortier de Rouen, voulut sur ses vieux jours épouser la fille du président de Franqueville, son collègue; tout étoit d'accord,

---

(1) Louis, duc d'Arpajon, mourut à Severac, en 1679.

(2) Ce sont des stances, intitulées : *Le Printemps*; elles sont dans les *Poésies choisies*, recueil publié par Sercy, en 1657, première partie, p. 142; on les retrouve dans les *Poésies du marquis de Montplaisir*, Amsterdam, 1759, p. 23, édition de Saint-Mard.

(3) Cette pièce est de Philippe Habert, frère de l'abbé de Cerisy. Elle a été publiée dans le *Recueil de diverses poésies des plus célèbres auteurs de ce temps*; Paris, Chamhoudry, 1651, première partie, page 66.

(4) C'est le sonnet de Sarrasin, qui commence par ces vers :

Lorsqu'Adam vit cette jeune beauté,
Faite pour lui d'une main immortelle, etc.

(*OEuvres de Sarrasin*, édition de 1685, t. 2, p. 188.)

(5) Vital d'Audiguier, mauvais écrivain, auteur des *Amours de Lysandre et de Caliste, histoire tragique de notre temps*; Lyon 1622.

quand quelqu'un lui dit qu'il rêvoit. Il s'en dédit, et, pour toute raison, il dit que, quand il la fit demander, il ne l'avoit vue *que de pourfil*, et que, depuis, l'ayant vue *de plein front*, elle ne lui avoit pas plu.

Un bourgeois de Châlons avoit son fils au collége des Jésuites de Reims. Ce fils, par l'avis des Jésuites, lui demanda les *Vies des Saints* : il lui envoya les *Vies des Hommes illustres* de Plutarque, et lui manda que c'étoient les saints des honnêtes gens.

Ce prieur de Bourgueil, que M. de Reims fit assassiner, fut assez simple pour se laisser persuader, par un nommé Langeys, de coller à son breviaire une promesse qu'il lui avoit faite, afin de s'en ressouvenir toujours. Quand il la fallut produire, elle se rompit toute.

Dans les chapitres des Chartreux, chaque religieux peut écrire son sentiment au général. Un religieux de Paris écrivit qu'il y avoit beaucoup de choses à louer dans leur ordre; mais qu'il y trouvoit un grand défaut : c'est de n'avoir point de femmes, et qu'au moins il en faudroit une pour deux. « Pour moi, ajouta-t-il, je « me contenterai de la moitié de la meunière. » La meunière étoit jolie. Le général manda au procureur de Paris : « Un tel religieux vit-il bien mieux que pas « un ? Regardez ce qu'il m'écrit. » Le procureur fut bien surpris.

Un sot de Chinon apporta beaucoup de ruban bleu

de Paris, en disant que c'étoit la mode d'en porter en écharpe, et qu'il en avoit vu au Roi même.

Une dame, un peu galante, pour s'accoutumer à ne point rougir, voulut se hasarder de conter une de ses amourettes, sans nommer personne; elle dit donc: « Une dame donne rendez-vous à son galant, et étant « couchés ensemble, on heurta; le galant se jette dans « un cabinet, et, comme il faisoit froid, il prit un drap « pour se couvrir. Jamais, ajouta-t-elle, je ne fus si dé- « ferrée que quand je me vis sans drap. »

Un Sédanois, nommé Gohard, valet du beau-frère de M. Conrart, se retiroit fort souvent dans un petit cabinet, et il écrivoit sans qu'on pût savoir ce que c'étoit. Enfin on trouva moyen d'y entrer, et on vit un gros livre, où il y avoit au haut: « Aujourd'hui, « sixième de mai 1645, je commence, moyennant « la grâce de Dieu, à copier, pour la septième fois, « le Nouveau-Testament, que j'achèverai, Dieu ai- « dant, au bout de l'an. »

Le maréchal de Gassion avoit un parent qui partagea avec un cadet qu'il avoit, et lui donna mille écus pour sa légitime, à condition qu'il en emploieroit cinq cents à un drapeau, en Hollande. Ce garçon mangea tout. L'aîné, sans y être obligé, envoya encore cinq cents écus; mais il mit l'argent en main tierce pour faire acheter ce drapeau. Le cadet fit si bien qu'il eut l'argent, et le mangea, et haie-au-bout (1).

---

(1) *Haie-au-bout*, expression basse et proverbiale, qui signifie *et le reste*. (*Dict. de Trévoux.*)

Ses créanciers lui prêtent de quoi aller en son pays, où il disoit qu'il feroit bien danser son frère, et rapporteroit de quoi tout payer. L'aîné en eut avis, et lui écrivit que sa maison étoit bonne, qu'il avoit des arquebuses à croc (1), et quelques fauconneaux (2); qu'il braqueroit tout contre lui. Ce cadet lui fait réponse, il n'y avoit que cela dans la lettre : *Amourcez, yé pars.*

Un laquais de madame de Rambouillet, et qui plus est, *né natif* de Rambouillet même, comme quelqu'un lui demanda : « Qui est avec Madame ? » répondit : « C'est un *verrier* (3). » Il étoit nuit. Les verriers ne vont pas à ces heures... « Oh! dit-il, c'est un verrier, « comme M. de Neufgermain. » C'étoit Segrais.

Menous, intendant des Tuileries, étant amoureux de la femme qu'il épousa depuis (elle s'appelle Le Coq), fit faire un cachet, où l'amour tenoit sur le poing un coq en guise d'épervier, et il y avoit autour : *Avec lui je prends tous les cœurs.*

François 1er, étant chez madame d'Estampes, sut que Brissac, depuis maréchal de France, s'étoit caché sous le lit pour n'avoir pas eu le temps de se sauver.

(1) Espèce d'arquebuse pesante, dont on se servoit derrière les murailles et en l'appuyant sur quelque chose. (*Dictionnaire de Trévoux.*) Comme on diroit aujourd'hui un fusil de rempart.

(2) Petits canons très-longs. (*Ibid.*)

(3) C'est-à-dire un gentilhomme verrier. On ne dérogeoit pas en exerçant l'art de la verrerie ; mais aussi on n'acquéroit pas noblesse. Cet usage singulier remonte à l'empereur Théodose. (Voyez le *Traité de la noblesse* de La Roque.)

Il demanda des confitures, et en mangeant du cotignac, qu'il trouvoit admirable, il en jeta une boîte sous le lit, et dit : « Tiens, Brissac, il faut que tout le monde vive (1). »

Le feu comte Du Lude, pour se moquer de l'huissier de chez le Roi, qui ne l'avoit pas voulu laisser entrer, à cause qu'il n'étoit pas trop bien vêtu, fit habiller magnifiquement son cocher. L'huissier lui ouvre, et refuse l'entrée au comte. « Si vous ne voulez « pas que j'entre, dit le comte, renvoyez-moi donc « mon cocher; qu'il me ramène. Hé! maître Pierre!.. « — Monsieur, revenez, revenez. » Tout le monde se moqua du pauvre huissier.

Le même heurta assez fort au cabinet de M. de Schomberg, surintendant des finances; il étoit son neveu; un nouveau suivant, qui ne le connoissoit point, dit : « Qui heurte comme cela? — Ouvre. — Mon- « sieur, on ne heurte point ainsi céans. » Il entre et va pisser dans la cheminée. « Ne pisse-t-on point « ainsi céans? » M. de Schomberg n'en fit que rire.

Madame Causse, mère de madame Du Candal, le feu s'étant pris chez elle, s'enfuit toute nue avec sa fille, qui n'étoit qu'une enfant, dans le devant de sa chemise.

(1) On a dit la même chose de Henri IV et du duc de Bellegarde; l'anecdote est cependant très-différente. Le duc, sur le point d'être surpris par Henri IV, se jeta dans un cabinet dont la clef fut retirée; le Roi demanda des confitures qui étoient dans le cabinet; et il alloit en enfoncer la porte, quand Bellegarde s'échappa en sautant par la fenêtre. (Voyez les *Anecdotes des reines et régentes*, de Dreux Du Radier, édition in-8° de 1808, t. 6, p. 21.)

Sarrau, conseiller au Parlement, sa femme étant accouchée subitement auprès du feu, lui qui étoit au lit se lève, met l'enfant dans le devant de sa chemise, et va appeler des femmes. Elles, voyant cet homme en cet état, s'enfuirent.

Un Juif, converti depuis, voyant que ses affaires alloient mal, et que tout lui réussissoit de travers, s'adressant à des gens qui lui représentoient que c'étoit que Dieu l'aimoit, et qu'il le visitoit, répondit plaisamment : « Mais que ne visite-t-il le pape et les cardinaux qui « sont ses anciens amis, au lieu de moi, qui ne le con- « nois que depuis trois jours ? »

Une fille de quelque âge, qu'on appeloit mademoiselle de Bordeaux, disoit que c'étoit une sottise que de se marier, que les gens d'esprit se jetoient dans l'église, ou demeuroient garçons, et étoient presque toujours de bonne humeur; et que, pour le reste, on le mettoit au haras, pour empêcher le monde de finir.

A Alençon, il y avoit un M. Fouteau; pour rire, on appeloit sa femme mademoiselle Foutelle. Un homme alla le demander, et dit : « Monsieur Fouteau « y est-il? — Non, dit une fille. — Et mademoiselle « Foutelle? — Non, monsieur; elle mange son po- « tage. »

A Rome, on dit, quand on voit un vieux cardinal courbé, qu'il cherche les clefs; car dès qu'ils les ont trouvées, ils se portent le mieux du monde.

On demanda une fois quelle sorte de gouvernement c'étoit que la Rochelle : « C'est une *Jobelinocratie*, » répondit un galant homme.

La Des Urlis, comédienne au Marais, pour dire le premier personnage, disoit : « *Le grand emploi.* »

Le vieux Péna, célèbre médecin, fut appelé pour voir un malade à Paris. « De quel pays êtes-vous? lui « demanda-t-il. — De Saumur. — De Saumur, et « vous êtes malade! Quel pain mangez-vous?... —Du « pain de la belle Cave (¹). — Vous êtes de Saumur, « vous mangez du pain de la belle Cave, et vous êtes « malade!... Quelle viande mangez-vous?—Du mou- « ton qui paît au Chardonnet. — Vous êtes de Sau- « mur, vous mangez du pain de la belle Cave, et du « mouton qui paît au Chardonnet, et vous êtes ma- « lade!... Quel vin buvez-vous? — Des coteaux. — « Vous êtes de Saumur, etc., vous buvez du vin des « coteaux, et vous êtes malade!.... Allez, vous vous « moquez des gens. » Et il le laissa là. Quand il aban- donnoit un malade, il disoit : « Faites-lui ceci et cela, « et de temps en temps donnez-lui quelque boutade « de paradis. »

En voici un quasi semblable. Un rousseau alla se confesser; le prêtre lui demanda combien il y avoit qu'il ne s'étoit confessé. « Dix ans, car je n'ai point « péché depuis. — Et de quel métier êtes-vous? — « Sergent. — Et de quel pays? — Normand. — Vous

---

(¹) C'est le Gonesse de Saumur. (T.)

« êtes sergent, Normand et rousseau, et vous n'avez
« péché il y a dix ans. Allez, dit-il, il en faut avoir
« des reliques; » et avec son couteau il lui coupe un
petit bout de l'oreille.

Le petit de Chavigny, qui se fait à cette heure appeler M. le marquis de Chavigny (1), à l'âge de treize ans, étoit à une assemblée où madame des Réaux (2) et son frère Sablière étoient. Sablière, en buvant après lui, lui dit : « N'y a-t-il rien à gagner, au moins? — « Non, dit-il, tu n'en aimeras qu'un peu mieux ta « sœur. » Il l'avoit trouvée fort à son goût.

Un marchand de Montauban, tenté de se marier, prioit Dieu sur ce sujet avec beaucoup de ferveur; et, parce qu'il ne pouvoit s'empêcher de parler haut, il alloit sur le toit de sa maison. Une fois on l'épia, et on ouït qu'il disoit : « Seigneur, qui as fait le soleil « chaud et la lune morfondante, donne-moi une « bonne femme; tu en penses quelquefois donner de « bonnes, que tu en donnes de bien mauvaises. »

Mon père avoit un commis naïf, fort dévot et fort chaste : un jour il ne trouvoit pas son compte; on ouït qu'il prioit Dieu, et disoit : « Seigneur, tu sais « que j'ai mon pucelage, et cependant je ne trouve « pas mon compte. »

Un homme disoit : « Cicéron aimoit bien son cin-

---

(1) Gaston Jean-Baptiste Bouthillier, marquis de Chavigny, mestre-de-camp du régiment de Piémont.
(2) Élisabeth Rambouillet, femme de l'auteur de ces Mémoires.

« quième frère; car il adresse tant de choses, *ad Quin-*
« *tum fratrem.* »

Feu M. d'Épernon, étant chez le feu Roi, le Roi
dit à Marais, qui contrefait tout le monde : « Fais
« comme fait M. d'Épernon, quand il est malade. —
« Holà! aucuns, faites-moi *benir Vlaise* (c'étoit son
« bouffon). — Monseigneur, nous ne saurions. —
« Comment, à un homme de ma condition... — Il est
« mort, il y a deux mois. — Faites-le-moi venir non-
« obstant toutes choses. » M. d'Épernon rioit du bout
des dents. Le Roi sort. Marais lui voulut faire des
excuses. « Non, non, dit-il, je ne vis jamais un meil-
« leur bouffon que vous. »

Un huguenot, nommé M. Dangeau, qui a la mine
fort niaise, au sortir de l'Académie, alla à la cour; je
ne sais quel éveillé lui vint dire : « Monsieur, pensez
« que vous avez étudié en philosophie. — Oui, ré-
« pondit-il naïvement, j'ai fait mon cours. — Hé
« bien! ajouta l'autre, vous répondrez donc bien à
« cet argument : Tout homme est animal, etc. —
« Voyons si vous répondrez bien à celui-ci, reprit
« Dangeau : Tout homme est menteur; vous êtes
« homme, donc vous êtes menteur. » Et lui donna un
grand soufflet.

Chavanes, un des Rambouillet, un peu avant que
d'aller à Barcelone, où il fut tué, s'amusoit fort à
lire les Épîtres de Sénèque, où ce philosophe parle de
la mort, et disoit : « On ne fait cela qu'une fois en sa
« vie; je veux apprendre à le faire de bonne grâce;

« car j'aurois grand'honte de le faire aussi sottement
« que beaucoup de gens que je vois. »

Il y avoit trois Martin à Paris : Martin *mangé*, un qui s'étoit ruiné à tenir table ; Martin *qu'on mange*, l'oncle de Villemontée, et Martin *qui mange*, celui du cardinal de Richelieu. Ce Martin qu'on mange vit encore, et tient encore table ; il étoit je ne sais quoi à la grande écurie. Il traita autrefois feu M. de Bellegarde, et toute la pâtisserie et autres choses étoient en figures de mors de bride, même on en fit des pâtés tout pleins (1).

Le duc de Savoie, le bossu, étant amoureux de sa belle-fille, Madame Royale, lui donna une collation, où toute la vaisselle d'argent étoit en forme de guitare, à cause qu'elle en jouoit. Elle le contrefaisoit avec Cesy, qu'il chassa ainsi que toutes les autres (2).

Un bourgeois de Thouars, appelé au Consistoire, où le ministre Rivet présidoit, on lui fit réprimande de ce qu'il buvoit. « Je bois, dit-il en riant, et il n'y a

---

(1) Ceci fait souvenir d'une plaisanterie de Brusquet, le fou de François 1er, qui, ayant invité à dîner le maréchal Strozzi, lui fit servir des pâtés de la plus belle apparence qui ne contenoient que des vieux mors, des brides, des vieilles sangles, etc. (*OEuvres de Brantôme*, tome 1, page 440, édition de 1823, faisant suite aux *Mémoires sur l'histoire de France*.)

(2) Tous les domestiques françois de Madame Royale furent renvoyés vers 1630, quand on eut le soupçon d'une intrigue de cette princesse avec Pommeuse, le fils de Puget, trésorier de l'Épargne. (*Voyez* t. 5, p. 11, à l'article *Puget*. Voyez aussi la *Relation de la cour de Savoie, ou les Amours de Madame Royale*, à la Sphère ; Paris, 1668, p. 5.)

« personne de vous autres, messieurs, qui ne boive.—
« Mais vous battez votre femme. — Et qui voulez-
« vous qui la batte? Si mademoiselle Rivet fait quel-
« que chose qui ne soit pas bien, appellerez-vous vos
« voisins pour la châtier? » Et il s'en sauva ainsi en
goguenardant.

La Cuisse, chirurgien qui accouche les femmes,
dit qu'un jour une personne bien faite et bien vêtue,
le vint prier chez lui de l'accoucher, le contenta bien,
et après le pria de donner l'enfant à un homme fait
de telle façon. Quelque temps après, on vint quérir
La Cuisse pour une maîtresse des requêtes; c'étoit
elle-même, et elle lui dit tout bas : « Je crierai cette
« fois pour celle-ci et pour l'autre. »

Le jeune Guenaut, médecin [1], venoit d'accoucher
une fille de bon lieu, et, comme il en emportoit l'enfant sous son manteau, un grand laquais de la maison
lui vint dire tout bas à l'oreille: « Monsieur, se porte-
« t-il bien? — Quel coquin est-ce-là? dit le méde-
« cin. — Monsieur, répond le laquais, j'y ai autant
« d'intérêt qu'un autre, pour le moins ; c'est de mon
« fait. »

Un conseiller, dans la deuxième des enquêtes, pensant tirer un procès d'un sac, en tira un chapon tout
lardé. Voilà un éclat de rire qui prend à tout le
monde. « C'est, dit le conseiller, mon coquin de clerc
« qui, étant ivre, a pris l'un pour l'autre. »

---

[1] C'étoit le médecin de l'hôtel de Condé. (Voyez les *Lettres de Guy-Patin*, passim.)

Un nommé M. Heroüard, qui étoit assez fort en gueule, sortoit de Paris pour aller aux champs ; c'étoit la semaine sainte. Il trouva à la porte un embarras de charrettes chargées de veaux. « Il entre bien « des veaux à Paris, dit-il. — Il en sort bien aussi, » dit le charretier.

Feu M. d'Humières étoit rousseau ; sa mère lui fit teindre les cheveux, et un jour, étant chez mademoiselle de Jonquières, qui étoit de ses voisines à la campagne, elle lui dit : « Ne trouvez-vous pas mon fils « bien mieux comme cela ? — Madame, je l'ai tou- « jours trouvé fort bien. — Mais dites, dites en con- « science. — Madame, je ne l'ai jamais vu autrement. » Et elle fit toujours semblant de ne s'être point aperçu qu'il eût été rousseau.

Le feu évêque de Rennes étoit homme de bien et savant ; les tailleurs lui allèrent demander un saint pour patron. « Mais nous en voulons un, dirent-ils, « qui sans doute soit en paradis. — J'y rêverai, leur « dit-il, revenez demain. » Ils reviennent. « Mes « amis, leur dit-il, prenez le bon larron ; car, ou « Notre Seigneur n'a pas dit vrai, ou il est en para- « dis. Vous savez qu'il lui dit : *Tu seras ce soir en* « *paradis avec moi.* » Ils le prirent. Il s'appelle Dimas en je ne sais quelle légende.

Il y a cinq ans que, dans l'île Notre-Dame (1), on voyoit pour de l'argent quatre pièces de tapisserie à

---

(1) Aujourd'hui l'île Saint-Louis.

l'antique, les plus belles du monde; dans la première, il y avoit un jeune homme avec ces deux vers :

> De ce beau jeu d'amours
> J'en veux parler toujours;

dans la seconde, un homme de trente ans :

> Et moi pareillement
> J'en parle bien souvent;

dans la troisième, un homme de quarante-cinq ans avec une dame de trente :

> Et moi, tel que je suis,
> J'en parle quand je puis;

dans la dernière, un vieillard tout blanc avec une vieille. Il levoit les mains au ciel, et disoit :

> O grand Dieu que j'adore!
> En parle-t-on encore?

Un docteur s'avisa de vouloir haranguer un jour qu'on recevoit des maîtres-ès-arts; il demeura court dès la seconde ligne. Il appelle son cuistre (1), et lui donne la clef de sa chambre pour aller quérir sa harangue; cependant il pria la compagnie de se donner patience. Le cuistre mêle la serrure et revient les mains vides. Il fallut que le docteur descendît.

Le duc d'Ossone, ayant à juger un cordonnier qui avoit tué un prêtre, lui demanda : « Pourquoi l'as-tu

(1) On donnoit ce nom aux valets de collége. (*Dict. de Trévoux.*)

« tué? — Il avoit tué mon père, et pour cela on ne
« fit que le suspendre *à divinis* pour six mois. — Hé
« bien, dit le duc, je te condamne aussi à ne faire de
« souliers de six mois. »

Un neveu de Voiture, nommé l'abbé Du Val, jeune homme qui a de l'esprit, mais peu de cervelle, s'est jeté dans la dévotion, et, en répondant à des vers que des dames lui avoient envoyés, il mit au haut une croix et ces mots : *In hoc signo vincam* (1).

Quelqu'un écrivoit de l'armée : « Un tel régiment
« est arrivé trop tard, quoiqu'il soit venu toujours *vo-*
« *lant.* »

Un Basque, entendant prêcher le miracle des cinq poissons, dit : « Il falloit donc que ce fussent des *bale-*
« *nats* (2). »

M. de Bouchu, maître des requêtes, dit que sa femme, sept ou huit jours après leurs noces, voyant que cela diminuoit étrangement, alla trouver sa belle-mère, et lui dit tout en pleurs « qu'elle ne savoit pas
« ce qu'elle pouvoit avoir fait à M. de Bouchu ; mais
« qu'elle voyoit un si grand changement dans les ca-
« resses qu'il lui faisoit, qu'assurément il étoit mal
« satisfait d'elle. » La belle-mère se mit à rire, et la désabusa. C'est une grande sottise d'aller se tuer si mal à propos.

---

(1) C'est la légende que Constantin fit mettre sur ses étendards.
(2) Des baleines.

Une femme de Paris qu'on avoit menée voir quelques parents à Vitry-le-François, disoit naïvement : « Voici une jolie ville ; mais je n'aime point ces villes « qui sont en mi les champs. »

Deux cordeliers qui faisoient fort bonne chère à dîner se moquoient de deux minimes, qui ne mangeoient que des carottes, et leur disoient : « Notre saint « François vaut bien le vôtre. » Après dîner, les minimes montent à cheval, et les cordeliers sur la haquenée des cordeliers ; alors les minimes eurent leur revanche, et leur dirent : « Notre saint François vaut « bien le vôtre. »

D'Allancourt avoit un laquais qui lui disoit : « N'al« lez pas si vite avec votre cheval, car on dira : Voilà « un laquais qui est fou et son maître aussi. »

Bertaut le Châtré (1), voulant mettre son laquais en métier, lui dit : « Regarde de quel métier tu veux « être. Veux-tu être chapelier ? — Non, monsieur ; il « n'y a rien au-dessous. — Hé bien ! menuisier ? — Il « n'y a rien au-dessous. — Potier d'étain ? — Il n'y a « rien au-dessous. — Hé ! quoi donc ? — Tailleur ou « cordonnier ; car si je ne suis bon tailleur, je serai « raccommodeur ; si je ne suis bon cordonnier, je se« rai bon savetier. »

Un gentilhomme de Languedoc ayant gagné son procès à Castres, avec dépens, convia tout ce qu'il

---

1) *Voyez* sur ce Bertaut, musicien de la chapelle du roi, les Mémoires de Tallemant, t. 3, p. 179.

trouva de gens à dîner, disant que sa partie étoit condamnée aux dépens, et il vouloit renvoyer l'hôte à sa partie pour être payé.

Dans les Cévennes, quand il faut faire une députation, on la fait au rabais. N'est-ce pas le moyen d'avoir de bons députés?

Un capitaine wallon, en Hollande, voyant que tout le monde mettoit des devises à son drapeau, mit dans le sien : « Bon capitaine wallon pour le service de « Son Excellence. »

M. de Châlons (*Vialart*), voulant instruire les paysans de son diocèse, demanda à ceux d'un village où il y a un château : « Mes amis, que faut-il faire pour « se sauver? — Monseigneur, dirent-ils, il faut se re« tirer dans le château, quand les gendarmes venont. »

Une femme, en pleurant son mari, disoit : « Hé« las! il me disoit toujours : Va-t'en au diable! mais « il y est bien allé le premier. »

A l'éclipse de 1652, les gens de la comtesse de Fiesque regardoient dans un miroir, la porte de la rue ouverte; il passa une chaise : « Regardez, dit un « d'eux, on va en chaise dans le soleil. »

Un sergent, à Bordeaux, prit son père prisonnier, disant « qu'il valoit mieux qu'il gagnât cet argent-là « qu'un étranger. »

L'avocat du roi de La Rochelle s'appeloit Reveau;

c'étoit un impertinent *Jean de lettres,* s'il en fut jamais. Il épousa une veuve; il disoit le lendemain qu'il avoit trouvé douze plus grands plaisirs en son cabinet que celui-là. Il étoit puceau. Depuis, on appela cela le *treizième* de M. Reveau.

L'abbé Ruccellaï (1) et un homme de qualité du Dauphiné étoient une fois chez madame de Rambouillet. On parla de voleurs; Ruccellaï dit : « *Subito che si piglia un ladro, in Italia, s'impicca* (2). » Bressieu crut que *ladro* vouloit dire ladre. « Mais je ne « vois point de raison à cela, dit-il. Il faut donc pen- « dre M. de Rostaing. — *E ladro,* monsu de Ros- « taing? » disoit l'abbé. Enfin, après en avoir bien ri, M. de Rambouillet les mit d'accord.

Une Espagnole, s'étant confessée, refusa de dire son nom au confesseur en lui disant : « *Padre, mi nombre non es mis pecados :* Mon nom n'est pas mes « péchés. »

Un ivrogne en mourant demandoit des santés à ses amis, comme les autres des messes; « car il n'y a rien, « disoit-il, qui éteigne plus promptement le feu du « purgatoire. »

A Toulouse, les médecins font bien plus les entendus qu'ailleurs; ils ne daignent pas fouetter leurs mu-

---

(1) L'abbé Ruccellaï, florentin, attaché au maréchal d'Ancre, demeura fidèle à Marie de Médicis. (Voyez l'*Histoire de Louis* XIII, de Michel Le Vassor, l. 12, t. 2, p. 34, de l'édition in-4° de 1757.)
(2) *En Italie, aussitôt qu'un voleur est pris, il est pendu.*

les; leurs valets les fouettent derrière. Un jour, le valet d'un d'eux nommé Le Coq, qui est un fameux médecin, fouetta la mule de trop près; la mule lui donna un coup de pied. Le garçon prend un pavé, et au lieu de donner dans les fesses à la mule, il donna dans les reins à son maître. Le docteur se retourne : « Qu'est-ce que cela? — C'est que la mule m'a donné « un coup de pied. — Elle m'en a donné un aussi à « moi. » Ne voilà-t-il pas un grand personnage?

Le laquais de Boileau [1] fut, par l'ordre de son maître, pour voir si le premier président de Bellièvre étoit si changé qu'on disoit, après sa mort, en son habit de parade. « Voire, dit le laquais, il n'est changé « que par le visage. »

Madame Chaban, femme du commis du comptant de La Bazinière, elle dont Benserade avoit été le galant, s'avisa, long-temps après les *Uraniens* et les *Jobelins* [2], de dire qu'on lui avoit donné les plus jolies stances du monde, et elle dit par cœur le sonnet de Job. On la berna; on le lui fit redire trois fois, et on lui en fit donner copie.

---

[1] Gilles Boileau, frère aîné de Despréaux.

[2] Les *Uraniens*, à la tête desquels étoit le prince de Conti, soutenoient que le sonnet de Voiture,

Il faut finir mes jours en l'amour d'*Uranie*,

l'emportoit sur le sonnet de Job de Benserade. Madame de Longueville avoit pris parti pour Benserade. (*Cours de littérature de La Harpe.* Paris, Agasse, an VII; t. 4, p. 143.) On trouve, à la fin du premier volume des *Poésies choisies* de Sercy, la réunion des pièces de vers auxquelles les querelles des *Uraniens* et des *Jobelins* donnèrent lieu.

Madame de Grimault dit aussi une fois à l'hôtel de Rambouillet qu'elle avoit vu la plus belle stance du monde. Elle en rompit tant la tête qu'enfin on lui dit : « Si vous l'avez trouvée si belle, apparemment vous « l'aurez retenue; car, au pis aller, il n'y sauroit avoir « que dix vers ? — Jésus! dit-elle, vous vous moquez ; « il y en avoit plus de soixante. »

Henri IV, étant à Cîteaux, disoit : « Ah! que voici « qui est beau! mon Dieu, le bel endroit!... » Un gros moine, à toutes les louanges que le Roi donnoit à leur maison, disoit toujours : *Transeuntibus*. Le Roi y prit garde, et lui demanda ce qu'il vouloit dire : « Je « veux dire, Sire, que cela est beau pour les *passans*, « et non pas pour ceux qui y demeurent toujours. »

Henri IV, à Poissy, demanda à la petite de Maupeou, depuis abbesse de Saint-Jacques-de-Vitry : « Qui est votre père, mignonne? — C'est le bon Dieu, « Sire. — Ventre-saint-gris! je voudrois bien être son « gendre. » Elle en demanda plus d'un au bon Dieu, la bonne dame, et elle juroit familièrement *par les six enfants que j'ai portés.*

Un jour on entendit recommander aux prières un vieux M. Guretin, agent de quelque prince d'Allemagne; cependant il étoit au prêche lui-même. Tout le monde lui demanda ce que cela vouloit dire. « Je « vous assure, dit-il, qu'un homme de mon âge a à « craindre quand il perd l'appétit. J'avois accoutumé « tous les soirs de manger une perdrix, et hier je n'en « ai mangé que la moitié. »

Une femme, qui s'étoit fait recommander aux prières, alla le jour même en visite, disant « que « les prières de l'Église étoient toujours bonnes. »

La Reine-mère demanda un jour, en riant, au passager du port de Nully (1) si sa femme étoit belle. « Ma foi ! ce dit-il, madame, l'on en f..... de plus « laides. »

Un solliciteur de procès de Castres écrivit une lettre d'amour dont on n'a pu retrouver que le commencement ; le voici : « Je n'eusse jamais pensé, belle « Marion, que l'absence eût été une si cruelle pas- « sion, comme à présent j'en fais l'office. Éloigné de « l'orient de votre belle face, toutes choses me sem- « blent noires au prix de votre belle clarté, qui rem- « plissoit mon cœur de joie, et n'a mon dit cœur autre « nourriture que de soupirs et de larmes. » Or, il avoit un rival qui eut jalousie de cette lettre, et fit écrire contre par un pédant qui la réfutoit sérieusement. C'est encore une grande perte que d'avoir perdu cela.

La Hoguette (2) a mis sur sa porte : *Santé et badinage;* et sur son colombier : *Ils sont pris s'ils ne s'envolent.*

Un ministre, en priant Dieu, dit : « Seigneur, tu

(1) Le port de Neuilly.
(2) Pierre Fortin de La Hoguette, auteur du livre intitulé : *Testament ou Conseils d'un père à ses enfants.* Il parut en 1655 et il a eu un grand nombre d'éditions : nous avons sous les yeux la dixième. (Paris, Pierre Le Petit; 1661.) Livre du vieux temps, trop oublié ; c'est la conversation d'un preux gentilhomme, nourri de saines doctrines, et assaisonnée d'anecdotes.

« nous conserveras, tu nous l'as promis, tu n'es point
« Normand. »

D'Ablancour disoit à sa cousine Du Fort, qui s'étoit fait farder dans son portrait : « Voilà comme tu
« seras à la résurrection. »

Le laquais de Gombauld, lisant le livre des Rois, disoit : « Si j'eusse été Dieu, je n'eusse point fait de si
« sots rois que cela. »

Un batelier à qui on demandoit si Jésus-Christ étoit Dieu, répondit : « Il le sera quand le bonhomme
« sera mort. »

M. Desmarets étant à Nanteuil chez M. de Schomberg, il y trouva un vieux gentilhomme qui se vantoit de faire bien des vers. Ce pauvre homme envoya toute la nuit quérir son cercueil. Deux jours après, il envoya ce quatrain à M. de Schomberg :

>Je vous envoie des perdreaux,
>Si j'avois meilleur, vous l'auriez;
>Je ne vous envoie point de levrauts,
>Car je n'ai pas de levriers.

Le même M. Desmarets trouva une fois à la campagne une fille qui faisoit fort le bel esprit. Elle disoit que les *arondelles* voloient sur l'*orifice du chaos*. « Ouais, dit Desmarets, qu'est-ce que ceci? » Il se met à l'entretenir en même style, et après lui écrivit une lettre de la même force. Elle n'osa répondre; mais, tandis qu'il fut dans le pays, elle ne vouloit parler qu'à lui. Un bon gentilhomme à qui elle montra cette lettre, dit : « Vraiment, voilà de beaux vers. »

Une vieille madame Mousseaux, mère du grand-audiencier, avoit épousé un jeune homme nommé Saint-André, qui, pour n'être pas avec elle, alloit le plus souvent qu'il pouvoit à la campagne ; elle en enrageoit, et écrivoit sur son almanach : « Un tel jour « *mon cœur* est parti, un tel jour *mon cœur* est re- « venu. »

M. Montereul, de l'Académie, celui qui étoit au prince de Conti, comme on lui demandoit s'il disoit son bréviaire dans les courses qu'il faisoit, car il a été dépêché bien des fois, répondit :

Dieu, en courant, ne veut être adoré (1).

Un Gascon avoit fait un sonnet sur la mort de M. de Montmorency, où il y avoit à la fin :

La parque le prit par-derrière,
N'osant le prendre par-devant.

Un mari ayant trouvé sa femme dans un lieu obscur, la caressa sans rien dire ; elle résista, mais enfin il en vint à bout. Elle s'aperçut après que c'étoit lui : « Hé ! vraiment, dit-elle, si j'eusse su que c'eût été « vous, je n'eusse pas fait tant de façons. »

(1) Si ce vers est de Jean de Montereul, c'est le seul ouvrage qui soit resté de cet académicien. Il mourut à l'âge de trente-huit ans, le 13 février 1651. Il ne faut pas le confondre avec son frère Matthieu de Montereul, qui a fait des madrigaux si délicats.

Un valet disoit à son maître : « Monsieur, si je ren-
« contre des voleurs, je me laisserai voler hardiment. »

Un laquais disoit : « Allons là-haut, madame nous
« fera rire. »

Un autre laquais ne vouloit point quitter son maître, et disoit : « Où en trouverois-je un qui me fît au-
« tant rire que celui-là ? »

Un moine prêchoit sur la mort à Fontevrault : il y
avoit une fort jolie religieuse à un coin de la grille ;
elle lui avoit été cruelle. Il disoit : « On dit à la Mort :
« Prends cette vieille. — Je ne veux pas, dit-elle ; je
« veux cette jeune, je veux cette jeune. » Il trouva
moyen de dire deux fois *je veux cette jeune*.

Colomby l'académicien (1) étoit le plus vain de
tous les hommes. Il demanda un jour à M. de Vardes : « Que tirez-vous bien de la cour ? — Six mille
« livres, dit Vardes. — Ah ! siècle ingrat, s'écria Co-
« lomby, je n'en ai que douze, moi ! »

Un gentilhomme du feu comte du Lude étant à
l'extrémité, comme on lui parla de se confesser, dit :
« Je n'ai jamais rien voulu faire sans le consentement
« de Monsieur, il faut savoir s'il le trouve bon. » Le

---

(1) François de Cauvigny, sieur de Colomby, parent et élève de Malherbe. (Voyez ces *Mémoires*, t. 1er, p. 184.) Il avoit une singulière
charge ; il se qualifioit *orateur du roi pour les affaires d'État*. (Voyez
l'*Histoire de l'Académie françoise*, de Pélisson, éd. de 1730, t. 1er,
p. 289.)

consentement venu, le curé le pressa fort de restituer certain argent. « Mon cher, disoit-il, si je ne meurs pas, je n'aurai plus rien. » Enfin, il envoie quérir un de ses amis. « Écoute, un tel, lui dit-il, « rends cet argent qui est dans un coffre dont voilà la « clef; mais garde-toi bien de te tromper, viens bien « voir si je suis mort avant que de le rendre. »

Un officier de M. de Rheims venoit de boire, disoit-il, avec ses *intimes*. « Et comment les appelez-« vous? lui dit-on. — Ma foi, répondit-il, je ne sais « pas comment ils se nomment. »

Montaigne [1] étant un jour malade, on le pressa tant qu'il souffrit qu'on fît venir un médecin. Il demanda à ce médecin comment il se nommoit : « Les « savants, dit cet homme, me nomment *Egidius*, et « les ignorants m'appellent *Gilles*. » Montaigne le chassa, et oncques plus n'en voulut voir.

Une parente de M. le marquis de Rambouillet emprunta deux chevaux de carrosse à madame de Rambouillet; ces chevaux ne revenant pas, on y envoya, et on trouva qu'elle les faisoit labourer.

Un maire d'Amiens haranguant M. d'Aumale, de la Ligue, qui y faisoit son entrée, lui dit entre autres belles choses : « J'on veu vo' mère, elle n'est mie si « grande que vous, mais on dit volontiers que petite « vache fait grand viau. »

[1] Michel de Montaigne, l'immortel auteur des *Essais*. Nous ne pensons pas que cette anecdote ait été racontée par lui.

Une fermière à qui on disoit : « Vous avez mal à la
« rate. — C'est mon, dit-elle, nos pères plaquent là
« nos mères ; ils s'amusont ben à nous faire des rates.
« C'est les gentilshommes qui en ont. — Je crois,
« ajoutoit-elle, que le Roi en a une belle et grosse,
« car on dit qu'il est ben gentilhomme. »

Un nommé Le Sage se fit catholique, moyennant
quoi M. de Montmorency lui donna deux cents pistoles, un cheval et une place de gendarme. M. Le
Faucheur (1) lui dit : « Or ça, ne savez-vous pas que
« notre religion est la meilleure ? — Aussi, dit cet
« homme, ai-je pris du retour. »

M. de Matignon, entendant parler du don gratuit,
demanda si c'étoit un feuillant ou un chartreux.

Montpipeau disoit à madame d'Auvray, belle
femme de son voisinage, ce vers de Corneille :

Vous quitter et mourir m'est une même chose.

Sa femme l'épioit et l'entendit ; et quand madame
d'Auvray alla prendre congé d'elle, en présence de
son mari, elle lui dit : « Ah ! Madame,

Vous quitter et mourir m'est une même chose. »

Un homme de la province, dont la femme avoit eu
un enfant au bout de trois mois de mariage : quand
ce vint au carnaval, de peur des railleries, il se mit

---

(1) Ministre protestant.

devant sa porte avec une table et des jetons. « Que
« faites-vous là? lui demanda-t-on. —Je suppute com-
« bien j'aurai d'enfants, à un tous les trois mois,
« si je suis quarante ans en ménage. »

Patin (1), le médecin, dit que la fièvre continue
dans un corps, c'est un Jésuite dans un État.

Une femme de Montpellier, qui vouloit bien parler
françois, pour dire la migraine, disoit *la grenade,*
à cause que *miougrane*, en languedocien, veut dire
grenade.

Une couturière, nommée madame Colin, payoit
par jour la nourrice de son enfant, et comme on lui
disoit : « Vous moquez-vous? vous en auriez meilleur
« marché par mois. — Oh ! vous vous trompez, ré-
« pondit-elle, vous ne savez pas combien les mois
« vont vite. »

(1) Guy-Patin, dont les lettres nous apprennent tant de choses sur
son temps.

LES AMOURS DE L'AUTEUR.

J'étois encore en logique, quand Louvigny (1), mon parent, me mena à la campagne voir ses sœurs. Je ne les avois jamais vues chez elles ; je songeai, la nuit avant que de partir, que je devenois amoureux de l'aînée. C'étoit une veuve qui, quoique petite et de l'âge de trente ans, ne laissoit pas que d'être fort jolie. Plusieurs personnes avoient soupiré pour elle ; mais on n'avoit point dit qu'elle en eût aimé pas un. Mon songe ne fut pas faux ; je m'attachai à la veuve dès le premier soir. Il falloit que nous eussions quelque sympathie l'un pour l'autre ; car elle me traita toujours avec la plus grande bonté du monde ; et quand je lui dis adieu, elle me baisa si fort au milieu de la bouche, que ce baiser me fit une profonde plaie au cœur. Louvigny, qui avoit une belle femme, et qui étoit marié il n'y avoit pas long-temps (2), ne

---

(1) Tallemant avoit effacé le nom de Louvigny, et il avoit écrit *Lisis* à la place. Henri de Louvigny, secrétaire du roi, en 1626, mourut en 1652. (Voyez l'*Histoire de la Chancellerie de France*, de Tessereau.) On voit dans le cours de ce chapitre que ceci se passoit vers 1636. Tallemant avoit dix-sept ans ; ainsi il a dû naître vers 1619. Nous sommes parvenus à retrouver sous les ratures de Tallemant plusieurs des noms qu'il avoit fait disparoître.

(2) Louvigny avoit épousé la fille aînée de Nicolas Bigot, sieur de La Honville, secrétaire du roi et contrôleur-général des gabelles. (*Voyez* plus haut l'article de madame de Gondran, t. 4, p. 271 de ces Mémoires, et ceux de Conrart, t. 48, p. 189 de la deuxième série de la *Collection des Mémoires relatifs à l'Histoire de France.*)

voulut pas demeurer là plus de six jours, et me fit partir par une pluie effroyable. Nous étions à cheval ; un écolier n'a pas, pour l'ordinaire, tout ce qu'il lui faut. Je ne sais si c'étoit ma casaque qui étoit trop courte, ou si c'étoient mes bottes, mais jamais je ne les pus faire joindre, et l'eau entroit dans mes jambes tout à son aise. Hélas! le cœur me saigne quand je songe à un pauvre bas de soie vert qui fut tout déteint.

A la Saint-Martin, ma veuve (1) revint à Paris ; j'y allai tout aussitôt. J'avois honte de paroître crotté devant elle ; alors il n'y avoit ni chaises ni galoches, et de la Place-Maubert, où je logeois, il y avoit bien loin à la rue Montorgueil, où elle logeoit avec sa sœur. Je cherche chez les loueurs ; j'y trouve un cheval qui pouvoit passer pour un cheval bourgeois ; je louai une selle honnête et une bride à un sellier ; j'avois déjà un laquais. En cet équipage, mon frère aîné (2) me trouve vers Saint-Innocent, *rue St.-Denis.* « Où vas-tu, chevalier ? » me dit-il. On m'appeloit ainsi à cause que j'étois fou de l'*Amadis.* — « Je m'en vais, « lui dis-je, chez M. d'Agamy (3), on y doit lire une co-

(1) Cette jolie veuve, dont nous ne savons pas le nom, étoit sœur de Louvigny. C'étoient les enfants d'un orfèvre qui, ayant fait une grande fortune, étoit devenu valet de chambre du roi. (*Mémoires de Conrart,* audit lieu.)

(2) Pierre Tallemant, sieur de Boisneau ; il étoit banquier.

(3) Le nom du beau-frère de la veuve (T.). — Le nom Agamy a été effacé par Tallemant qui l'a remplacé par *Tircis.* Agamy étoit beau-frère de Louvigny, ayant aussi épousé une demoiselle Bigot de La Honville. (*Voyez* plus haut ces Mémoires, t. 4, p. 271.) Cette leçon présente au reste une assez grande difficulté ; car la veuve ne pouvoit pas être une demoiselle Bigot de La Honville. On verra plus bas qu'elle n'alloit

« médie. — Je ne te demande pas, me dit-il, ce que
« tu y vas faire? » Il sut après que l'on n'y devoit rien
lire. En ce commencement je m'excusois toujours,
sans qu'on m'accusât, et quand on me trouvoit chez
la belle et qu'on me disoit : « Ah! vous voilà, cheva-
« lier, » je disois toujours, ou : « Je suis venu jouer
« aux quilles, « ou : « Je suis venu jouer au volant. » Le
monde se mettoit à rire. Insensiblement je m'en-
ferrai si bien que je ne songeois plus qu'à cela. Les
gens en railloient; moi, je m'en déferrois. Elle croyoit
badiner et se plaisoit à être aimée; mais cela alla plus
loin qu'elle ne pensoit. L'abbé de Cérisy (1), un des
plus beaux esprits du siècle, en étoit amoureux il y
avoit plus de deux ans; elle le souffroit, et il y étoit
fort familier en ce temps-là; lui et trois autres frères
qu'il avoit, dont l'un a eu une grande réputation
pour la poésie (2). Ils étoient dans cette maison tous
les jours et à toutes les heures. Deux autres beaux-esprits, Malleville et Gombauld, y venoient souvent l'a-
près-dînée; Rénevilliers (3) n'en bougeoit : on s'y
divertissoit assez bien.

L'abbé fut bientôt jaloux de moi; aussi, pour dire

pas au château de La Honville, et d'Agamy, mari de sa sœur, avoit
cependant épousé une fille de M. Bigot.

(1) On lit encore assez distinctement ce nom que Tallemant a remplacé par *Cérilas*. Ainsi Tallemant avoit pour rival Germain Habert,
abbé de *Cérisy*, membre de l'Académie françoise, auteur de la *Méta-
morphose des yeux de Philis en astres*. Cette pièce, imprimée en 1639,
a été insérée dans les Recueils du temps, et notamment dans celui de
Champhoudry; Paris, 1651.

(2) Philippe Habert, auteur du *Temple de la Mort;* il étoit, ainsi
que son frère, membre de l'Académie françoise.

(3) *Voyez* l'historiette de Rénevilliers, t. 4, p. 395.

le vrai, la veuve ne prenoit guère garde à tout ce qu'elle faisoit; elle l'appeloit d'un bout de la chambre pour lui demander s'il ne trouvoit pas que le noir me seïoit (1) bien. Alors les jeunes gens ne prenoient pas le noir de si bonne heure qu'on fait maintenant. Un jour qu'elle étoit au lit, voyant qu'il n'y avoit plus de place dans la ruelle, elle me fit mettre dessus, et, pour cela, il fallut que le pauvre abbé se rangeât afin de me laisser passer. Le pis de tout, ce fut quand il la trouva comme elle me mettoit des mouches sur des égratignures que m'avoit faites un impertinent de notre auberge, à qui j'avois donné un soufflet pour quelque sottise qu'il avoit dite d'un de mes oncles. Un jour on me dit que l'abbé avoit parlé de moi comme d'un écolier; je fis ce couplet sur un air qui couroit alors :

> Mon rival, il est vrai, vous avez du mérite;
>   Contre vous ma force est petite.
> Vous en faites peut-être aussi trop peu d'état :
> David étoit ainsi méprisé par Goliath.

Et puis, je le chantai à la belle, qui le trouva fort plaisant. Elle écrivit de sa main de méchants rondeaux que j'avois faits pour elle, car c'est l'amour qui m'a fait faire des vers ; elle pour qui l'abbé avoit fait tant de belles choses. Elle et sa sœur n'étoient jamais d'accord ; elle lui dit une fois familièrement : « Sans « moi, vous ne verriez pas une âme. » Il est vrai que

---

(1) Ce conditionnel du verbe impersonnel *il sied* est hors d'usage. On le trouve néanmoins indiqué dans le Dictionnaire de Richelet, édition de Genève, 1690.

sa sœur étoit et est encore fort laide, car le temps n'embellit pas; mais elle ne laissoit pas d'être coquette. J'ai eu quelquefois bien du plaisir à voir toutes les façons qu'elle faisoit quand le commissaire d'artillerie (1) étoit auprès d'elle. Ce garçon, peut-être pour servir son frère, lui rendoit quelque complaisance; mais, par malheur, il fut tué dès la première année de mes amours (2). Cette sœur a de l'esprit, mais elle vouloit toujours chercher midi à quatorze heures, et il lui échappoit souvent des pointes; à l'autre, il lui échappoit des naïvetés. Elle lui disoit une fois, pour la consoler de ce que ses enfants n'étoient pas jolis : « Ma « sœur, que voulez-vous? les souris font des souris. » Pour la veuve, jamais il n'y eut une femme qui se dorlotoit comme elle; un jour, à la campagne, d'Agamy, Rénevilliers, et autres chasseurs, avoient dîné-déjeûné à dix heures, pour aller à la chasse, et avant que de partir, ils avoient déchargé leurs arquebuses. « Jésus! « dit cette femme, le moyen de dormir céans! On n'a « fait que tirer toute la nuit? » Elle soutenoit qu'il venoit du vent par une croisée qu'on avoit murée, et que, puisqu'il y avoit eu une fenêtre en cet endroitlà, il ne pouvoit jamais être si bien joint que le reste. Quelquefois elle disoit, car elle étoit assez gaie naturellement : « J'ai pensé dire une bonne chose, mais je « l'ai bien rengaînée; » et, après, pour peu qu'on la

---

(1) Philippe Habert, le poète dont il vient d'être parlé. Il étoit commissaire d'artillerie.

(2) Philippe Habert fut tué en 1637. Il avoit environ trente-deux ans. Une mèche allumée tombant sur un baril de poudre renversa une muraille qui l'écrasa. (*Histoire de l'Académie françoise*, par Pélisson; 1730, t. 1er, p. 233.)

pressât, elle la disoit. Il lui prenoit de temps en temps des accès de dévotion. On conte qu'allant à Bourbon avec Madame de.... (1), elles avoient deux carrosses; elle s'amusa à la dînée à lire un sermon avec une demoiselle de cette dame; on met les chevaux; un carrosse part; l'autre crut qu'elle et cette demoiselle étoient dedans. On eût été comme cela jusqu'au gîte, si par hasard, dans un chemin fort large, les deux carrosses ne se fussent joints; quelqu'un du premier carrosse cria : « Mademoiselle Le G.... (2), parlez un « peu. » On répond : « Elle est avec vous. — Point, « c'est avec vous. » On ne la trouve pas; il fallut retourner la quérir. Elle et cette demoiselle lisoient encore de tout leur cœur. Une fois une de leurs amies disoit : « Il n'y a pas loin d'ici à notre maison « des champs; j'y vais avec mes mules en deux heu-« res (3). — Jésus! dit la veuve, comment pouvez-vous « faire? Je ne saurois aller avec les miennes jusqu'au « bout de ce jardin sans me rompre le cou. » On lui faisoit accroire qu'elle avoit dit que son fils étoit mort à cause qu'un ver lui avoit pissé contre le cœur.

Elle eut une fois une plaisante bizarrerie. D'Agamy avoit prié l'abbé (*de Cérisy*) de faire une chanson qui commence :

*La commère au cul crotté
Veut toujours qu'on la gratte*, etc.

(1) Ce nom est entièrement effacé dans le manuscrit.
(2) On aperçoit encore ces initiales sous les ratures; elles peuvent servir à faire retrouver le nom de la belle veuve. Tallemant y a substitué *Madame une telle*. On retrouve encore ces initiales à la fin de l'article; le nom paroît être *Le Goux* ou *Le Geay*.
(3) Ces mules servoient à la charrue et au carrosse en un besoin. (T.)

ou plutôt des couplets que chantoit Gauthier-Garguille autrefois, et sur le sens de sa chanson qui commençoit aussi *la Commère au cul crotté* (1). Il les fit et les lui dit : la veuve ne trouva pas bon que son *mourant* eût fait cela pour le mari de sa sœur, et elle lui défendit de la donner ; lui qui n'osoit dire la vérité, disoit : « Cette chanson me pourra nuire si elle est « vue; » et il trouvoit toujours quelque échappatoire. On découvrit enfin ce que c'étoit; et son frère (2), pour l'obliger à ne plus faire le renchéri : « Laissez-lelà, « dit-il, j'en ferai une plus belle. » Il en fit cinq ou six couplets; mais ceux de l'abbé étoient plus naturels; car il réussissoit admirablement bien en chansons à danser. L'abbé, voyant qu'on chantoit les couplets de son frère, fut tout glorieux de donner les siens.

Pour revenir à mon amour, j'eus bientôt des bracelets de cheveux, et la pauvre femme en tenoit, quand tout-à-coup je lui fis un tour de jeune homme. J'étois sur le point de sortir du collége, lorsque mon père ayant changé de logis, un samedi que je pensois coucher chez lui, la maison où il alloit n'étant pas encore toute meublée, on m'envoya coucher chez une de nos cousines (3). Le père étoit à la cour; on me mit dans le lit de la fille, qui alla coucher avec sa mère. Cette fille étoit toute jeune et toute belle; je n'y fis que rêver toute la nuit, et le lendemain je

---

(1) Cette chanson n'est pas dans le recueil imprimé de Gauthier-Garguille.

(2) Philippe Habert.

(3) Tallemant, qui dans ce chapitre a voulu dérouter ses lecteurs, a rayé ces derniers mots et les a remplacés par ceux-ci : *chez une de nos voisines*.

trouvai que j'avois une grande disposition à l'aimer ; insensiblement je me pris, et un sot camarade que j'avois eu au collége, et qui étoit un peu roman (1), acheva de me gâter. Nous prenions tous deux la générosité de travers ; et, quoique ce parti me fût fort désavantageux, j'eusse fait volontiers une sottise, si on me l'eût laissé faire. Elle aimoit un garçon (2), qui avoit aimé sa sœur aînée, qui étoit morte, disoit-on, d'amour pour lui, mais avec une bonne fluxion sur le poumon, et à cause de laquelle on lui fit faire un voyage en Hollande, où il n'avoit aucune affaire. Pour dire ce que je pense brièvement, je crois que cette fille, se trouvant un parti fort au-dessous de moi, car on parloit de me faire conseiller, ne crut nullement que je fusse pour elle, et qu'elle avoit plus d'espérance d'épouser l'autre. Quoi qu'il en soit, me voilà triste à un point étrange, et plus transi que l'abbé, mon rival. Je tombai dans une telle mélancolie, que mon oncle de La Leu (3), je ne sais si c'est son esprit qui lui suggéra cela, s'alla mettre dans la tête que j'avois quelque maladie de garçon. On députe mon frère aîné pour m'en parler : « Qu'à cela ne tienne, « lui dis-je, vous en aurez le cœur éclairci ; » et sur l'heure je lui fis exhibition des pièces. Au bout de trois mois, convaincu que la demoiselle étoit un peu férue de l'autre, je fis un effort pour me délivrer. Je passai une nuit entière sans dormir ; mais le lende-

(1) Comme on diroit aujourd'hui *romanesque*.

(2) Tallemant avoit nommé l'amant de sa cousine ; mais il est impossible de rien lire sous la rature.

(3) *La Leu* se lit distinctement sous la rature. C'étoit l'oncle des Tallemant. (Voyez l'art. *La Leu*, plus haut, t. 5, p. 43.)

main, il n'y avoit pas un chaînon entier à mes chaînes. Le dépit fit ce que la raison n'avoit pu faire. Je trouvai à propos, pour plus grande sûreté, de faire un petit voyage en Berry chez madame d'Harambure (1).

Cependant la veuve, comme j'ai su depuis, avoit pensé enrager. Il y avoit une jeune veuve dans notre rue, qui me témoignoit la meilleure volonté du monde; elle reçut des vers où je disois qu'elle m'aimoit; elle me permit de lui écrire; mais en jeune homme, j'oubliai de lui demander l'adresse; ce qu'il y avoit de bon en cette affaire, c'est qu'elle étoit accordée, et effectivement elle fut mariée à un mois de là. Je pars avec Tallemant, frère de madame d'Harambure (2); il voulut passer par cette maison, où j'étois devenu amoureux de la veuve. Là je me renflammai quasi, car la pauvre femme me vouloit rattraper en Berry. Il fut question de voir si je devois écrire à cette veuve qui étoit mariée. Tallemant, qui tout le long du chemin m'avoit conté ses bonnes fortunes de Languedoc, et que je prenois pour un héros en galanterie, me fit écrire contre mon avis, et chargea un si habile homme de rendre ma lettre en main propre, que le mari la reçut au lieu de la femme, et toute ma galanterie s'en alla au diable.

Je cajolai un peu la fille d'un gentilhomme voisin de madame d'Harambure; après nous allâmes voir

---

(1) C'étoit la cousine-germaine des Tallemant. (*Voyez* plus haut son article, t. 5, p. 39 de ces Mémoires.)

(2) C'étoit Gédéon Tallemant, le maître des requêtes, qui a été intendant en Guyenne, en 1653. Il étoit cousin-germain de notre Tallemant.

madame Bigot à Argent (1), où je m'épris terriblement de mademoiselle de Mouriou (2). Ils me faisoient la guerre, qu'en un bal, quand je lui tenois la main, je mettois mon chapeau dessus, de peur qu'on ne s'en aperçût, et qu'une fois je m'endormis quasi sur son épaule. J'étois pourtant bien amoureux, et en revenant je songeai tant à elle toute la nuit, que je ne fis que pleurer et me plaindre jusqu'au jour.

Me voilà revenu à Paris. Je fis des vers sur mon absence; car j'en tins encore un mois durant pour mademoiselle de Mouriou. On me les fit lire chez la veuve, où étoit l'abbé de Cérisy, à qui j'avois donné bien du relâche; il les loua fort. Or, la petite fille (3) que j'avois quittée, et cette autre, à qui Tallemant m'avoit fait écrire si à propos, s'y rencontrèrent; elles étoient parentes de la veuve. Cette dernière et chacune d'elles croyoient que c'étoit pour elle que j'avois fait ces vers dans mon voyage; car toute femelle aime à être aimée. Cela me servit auprès de ma veuve; elle s'imagina que je ne l'avois pas oubliée; et, un jour, à propos de je ne sais quoi, elle me dit : « Cela n'est
« pas si vrai, qu'il est vrai que je suis votre servante. »
Nous voilà mieux ensemble que jamais. Ce fut de ce temps-là qu'elle me conta combien l'abbé étoit jaloux :
« Il ne me demande qu'un peu d'amitié; et il lui ar-
« rive souvent de pleurer auprès de moi; il ne parle
« jamais de vous. » Je m'aperçus bien à son discours

---

(1) Argent, gros bourg du Berry, sur la route de Gien à Bourges.

(2) Cette demoiselle de Mouriou ne peut être la femme de celui dont on a vu l'article, t. 5, p. 377. Elle se maria à l'âge d'environ cinquante ans.

(3) Ces mots remplacent un nom raturé qu'on ne peut lire.

que les amants qui prétendent si peu de chose ne sont pas les mieux reçus; d'ailleurs on avoit là-dedans une certaine opinion qu'il avoit toujours la foire; en effet, son teint un peu jaune et pâle étoit le teint d'un foireux. Il avoit beaucoup d'esprit et beaucoup de vivacité; mais il disoit quelquefois des pointes; et, quand il lui sembloit qu'il avoit dit quelque chose de plaisant, il en rioit tout le premier, et, si quelqu'un ne l'avoit pas entendu, il lui disoit : « Vous ne savez « pas que je disois telle chose. » Pour moi, j'étois gai, remuant, sautant, et faisant une fois plus de bruit qu'un autre; car, quoique mon tempérament penchât vers la mélancolie, c'étoit une mélancolie douce, et qui ne m'empêchoit jamais d'être gai quand il le falloit; avec cela, la veuve me trouvoit beaucoup de brillant dans l'esprit : je ne sais si les autres étoient de son avis. J'étois de toutes les promenades, de tous les divertissements, et la belle ne pouvoit rien faire sans moi; aussi n'étois-je guère sans elle; j'étudiois le matin, et l'après-dîner, je la lui donnois tout entière. Je n'ai jamais mieux passé mon temps, car j'étois bien aimé et bien amoureux : on avoit toute liberté de se parler et de se baiser, car les deux sœurs ne mangeoient point ensemble, et étoient moins unies que jamais. D'Agamy et sa femme voyoient bien que la veuve en tenoit, et cela commençoit à leur déplaire, aussi bien qu'à l'abbé. Dans nos caresses nous avions quelquefois les plus violents transports du monde; nous étions bien épris tous deux. Elle avoit de l'esprit, et faisoit parfois des vers dans sa passion. Un jour je la trouvai pâle au Cours; je lui envoyai le lendemain des vers que j'ai perdus, où je parlois de la frayeur que cette pâleur me donnoit. Elle me répondit par ce quatrain :

> Si tu n'as point trouvé les roses
> Qui sur mon teint étoient écloses,
> Daphnée, ne t'en étonne pas,
> C'est qu'elles descendoient plus bas.

Moi qui aime à conclure, je voulus voir si je pourrois mettre l'aventure à fin. Je me hasarde; on me rebute, on me gronde, on me menace; mais, en sortant, on me dit : « Je vous aurois bien plus maltraité, si je « ne craignois de vous perdre encore une fois. » Cela me rassure fort : je recommence; on me repousse, on me déclare que pour tout le reste on me le permettoit, mais que, pour cela, je n'avois que faire d'y prétendre. Désespérant d'en venir à bout, j'entendis bien plus volontiers que je n'eusse fait, à un voyage d'Italie que deux de mes frères me proposèrent (1); et puis je n'avois que dix-huit ans, j'étois en âge d'aimer à courir.

Ce voyage ne fut pas plus tôt conclu, que la veuve se met en courroux, et elle le témoignoit si visiblement que tout le monde s'en apercevoit. En jouant aux quilles, elle ne vouloit plus prendre la boule de ma main, et faisoit mille autres choses d'une grande prudence. Je l'apaisai pourtant en une visite de quatre heures, où je lui représentai qu'elle me désespéroit; et je l'attendris si bien que, moitié figue, moitié raisin, j'en eus ce que je demandois, il y avoit si longtemps. Je voulus rompre mon voyage, ou du moins

---

(1) *Voyez* l'article du cardinal de Retz, t. 4, p. 102.

je m'en remis entièrement à elle; c'étoit une chose si arrêtée qu'elle eut assez de sens pour me dire qu'il falloit le faire, et que cela feroit trop parler les gens. Regardez quelle bizarrerie, d'attendre à la veille de mon départ. Elle me laissa encore, en une autre visite, faire tout ce que je voulus; elle me donna son portrait, elle voulut avoir le mien. Elle me chargea de bagues et de bracelets; mais ni elle ni moi ne songeâmes à aucune adresse pour nous écrire. Je fus dire adieu à mon rival, qui eut la plus grande joie du monde de me voir partir.

A Lyon, comme si je ne pouvois voyager sans devenir amoureux, je m'épris terriblement de la fille d'un de nos amis chez lequel nous logions. C'étoit une fille bien faite, bien brusque, qui avoit de la voix et de l'esprit. Pour cette fois-là, je n'ai pas tant de tort qu'à l'autre, car, je ne sais par quelle fatalité, cette fille eut d'abord de la bonne volonté pour moi, quoique je ne fusse pas le plus beau des trois; elle fit, dès le premier jour, une alliance avec moi, et m'appela *sa sympathie*. On nous mena promener aux jardins de l'Athénée, qu'on appelle aujourd'hui Ainay (1); nous nous détournâmes un peu, elle et moi; j'étois le plus aise du monde, et il me sembloit que j'étois pour le moins *Périandre* ou *Merindon* (2). Il fallut partir au bout de trois jours; mais, pour me consoler, j'emportai des bracelets de cheveux, et j'eus permission d'écrire. Tout cela ne m'empêcha pas de me bien divertir en Italie, tant c'est belle chose que jeunesse; à

---

(1) C'est le nom d'un quartier de la ville de Lyon.

(2) Personnages de l'*Amadis*.

la vérité, j'avois quelquefois de mauvaises heures. La veuve m'écrivit à Rome, par la voie du petit Guénault, son médecin (1);........ il n'y avoit rien de particulier. Je lui répondis, et n'en reçus jamais qu'une seule lettre.

De retour en France, nous voilà encore logés à Lyon chez la belle. Je voulois familièrement qu'elle me laissât monter dans sa chambre par une échelle de corde, et je lui proposai de l'aller trouver l'été à la campagne, où elle devoit demeurer trois mois. Elle me dit qu'il y avoit trop de péril à tout cela. Je reçus de ses lettres à Paris pendant quelque temps : elle écrivoit bien ; puis tout-à-coup elle cessa de m'écrire. Je n'ai jamais pu savoir pourquoi, car elle mourut bientôt après.

Revenons à la veuve. Je croyois qu'elle me recevroit avec la plus grande joie du monde ; mais je fus bien attrapé, quand elle me rebuta plus que jamais, et me reprocha la peine où je l'avois mise; cette peine venoit de ce que, s'étant saisie, à mon départ ou depuis, en songeant à ce qu'elle venoit de faire pour moi, ce que vous savez s'arrêta aussitôt...... Elle crut être grosse, se découvrit au jeune Guénault, et ce fut dans cette inquiétude qu'elle m'écrivit (2).

Je la blâmai fort de s'être effrayée si à la légère, et d'avoir tout dit à un tiers. « Hé, pourquoi ? me ré-« pondit-elle; il sait bien que c'est à bonne intention, « et je lui ai dit que vous m'aviez promis de m'épou-

---

(1) Ces derniers mots étoient effacés ; il en reste encore quelques-uns sous la rature que nous n'avons pas pu retrouver.

(2) Tallemant avoit effacé ce passage, et il avoit mis à la place : Elle se découvrit *à son médecin*.

« ser. » Je crois, mais je ne l'assurerois pas, qu'en badinant...... elle pourroit bien m'avoir dit : « N'es-tu « pas mon mari? » et que lui ayant répondu : « Oui, » elle pourroit avoir pris cela pour argent comptant. Nous voilà brouillés. L'abbé, bien loin de profiter de mon absence, l'avait trouvée plus chagrine que jamais. Le crucifix prit ce temps-là pour lui donner un coup de pied, et depuis il ne fut amoureux que de la vierge Marie. La pauvre Lyonnoise mourut durant notre divorce, et la veuve, qui passoit déjà pour une capricieuse dans mon esprit, avoit besoin de cela pour me retenir; car, n'ayant plus personne, je fis bien plus de choses que je n'en eusse fait pour me remettre bien avec elle.

Un peu plus habile que je n'étois, je m'avisai de cajoler une fille qui en avoit bonne envie : elle étoit parente et suivante d'une madame de Mérouville(1), avec laquelle Louvigny demeuroit.

Tout ce monde-là, aussi bien que mon père, ne logeoit pas loin du logis de la veuve, où, à cause du grand jardin qui y étoit, on se divertissoit plus qu'en aucune autre maison. Je badinois avec cette fille à ses yeux; cela la fit revenir, et je remontai sur ma bête. Cette fille m'appeloit *mon mari*, et m'aimoit de tout son cœur.

---

(1) Le nom de *Mérouville* se laisse apercevoir sous la rature ; Tallemant, qui a biffé ce passage, y a substitué celui-ci : « Elle étoit parente « et suivante d'une *tante de la femme de Lisis* (Louvigny). » Or, madame de Louvigny, fille aînée de Bigot de La Honville, étoit nièce de madame de Mérouville, sœur de son père. (*Voyez* plus haut l'Historiette de madame de Gondran, t. 4, p. 271 et 272.)

J'ai parlé ailleurs de la maison de La Honville (1). Quoique la veuve ne fût pas de ces parties-là, j'y allois souvent. Tout le monde de chez M. de La Honville m'aimoit fort; j'étois le bel-esprit de la troupe, et on m'estimoit terriblement. Une fois, une madame Du Candal, veuve d'un conseiller au Parlement, grande femme fort bien faite et fort raisonnable, mais un peu coiffée de sa parente, vint à La Honville que j'y étois. Elle étoit fille d'une sœur (2) de La Honville qui logeoit avec son frère. De tout temps cette femme m'avoit plu; aussi a-t-elle un agrément que j'ai vu à peu de personnes. Mon humeur, mon emportement, ma gaîté ne lui déplurent pas non plus. En badinant, nous faisons une alliance; nous voilà aussi mari et femme. Depuis cela, je la visitai plus soigneusement; mais il n'y avoit aucune liberté chez son beau-père, où elle logeoit. La première femme (3), voyant que je me trouvois presque toujours chez La Honville quand l'autre (4) y venoit dîner, entra en quelque jalousie et me fit la mine. Le lendemain, je la vais trouver dans sa chambre, et, après l'avoir bien haranguée pour l'obliger à me dire ce qu'elle avoit contre moi, elle me prend la main et me baise. « Allez, dit-elle, « vous ne le saurez jamais, mais je ne vous en aime-

(1) *Voyez* plus haut, sur les voyages faits à la terre de La Honville, l'Historiette de madame de Gondran, t. 4, p. 271.

(2) Madame de Candal s'appeloit Marie Causse; Marie Bigot, sa mère, avoit épousé Jacques Causse. (*Voyez* une note plus bas dans le cours de cet article.)

(3) C'est-à-dire la parente de madame de Mérouville, qui, comme on vient de le voir, appeloit Tallemant son mari.

(4) Madame de Candal.

« rai pas moins. » Voyant cela, je voulus tenter si je ne trouverois point l'heure du berger. « Mon Dieu ! « me dit-elle, si j'étois capable de faire une sottise, ce « seroit pour l'amour de vous ; contentez-vous de cela, « et aimez-moi à cela près, si vous en êtes capable. » Avec elle, j'en suis toujours demeuré là ; elle est encore fille, et nous nous aimons de bonne amitié.

La veuve grondoit assez de ces petits voyages à La Honville, mais je lui disois qu'il falloit donc que je rompisse avec mes frères, et ma belle-sœur (1), et toute ma famille. Sa sœur (2) malicieusement ne manquoit pas de lui faire remarquer que je n'étois jamais si ajusté que quand j'allois voir madame du Candal, qui alors délogea de chez son beau-père, et alla demeurer avec sa mère, vers le Marais. Tout ce qu'elle et son mari disoient contre moi ne servoit qu'à les faire regarder comme des espions. Une fois que nous étions à un divertissement chez une des parentes de la veuve, on se mit à danser aux chansons ; elle me tenoit par la main, et sans y penser elle alla chanter :

> Guillot est mon ami,
> Quoique le monde en raille ;
> Il n'est point endormi
> Quand il faut qu'il travaille.
> Ah ! je ris alors qu'il me baise ;
> Car il meurt de plaisir et moi d'aise.

Ma foi, le monde en railla cette fois-là, et nous fûmes un peu déferrés tous les deux.

(1) Pierre Tallemant, sieur de Boineau, frère aîné de notre Tallemant, avoit épousé Anne Bigot, fille de Nicolas Bigot, sieur de La Honville. (*Quittance du 29 mai 1638, conservée à la bibliothèque du Roi.*)

(2) Madame d'Agamy.

La veuve, qui déjà étoit assez capricieuse, le devint encore davantage par les soupçons que ses parens lui mirent dans l'esprit. Un jour que je la trouvai seule auprès du feu, elle se glisse dans un cabinet au coin de la cheminée, dont la porte avait un petit poids qui la faisoit fermer fort aisément. Voilà visage de bois : je presse, je prie; elle ne veut point ouvrir. Je m'en vais : à la porte de la rue, je me ravise, et me viens cacher de l'autre côté de la cheminée, après être rentré fort doucement; puis je laisse aller l'huis vert (1) de toute ma force, pour lui faire accroire que je m'en allois : cela réussit. Elle sort; je la happe, *et cætera*. Cette bizarrerie me le fit trouver trois fois meilleur. Comme cette femme n'étoit pas naturellement dévergondée, et que ce n'étoit que la force de la passion qui l'emportoit, elle ne se put jamais résoudre à me donner un rendez-vous : il la falloit toujours prendre de force. Comme c'étoit toujours à recommencer, on ne pouvoit pas bien prendre ses mesures, et se cacher de sa femme de chambre comme on eût fait. J'ai assez vu de femmes, mais je n'en ai jamais vu une si désintéressée; elle ne voulut pas seulement prendre des gants quand je revins d'Italie.

Elle devint insensiblement si jalouse, qu'elle l'étoit de toutes les femmes que je voyois, mais bien plus de madame d'Harambure que de pas une autre : elle a toujours eu plus de jalousie de celles que je n'aimois pas que de celles que j'aimois; car elle n'en a pas le quart autant de madame du Candal et de mademoi-

---

(1) L'huis vert paroît signifier ici une porte battante, en drap ou en toile de couleur verte.

selle des Marais, dont nous parlerons ailleurs (1).

Cependant je m'enflammai pour cette autre veuve, car la première me grondoit trop. Chez sa mère, on avoit un peu plus de liberté. Un jour que nous y faisions collation, elle nous donna des abricots, et nous conta que, croyant en avoir fait de bien plus beaux que sa mère, elle met sur les siens : *Abricots de ma façon*. Par malheur, ses abricots se candirent, et ceux de sa mère se conservèrent fort bien : elle en changea un beau matin toutes les couvertures, et dit : « Regar- « dez comme les miens se sont bien conservés. » Or, elle avoit une fille qui n'étoit guère jolie. « Ma foi, ce « lui dis-je, madame, votre bonne maman vous sur- « passe bien autant en filles qu'en abricots : vous êtes « une belle ouvrière auprès d'elle. »

Une fois, je trouvai bien du *crachottis* auprès du feu. « Jésus! lui dis-je, qu'est-ce que cela? — Hélas ! « dit-elle, c'est M. Mestresat qui a fait là le *lac de* « *Genève* (2). » Je lui donnois fort souvent des vers; mais, comme elle vit que j'en tenois, elle me fit une petite querelle pour ne m'appeler plus son *mari*; j'entendis bien sa finesse, et fis semblant d'en être un peu alarmé. Comme elle logeoit fort loin, je ne la voyois

---

(1) M. de Launay l'épousa en secondes noces. (*Voyez* ci-après l'Historiette de madame de Launay.)

(2) Il étoit de Genève, et il crachoit beaucoup. (T.) — Mestresat étoit un ministre de Charenton. Le cardinal de Retz raconte qu'il disputa un jour avec lui, en présence d'un nonce, et que Mestresat le ménagea sur certains principes de Sorbonne qui n'obtiennent pas l'assentiment de la Cour de Rome, « n'étant pas juste, disoit-il, d'empê- « cher l'abbé de Retz d'être cardinal. » (*Mémoires du cardinal de Retz*, deuxième série de la *Collection des Mémoires relatifs à l'histoire de France*, t. 44, p. 130.)

pas bien à mon aise, et je fus ravi quand on parla de la faire loger auprès de M. de La Honville. Toute la difficulté étoit que, pour avoir la maison qu'on vouloit faire prendre à sa mère, il falloit perdre un quartier de celle qu'elle quittoit : la bonne femme ne pouvoit s'y résoudre. J'envoyai un de mes amis qui loua cette maison sous main pour un quartier, disant qu'une dame de sa connoissance se trouvoit sur le carreau. Je trouvai moyen de le faire savoir à la belle, qui prit cela le mieux du monde, et fit pourtant en sorte qu'elle délogea sans qu'il en coûtât un sou, ni à sa mère, ni à moi ; car elle persuada au propriétaire d'y aller loger lui-même. Mais je fus bien attrapé, car ses tantes ou ses cousines étoient toujours avec elle, et je lui parlois dix fois moins que je ne faisois auparavant. Enfin elle se résolut, croyant n'avoir point d'enfants, d'épouser M. de Montlouet d'Angennes (1), parce qu'il n'en avoit point eu avec sa première femme ; elle n'en eut que tous les ans (2). Il étoit de mes amis, et m'appeloit son pupille ; j'étois même le confident de ses amours, et j'ai quelquefois fait des vers pour lui. Elle lui fut long-temps cruelle

---

(1) Ce nom a été soigneusement biffé par Tallemant ; nous sommes cependant parvenus à le lire distinctement, à l'aide d'un acide. En effet, Jacques d'Angennes, marquis de Montlouet et de Lisy-sur-Ourques, se remaria en 1643 avec Marie Causse, fille de Jacques Causse et de Marie Bigot, et veuve de Martin Du Candal, conseiller au Parlement. (*Histoire généalogique de France*, t. 2, p. 429.) Il est seulement extraordinaire que madame Du Candal eût espéré de ne pas avoir d'enfants en contractant ce mariage, car le marquis de Montlouet en avoit eu six d'Elisabeth de Nettancourt.

(2) Madame Du Candal a eu trois filles de son second mariage. (Voyez *le Père Anselme* audit lieu.)

jusqu'au mépris. « Hélas ! disois-je, le pauvre homme !
« il ne fait que blanchir contre. » Il étoit trop vieux
pour elle. Dès qu'il l'eut épousée, je résolus de ne
plus penser à elle, et un jour je lui dis : « Je gage,
« madame, que vous avez brûlé tous les vers que je
« vous ai donnés. — Point, dit-elle ; je vous les mon-
« trerai encore tous. — Cela n'est plus bon à rien,
« lui dis-je ; vous êtes devenue la femme de mon ami :
« je vous conseille de les brûler, cela pourroit faire
« du désordre. » Elle vit pourquoi je le disois, et me
répondit en rougissant : « On en fera ce que vous
« voudrez. » Je ne sais ce qui en est arrivé depuis,
mais nous avons toujours eu bien de l'estime l'un pour
l'autre.

Madame d'Harambure morte, je croyois que la
veuve ne seroit plus si folle que par le passé ; mais ce
fut encore pis que jamais. Elle étoit si extravagante
sur ce chapitre, qu'elle croyoit que je couchois avec
toutes les femmes que je voyois. « Le moyen que les
« autres vous résistent, disoit-elle, si je ne vous ai pu
« résister ! » Enfin elle vint à un tel excès qu'elle m'accusoit de coucher avec ses sœurs ; elle en avoit deux,
toutes deux laides (1), et qui me haïssoient comme la
peste ; elle m'en accusoit aussi avec les miennes. « Oui,
« disoit-elle, et je ne voudrois pas jurer que même
« vous épargnez vos tantes. — Mais comment est-
« ce donc que j'y puis suffire ? — Ah ! répondit-
« elle, il n'y a jamais rien eu de si brutal, de si ani-
« mal que vous ; vous avez une sensualité infatigable. »

---

(1) Il en est mort une. (T.)

Elle me faisoit beaucoup plus d'honneur qu'à moi n'appartenoit.

Voici deux des plus plaisantes visions qu'elle ait eues. Madame Tallemant, la maîtresse des requêtes[1], se blessa; elle s'alla mettre dans l'esprit que cette femme étoit grosse de mon fait, et qu'ayant reconnu combien j'étois infidèle, elle avoit mieux aimé se blesser que de mettre au jour l'enfant d'un si méchant homme. L'autre fut qu'une fille de madame *Cramail*, aujourd'hui la marquise de La Barre-*Chivray* [2], ayant eu la petite vérole, au retour d'un petit voyage de La Honville, où j'avois été avec elle, la veuve raisonna ainsi : « Il n'y a rien qui donne tant la petite vérole « que l'émotion. Cette fille lui a tout accordé, cela l'a « émue. » Si la moindre des trois personnes avec lesquelles elle disoit que je concubinois eût voulu me laisser faire, je l'eusse bien plantée là ; car elle ne me faisoit coucher qu'avec Lolo, madame Du Candal et mademoiselle Des Marais, aujourd'hui madame de Launay [3], sans conter madame de Louvigny et bien d'autres.

Une fois, à La Honville, cette Lolo, car je badinois toujours, avoit les mains embarrassées à je ne sais quoi ; je me mis à la baiser : « Hé ! que faites-vous ? me « dit-elle. — Je prends mon temps. » Depuis, quand je la baisois, elle crioit : « Ma sœur, comme il prend

[1] Marie Du Puget de Montauron, femme de Gédéon Tallemant, cousin-germain de l'auteur.

[2] Ces noms étoient raturés ; les deux mots en lettres italiques sont douteux.

[3] Voyez plus bas l'article de madame de Launay, personnage assez singulier.

[4] La sœur de *Lolo* étoit madame de Louvigny. (*Voyez* plus haut

« son temps ! venez vite, il prend son temps. » Un jour que je lui baisois la main gauche, finement elle la couvroit de la droite qui étoit nue. « Celle-là, lui dis-« je, m'est tout aussi bonne que l'autre. » J'ai oublié bien des folies et bien des impromptus, et mille autres bagatelles. La vision qu'elle eut de sa sœur, avec laquelle elle logeoit, vint de ce que cette femme eut un mal de mère si furieux, qu'elle parla un langage articulé que personne n'entendoit, et elle vouloit que cela vînt de ce que je lui avois brouillé la cervelle. Je ne savois plus où j'en étois; je ne voulois pas pourtant jeter le manche après la cognée, parce que j'avois dessein de faire durer cela jusqu'à ce que je pusse me déclarer pour la petite Rambouillet. Elle me fit un jour une proposition : « Mettez, disoit-elle, ma con-« science en repos. — Eh bien ! voulez-vous que je « vous épouse? — Non. — Que voulez-vous donc? — « Trouvez quelque invention. » Et après, elle me disoit : « Mais n'est-ce pas assez que vous m'ayez du-« rant cinq ans violée? » Elle appeloit cela *violer*, parce qu'elle faisoit d'abord quelque résistance; puis elle changeoit tout-à-coup de discours. « Ah! si j'étois « assurée que vous m'aimassiez bien, je ne m'en sou-« cierois; mais vous avez honte de m'aimer. » Et alors elle me vouloit obliger à faire des extravagances pour lui témoigner que je l'aimois. Tout ce que je pus faire, ce fut de prendre quelque prétexte, comme je fis, pour ne plus voir sa sœur avec qui elle étoit mal ; car l'autre l'avoit obligée d'assez mauvaise grâce à déloger d'a-

l'article de madame de Gondran, t. 4, p. 273, et les *Mémoires de Conrart*, au lieu déjà cité.)

vec elle. Il lui prit une nouvelle bizarrerie. Elle avoit
je ne sais quelle espèce de demoiselle avec elle qu'elle
faisoit toujours venir dans sa chambre. Un beau jour
je l'attrapai plaisamment. Comme elle étoit allée conduire une dame jusqu'à la porte de l'antichambre, je
la suivis; sa petite demoiselle demeura auprès du feu.
Je prends la veuve et je l'emporte de l'antichambre
dans une garde-robe, où je m'enferme avec elle, et
je la tins tant que je voulus. Je la fis un peu revenir de
ses folies. Elle sortit de sa maison parce que l'horloge
de l'hôtel d'Épernon (1) sonnoit les demi-heures et
les quarts, et que cela lui coupoit, disoit-elle, sa vie
en trop de morceaux.

Quand l'abbé de Cérisy eut fait la *Vie du cardinal
de Bérulle* (2); qui étoit son ami, il lui en envoya un
exemplaire. Elle lui manda gracieusement, quelques
jours après, qu'elle n'avoit jamais cru qu'il pût devenir assez idiot pour écrire de si sots miracles.
On n'en vendit quasi point. M. de Grasse (*Godeau*)
disoit que c'étoit une vie écrite par épigrammes,
tant il y avoit de traits. Patru disoit qu'il y avoit
cinq ou six cents têtes à cet ouvrage, car il commence
à tout bout de champ, comme s'il étoit à la première
ligne. Le libraire s'y pensa ruiner. Le bon abbé avoit
plus d'esprit que de jugement.

Nous nous brouillâmes encore bien des fois, et
nous raccommodâmes aussi. Enfin, las de ses bizarreries, et ayant été obligé, par des considérations de
famille, à faire demander la petite Rambouillet, mie

---

(1) L'hôtel d'Épernon étoit situé Vieille rue du Temple, près de la
rue Saint-François.

(2) La Vie du cardinal de Bérulle, en 1 volume in-4°, parut en 1646.

voilà accordé sans le lui dire (1). Mon frère l'abbé, par malice, lui alla annoncer cette nouvelle. Elle n'a jamais été si sage que cette fois-là ; car elle reçut cela comme une chose indifférente. Je ne laissois pas d'aller chez elle ; mais je prenois garde qu'il y eût compagnie. Une fois, par malheur, je la trouvai seule ; elle sortit de sa chambre en colère et me donna un grand coup de poing ; après je ne m'y frottai plus. La sœur et son mari eurent une joie étrange de voir que je me mariois : nous nous étions remis bien ensemble, il y avoit quelque temps, du consentement de la veuve ; elle-même s'étoit réconciliée avec eux. Or, quand M. Rambouillet se voulut remarier, elle y prétendit fort, tant pour être plus magnifique que sa sœur, que peut-être pour me faire enrager à mon tour. Le bonhomme n'y voulut point entendre. Il étoit accordé, il y avoit deux jours, quand une fille que je ne connoissois point me vint dire que M. Le Faucheur, le ministre, qui logeoit en même maison que la veuve, étoit fort mal et demandoit à parler à moi. Je fais mettre les chevaux au carrosse, et cependant je dis à tous ceux que je rencontrai que le pauvre M. Le Faucheur étoit bien mal. J'y vais vite ; mais je trouve cette même fille au bas de l'escalier qui me dit : « Monsieur, c'est mademoiselle Le G.... (2) qui veut « vous parler. » Je monte. Elle commence par des larmes et par des reproches, et me dit enfin qu'il falloit que je l'épousasse, ou que je lui fisse épouser mon

---

(1) Elisabeth Rambouillet n'avoit que onze ans quand elle fut accordée avec son cousin. (*Voyez* l'article de l'abbé Tallemant, t. 4, p. 72 de ces Mémoires.)

(2) Nom de la veuve.

beau-père. « Pour moi, lui dis-je, mes articles sont
« signés il y a long-temps, et ceux de mon beau-père
« futur le furent avant-hier. » Elle se mit à tempêter,
que je m'en repentirois, que quelque jour son fils seroit grand, que j'avois beau faire, que la petite Rambouillet ne seroit jamais que ma g...., et que si elle
eût su cela, elle l'eût laissée tomber en la présentant
au baptême. Elle est sa marraine. Je lui parlai doucement, la remis du mieux que je pus, et me retirai
quand je la vis un peu apaisée. Cependant je fus
en transes jusque devant l'arche [1], que j'appris
qu'elle n'étoit point au prêche; car elle étoit si outrée,
que je craignois qu'elle n'allât faire quelque opposition ridicule. Sa sœur a été assez étourdie pour me
dire depuis : « Il me semble que vous deviez marier
« ma sœur avec votre beau-père; c'étoit le moins que
« vous fussiez obligé de faire pour elle. » Cette pauvre
femme ne me sauroit encore voir sans surprise. J'ai
eû du déplaisir de ne pouvoir l'assister en quelques
affaires qu'elle a eues; mais il n'y a jamais eu moyen
d'en approcher. Elle hait le cardinal, et dit assez plaisamment que le soleil de mars est *mazarin*, à cause
qu'il lui fait mal à la tête.

[1] Tallemant a effacé ces trois derniers mots et les a remplacés par
ceux-ci : *jusques au jour de mes noces.* Sa première leçon, qui a trait
aux usages du prêche, nous a semblé préférable.

MUETS.

J'ai vu mille fois un homme muet et sourd, assez bien fait de sa personne et assez propre. Il plioit le linge admirablement bien en toutes sortes d'animaux (1), et se faisoit entendre aussi bien que personne ait jamais fait. Il alloit à Charenton, et, quand par signes on lui demandoit de quelle religion il étoit, il mettoit son chapeau sur sa tête, et son manteau sur les deux épaules, puis mettoit une table devant lui ; il faisoit des mains comme un ministre en chaire. Avec tout cela, quand il y avoit procession à Saint-Sulpice, sa paroisse, il prenoit une hallebarde et, marchant devant, il faisoit ranger le monde. Il lui prit

(1) C'étoit alors l'usage de donner toutes sortes de formes aux serviettes de table ; nous en citerons un exemple tiré d'un livre rare et singulier : « Estant venus au quartier de madame Iccosine, nous trou-
« vâmes plusieurs gentilshommes qui portoient les plats à la table de
« leur maîtresse..... Nous entrasmes dans la chambre où l'on devoit
« manger, le long des fenestres de laquelle...... nous vismes une fort
« longue table, et assez large, couverte d'une nappe mignonnement
« damassée ; mais d'autant qu'en de telles maisons les choses qui sont en
« leur naturel, bien que rares et exquises, ne sont jamais assez agréables,
« si elles ne sont déguisées, ceste nappe avoit été ployée de telle façon
« qu'elle ressembloit fort bien à quelque rivière ondoyante qu'un petit
« vent fait doucement souslever. Les assiettes estoient rangées tout à
« l'entour, et chacune avoit son pain chappelé couvert de serviettes
« desguisées en plusieurs sortes de fruits et d'oiseaux. » (*Le Philaret,
divisé en deux parties, Erres et Ombre, de l'invention de Guillaume
de Rebreviettes, sieur d'Escœuvre*; Arras, 1611 ; in-8º, p. 52.)

envie de se marier, et pour faire entendre sa volonté il se présenta au consistoire. Mestrezat, le ministre, fut le premier qu'on envoya pour tâcher d'entendre ce qu'il vouloit. Le muet lui fit quelques signes, et se touchoit, mettoit les mains l'une dans l'autre, comme ceux qui se donnent la foi ; mais le bonhomme n'y comprit rien. On y envoya ensuite Daillé, aussi ministre, à qui, outre tous les signes précédents, il en fit encore un autre, car faisant un rond de son pouce et du doigt index de la main gauche, il passoit dedans le doigt index de la droite. On lui permit de se marier, voyant qu'il savoit si bien ce qu'il demandoit, et qu'il étoit si bien préparé. Sa femme et lui se mirent à se mêler de maquerellage. Un jour de petits enfants lui avoient fait quelque niche ; il prit un pistolet et en suivit un. Un armurier l'arrêta ; il tira à cet homme sans le blesser ; pourtant voilà de la rumeur : on pilla la maison du muet, et je ne sais ce qu'il devint.

Il y avoit sur le chemin de Notre-Dame-de-Liesse (1) un gueux qui faisoit le muet ; effectivement, il savoit si bien retirer sa langue qu'on ne la voyoit point du tout. Une dame de mes amies (madame Perreau) se douta qu'il y avoit de la subtilité, et lui promit dix sous s'il lui vouloit dire combien il y avoit qu'il étoit muet. Il fut long-temps à s'y résoudre ; enfin il lui dit : « Madame, il y a quatre ans que je suis muet. » Et il eut son demi-quart d'écu.

Tillet-Saint-Leu, conseiller à la grand'chambre,

---

(1) Notre-Dame-de-Liesse, lieu célèbre par un pèlerinage, est un bourg situé à trois lieues de Laon, dans le département de l'Aisne.

a un grand fils bien fait, qui est d'église : ce garçon est sourd et muet naturellement. Cependant insensiblement il a appris quelques mots ; il parle comme un enfant qui ne sait que quelques façons de parler ; il écrit des lettres comme celles que les enfants dictent : cela ne se suit point. Il n'entend que certaines personnes, encore est-ce plutôt au mouvement de leurs lèvres qu'autrement ; il est propre, il fait bien des choses de ses doigts ; et ce qui m'étonne le plus, c'est qu'il danse bien et en cadence.

CONTES SUR LE MARIAGE.

Milord Digby, homme de qualité en Angleterre, étoit un homme qui aimoit fort les secrets ; il a cherché la pierre philosophale. La peinture étoit une de ses passions. Or cet homme avoit une femme qui étoit une des plus belles personnes de l'Angleterre (1), il l'aimoit tendrement ; mais il vouloit bien qu'on le sût ; et comme il affectoit de passer pour le meilleur mari du monde, et que son esprit se portoit assez de soi-même aux choses extraordinaires, il fit peindre sa femme nue, puis en mettant sa chemise, en habit du matin, habillée, coiffée de nuit, les cheveux épars, se coiffant ; bref, de toutes les manières dont il put s'aviser :

---

(1) Le chevalier Kenelm Digby avoit épousé la fille d'Edouard Stanley, nommée Venetia Anastasia, et célèbre par sa beauté. Demeuré fidèle à Charles 1er, Digby fit en France un long séjour. Il aimoit les nouveautés, et il contribua à répandre l'usage de la *poudre à sympathie*, rêverie médicale du dix-septième siècle. (*Voyez* l'édition de Sévigné, donnée par M. Monmerqué ; Paris, 1818, t. 7, note de la page 224.)

et, comme elle mourut jeune, il la fit peindre dès le commencement de son mal, puis quand elle fut affoiblie, et ensuite quasi tous les jours jusqu'à sa mort. Ces derniers portraits étoient bien faits, mais ils faisoient peur. Ils étoient tous de la main d'un excellent enlumineur.

Feu M. de Noailles avoit un Suisse qui se marioit en tous les lieux où son maître faisoit d'ordinaire du séjour. Il avoit une femme en Rouergue, une en Limosin, une en Gascogne et une à Paris.

Un homme qui fut en prison parce qu'il avoit quatre femmes, interrogé à la Tournelle pourquoi il en avoit tant épousé, répondit naïvement qu'il avoit voulu voir s'il en trouveroit une bonne ; que la première ne valoit rien du tout, la seconde guère mieux, la troisième n'étoit pas si méchante, la quatrième un peu meilleure que la précédente, et qu'il espéroit enfin rencontrer ce qu'il cherchoit. On trouva qu'il disoit cela si bonnement, qu'on se contenta de l'envoyer aux galères(1) pour punition de la folle entreprise qu'il avoit faite.

A propos de cela, outre la vigne qu'on dit que M. l'archevêque doit donner à celui qui au bout de l'an n'aura point de repentir de s'être marié, on dit qu'il y avoit un curé à Sainte-Opportune qui disoit au

(1) Quoique l'on ait dit que la bigamie étoit un *cas pendable*, dans l'ancienne jurisprudence de même que dans notre nouvelle législation, on se contente de punir des galères ce crime social. (Voyez *les Lois criminelles* de Muizart de Vouglans; Paris, 1780, p. 226.)

prône qu'il donneroit des pois pour le carême à ceux qui n'obéissoient point à leurs femmes. Quand il avoit questionné les maris, pas un n'emportoit de ses pois. Un crocheteur y alla, bien résolu d'en avoir ; le curé l'interroge sur la taverne, etc. : il ne le pouvoit attraper. « Prenez donc des pois, lui dit-il. » Comme le crocheteur remplissoit son sac : « Vous deviez, ajouta-
« t-il, en prendre un plus grand. — Je le voulois, dit
« le crocheteur, mais notre femme n'a pas voulu. —
« Ah ! je vous tiens, dit le curé : vous n'avez que faire
« de sac ; laissez mes pois. »

Un procureur disoit à une partie : « Ne vous met-
« tez pas en peine pour vos *contredits* ; au pis aller,
« ma femme les fera. »

MADAME DE LAUNAY.

Feu Jean Gravé, sieur de Launay, étoit fils d'un riche marchand de Saint-Malo. Le trafic d'Espagne a fait de bonnes maisons dans cette ville-là, et il y a eu des marchands riches de cinq cent mille écus. Launay fit la marchandise aussi lui-même, et tint quelques fermes du roi. Il devint plus riche que son père, et quelques envieux l'accusèrent de fausse monnoie, quand Montauron fit un parti de faux monnoyeurs et de rogneurs. On n'a jamais su parfaitement la vérité de cette affaire ; car, par l'arrêt qu'il obtint ici, il ne fut pas entièrement déchargé, et cependant quelques-uns des accusateurs furent appliqués à la question, et d'autres bannis. Pour moi, je pense qu'il étoit innocent(1).

Se voyant beaucoup de bien en fonds de terre et en argent, avec une charge de trésorier des Etats de Bretagne, Launay vint s'établir à Paris, où il se mit dans les affaires du Roi, et il y gagna encore beaucoup. Cet homme n'étoit bon qu'à cela : hors le *numéro* (2), il n'avoit pas le sens commun. La Grossetière (3), mon beau-frère, disoit que c'étoit le fils d'un dogue de Saint-Malo. Il parloit comme un paysan. Malleville m'a conté que cet homme, en sa petite jeunesse, fut quelques années à Paris, logé chez son père. En ce temps-là, Malleville avoit fait imprimer certaines lettres des Amours des Déesses qu'il a désavouées depuis : en un endroit, Vénus écrivoit à Adonis qu'elle étoit comme prisonnière, et que jamais *la pauvre Io* ne fut gardée si sévèrement. Launay, qui n'avoit jamais entendu parler de

(1) Tallemant, allié à la famille des Puget, son cousin-germain, Gédéon Tallemant, maître des requêtes, ayant épousé la petite-fille de Puget de Montauron, doit naturellement leur avoir été favorable. (*Voyez* l'Historiette des Puget, t. 5 de ces Mémoires, p. 5.) On lit dans un libelle dirigé contre les financiers, qu'un des commissaires chargés d'instruire le procès de Puget lui fit cette question embarrassante : « Je vous prie de m'enseigner *comment je pourrois, avec deux* « *ou trois mille écus, en acquérir en peu de temps cinq ou six cent mille.* « Paroles qui le rendirent muet, dit l'auteur ; il devint pâle, défait et « tremblant de crainte, et possédé des froides appréhensions de la « mort, qui le talonnoient comme s'il eût été condamné. (*Le Trésor du trésor de France volé à la couronne*, par Jean de Beaufort, parisien ; 1615, in-8°, p. 31.)

(2) Tallemant a plusieurs fois employé cette expression. (*Voyez* dans l'article de La Leu, t. 5, p. 49.)

(3) Une sœur de Tallemant, du premier lit, avoit épousé un d'Angennes, seigneur de La Grossetière.

la pauvre Io, corrige hardiment, et, au lieu de *la pauvre Io,* met *le pauvre Job;* puis il dit à Malleville: « Vous avez pris un grand impertinent d'imprimeur; « regardez quelle faute il avoit faite. » La jeunesse du quartier, à qui je contai cela, car Launay vint loger devant chez mon père, ne l'appeloit plus que *le pauvre Job.* Une fois, il contoit une querelle, et il disoit : « Ils se donnèrent des coups de poing et des *coups de* « *soufflet.* »

Ce *bel-esprit* avoit une petite femme qui n'étoit pas trop mal faite; mais c'étoit une vraie petite bourgeoise de Saint-Malo, qui pourtant faisoit fort la dame. « Elle a raison, disions-nous, car elle est dame *née,* « et on ne l'appelle jamais *mademoiselle.* » De bourgeoise elle fut *madame.*

Launay avoit une cousine-germaine, mariée en Normandie à un hobereau, ou soi-disant, car je vois des gens qui en doutent. Madame de Launay d'aujourd'hui(1), sa fille, m'a dit, mais elle a de la vanité à revendre, qu'il étoit gouverneur de Honfleur. Peut-être étoit-ce quelque officier. Cette parente étoit veuve et chargée d'un grand garçon et de trois filles. La seconde étoit une fort belle personne : son frère, qui étoit toujours chez Launay, lui proposa d'aller chercher cette fille, et de la donner à madame de Launay. Il y va avec un des amis du *pauvre Job,* nommé La Bouvraye. Ce La Bouvraye m'a dit qu'il n'a jamais vu un tel *pouillier*(2) que cette maison : les filles étoient les servantes de leur mère, et elles étoient

---

(1) C'est-à-dire mademoiselle des Marais, seconde femme de Launay.
(2) *Pouillier,* mauvaise auberge, méchant logis. (*Dict. de Trévoux.*)

habillées comme des gueuses. Cette belle avoit des taches de rousseur sur la gorge, faute d'un mouchoir ou faute de soin. Ils l'amènent chez Launay, et ce pauvre La Bouvraye en devint amoureux en chemin. A peine fut-elle arrivée que madame de Launay renvoie sa suivante, et cette belle fille l'a peignée bien des fois : il est vrai qu'elle l'appeloit *ma cousine*, et Launay l'appeloit *ma nièce*. En Bretagne, on appelle neveux et nièces ceux sur qui on a le germain ; de là vient qu'on dit *nièces* et *neveux à la mode de Bretagne*.

La première fois que je vis cette belle fille, ce fut chez ma mère ; je la trouvai qui se chauffoit dans l'antichambre avec la demoiselle de ma mère ; elle me parut trop bien faite pour être traitée en suivante. « Jésus ! mademoiselle ; eh ! que faites-vous ici ? Ne « voulez-vous pas venir là dedans ? » En disant cela, je la prends ; elle étoit fort simple, et se laissoit assez conduire (1), et je la fais asseoir en rang dans la chambre de ma mère. Depuis, elle fut assise partout comme une parente. Je donnai les violons ensuite, et je la fis danser des premières. Elle étoit fort mal en habits, et une pauvre jupe de taffetas bleu déteint, qui étoit sa plus belle jupe, avoit plus de cinquante taches. Tout le monde pourtant la trouva fort belle, quoique ses yeux ne fussent pas si doux, à beaucoup près, qu'ils le furent depuis ; car la femme de chambre de madame de Launay, croyant faire merveille, lui avoit fait les sourcils. Je lui dis que cette coquetterie-là ne lui étoit pas avantageuse. La pauvre fille crut avoir fait un grand crime, et souffrit beaucoup plus patiemment

---

(1) Quillet disoit que c'étoit ainsi que Dieu fit notre mère Ève. (T.)

une assez grande maladie qu'elle eut, parce que, durant ce temps-là, ses sourcils eurent le loisir de revenir. Nous lui faisions la guerre, que Guénault (1) lui tâtant le ventre, elle lui disoit : « Pas si bas, M. Gué-» nault, pas si bas. » C'étoit un drôle qui la trouvoit fort à son goût. Le premier jour qu'elle se sentit indisposée, elle mit une cornette. Hélas! il n'y a jamais eu de cornette si modeste, il n'y avoit pas une dent de rat de dentelle, et, faute d'autre habit, elle avoit une cornette blanche avec sa robe. Madame de Launay ne la traitoit pas trop bien au commencement, et j'enrageois de voir cette petite bourgeoise (2) se faire servir par une fille que tant d'honnêtes gens eussent si volontiers servie. Enfin, comme elle vit que cette fille jouoit bien et heureusement, elle fit un fonds, et la mit de moitié. La belle gagna, et de son gain s'habilla passablement. Plusieurs la cajolèrent; mais pas un n'y réussit; c'étoit une personne timide, et persuadée que tous les hommes étoient des trompeurs. Je fus son premier ami, elle avoit quelque confiance en moi; mais je ne m'en pus tenir à l'amitié. Par vanité autant que par autre raison, j'eusse été ravi d'en être aimé; car, pour dire le vrai, je voyois bien qu'il n'y avoit rien à faire que par des voies qui n'étoient point les miennes, je veux dire par *le légitime*. Je lui montrois l'italien à un baiser par mois; mais elle ne voulut pas tenir long-temps ce marché-là. Elle l'a appris depuis qu'elle fut mariée. Je fis des vers pour elle, et je fis si bien qu'elle me permit, faute

---

(1) Guénault, médecin de l'hôtel de Condé.

(2) On lit au manuscrit *cette petite se fait servir*, etc.; le mot *bourgeoise*, indiqué par le sens, est resté au bout de la plume de l'auteur.

d'autre commodité, de les couler adroitement dans sa robe, qui étoit troussée, et cela en un lieu où il y avoit assez de gens. Elle en laissa tomber quelque chose, car il y avoit plus d'une pièce. Comme elle les portoit sur elle pour les apprendre par cœur, quelques jours après, comme je causois avec madame de Launay et elle, ma belle-sœur Tallemant (1), leur amie, y vint; elle se mit à me faire la guerre d'un certain sonnet qu'elle avoit trouvé, qui effectivement avoit été fait pour mademoiselle Des Marais, et que je lui avois donné; mais que je disois avoir fait pour une autre, dont elle savoit bien que je n'étois point amoureux, et je lui en avois fait confidence. On le lut tout haut, et notre peu fine demoiselle ne put s'empêcher de rougir et de me faire signe. On parla ensuite d'autre chose, et, en sortant, je lui dis qu'elle me faisoit tort de se défier de ma discrétion, et que je n'avois garde de rien dire. « Ce n'est pas cela, répondit-elle, c'est que je n'en ai « encore rien dit à madame. — Comment, lui répli- « quai-je, seriez-vous assez innocente pour lui en par- « ler? » Il survint du monde, et je ne lui en pus dire davantage. A quelque temps de là, je me trouvai seul avec elle et madame de Launay; je ne sais comment on vint à demander si une prude pourroit s'empêcher d'ouvrir une lettre qu'elle trouveroit sur sa table, quand elle sauroit que ce seroit une lettre d'amour, pourvu qu'elle fût seule et qu'elle fût assurée qu'on n'en sauroit rien? Mademoiselle Des Marais dit « que, « pour elle, elle ne seroit pas assez curieuse pour l'ou- « vrir. — Là, là, répondit l'autre, il n'y auroit pas

---

(1) Anne Bigot, femme du frère aîné de Tallemant.

« plus de danger qu'à recevoir des vers d'amour de
« monsieur que voilà. » Je vous laisse à penser si je
fus surpris; cependant, je tournai tout cela en raillerie, quoique la fille s'en défendît sérieusement et assez mal. Elle me dit des choses après lesquelles une personne raisonnable, si une personne pouvoit faire ce qu'elle fit là, me devoit au moins défendre de mettre le pied chez elle; cependant, avant que de sortir, nous fûmes les meilleurs amis du monde. La première fois que je pus parler à la belle, je lui fis bien des reproches; mais elle me dit qu'elle étoit bien fâchée d'avoir attendu si tard à le dire à madame; elle avoit cru que madame de Launay avoit trouvé les vers qu'elle avoit perdus, et qu'elle n'en avoit voulu rien témoigner pour voir si la fille continueroit d'en recevoir. Et puis la pauvre mademoiselle Des Marais craignoit plus que toutes les choses du monde de retourner chez sa mère. Je me contentai donc, voyant à qui j'avois affaire, de l'aimer de bonne amitié.

Je ne parle point de toutes les folies qu'on faisoit dans le quartier avec *Lolo* et ses sœurs (1). Nous fûmes plusieurs fois trois et quatre jours à la campagne ensemble, et je m'y divertissois toujours mieux qu'un autre; car j'avois toujours quelque attachement pour la belle, et cela m'occupoit l'esprit agréablement; je n'en étois que de meilleure compagnie. Quand ceux qui étoient de cette société se souviennent de toutes les folies qu'ils m'ont vu faire, ils en rient encore, et *Lolo* m'en a parlé plus de cent fois depuis.

(1) Voyez les *Mémoires de Conrart*, t. 48, p. 189 de la *Collection des Mémoires relatifs à l'histoire de France*, deuxième série.

La petite madame de Launay n'étoit pas saine, et la grosse Champré (1), qui logeoit tout contre chez elle, lui faisoit faire des choses qui la tuèrent au bout de trois ans. Elle passoit les nuits à courir les sérénades, et se baignoit avec une fluxion sur les oreilles. Je prédis un jour à mademoiselle Des Marais qu'avant qu'il fût deux ans, elle coucheroit au grand lit, et je fus prophète. Launay étoit sensuel; il avoit beaucoup de bien; il avoit promis dix mille écus en mariage à cette fille, il les gagnoit en l'épousant. Il la connoissoit, et elle avoit tout le soin de son ménage ; car la petite dame se déchargea enfin de tout sur elle. Madame de Launay morte, cette fille se conduisit assez bien ; elle étoit devenue plus habile avec le temps. La Bouvraye voulut l'épouser ; mais elle n'en voulut pas. Elle fit dire à Launay, par son frère, qu'elle ne pouvoit demeurer avec un homme de son âge, sans faire parler : il n'avoit pas cinquante ans; qu'elle le prioit de trouver bon qu'elle se retirât chez sa mère. Launay répondit : « Je n'ai pas juré de ne me pas remarier, et j'épouserai « aussi bien votre sœur qu'une autre; donnez-vous un « peu de patience. » Ma belle-sœur Tallemant fut du conseil, où il fut résolu qu'elle ne verroit pas un homme, non pas même moi qui étois accordé alors. Cette madame Tallemant ne la conseilla pas toujours si bien. On a su depuis que Launay ne fut pas long-temps sans promettre à sa nièce de l'épouser, et qu'aussitôt il songea à faire venir la dispense. La dispense venue, il l'épousa secrètement, et, pour cou-

---

(1) La Champré, l'une des *dames de Noyon*, étoit terriblement dévergondée. (*Voyez* son Historiette, t. 4, p. 53.)

cher ensemble, elle se plaignoit que la petite de Launay lui donnoit des coups de pied et l'empêchoit de dormir. On mit donc un petit garçon en sa place qui n'étoit pas d'âge à rien remarquer, comme l'autre eût fait. Ce qui l'embarrassoit le plus, c'étoit que son mari ne pouvoit s'empêcher de la caresser devant ses gens, et qu'il l'appeloit quelquefois *ma femme*, au lieu de *ma nièce*. Enfin elle se trouva grosse, car elle a été fort féconde, et il fallut déclarer le mariage au bout de deux mois. « Hé bien! me dit-elle quand je la vis, « voilà la prophétie accomplie. — Oui, lui dis-je, « mais je n'eusse jamais prédit qu'une prude comme « vous dût coucher deux mois avec un homme sans en « rien dire, et qu'un dévergondé comme moi se ma- « riât en face de l'Église. » Son mari, dans le contrat de mariage, reconnut avoir reçu vingt mille écus; mais il lui donna d'abord trois cents louis d'or pour jouer, et, faisant une affaire, il y avoit toujours quelque chose pour elle. Elle a pu épargner beaucoup. Il lui déclara qu'il vouloit la trouver au logis, quand il revenoit de ville; cependant, dès qu'il avoit dit trois mots, il dormoit, et en plein jour. Pour cela, il lui laissa recevoir qui elle voulut, et jouir tout son soûl. Elle eut bien de la peine à le faire résoudre à laisser mettre de l'argent à ses meubles (1). Jamais femme n'a tant gâté de belles hardes que celles-là.

(1) Le luxe étoit alors porté à un tel point qu'on avoit des meubles d'argent massif. Cela dura jusqu'à la guerre de 1689, à l'occasion de laquelle Louis xiv donna l'exemple à ses sujets en envoyant à la Monnoie les chefs-d'œuvre de Ballin qui garnissoient les appartements de Versailles. (*Voyez* la lettre de madame de Sévigné à madame de Grignan, du 18 décembre 1689.)

Madame Tallemant la mit dans la magnificence des habillements, en lui disant : « Qui fera de la dépense « que ceux qui sont bien riches? » Quand je la voyois si magnifique, je disois « que je voudrois avoir cette « jupe de taffetas bleu pour la lui montrer, comme « une reine de la Chine montroit la truelle de son père, « qui étoit maçon, au roi son fils, quand il faisoit trop « le fier. » A la Chine, on cherche la plus belle fille pour le roi, sans regarder à la naissance.

Elle n'en usa pas trop bien ; car, comme si son mari en l'épousant eût eu quelque grand avantage, elle lui fit prendre un plus grand air qu'il n'avoit fait jusque là, et l'obligea à se faire président des comptes à Nantes. Toute la famille étoit aux dépens de son mari. Des Marais, dans le parti des tailles de Beauce, vola si bien en commandant les fusiliers de Launay, qu'il se mit bientôt à son aise, et après il épousa la bâtarde du feu marquis de Maulny, frère de M. de Bouillon La Mark. il avoit fait connoissance en Beauce avec cette fille, et son frère, qui se fait appeler l'abbé de La Mark. Ils étoient tous deux fils d'une madame de Talsy, qui ne fut pourtant jamais épousée; elle s'appeloit Salviati en son nom : Maulny lui avoit fait ces deux enfants. La cadette de madame de Launay vint demeurer avec elle, et enfin Launay la maria à un gentilhomme de Normandie nommé Morinville. Elle est belle femme, mais non pas comme sa sœur. Mademoiselle Des Marais, de tout temps, nous avoit dit qu'elle avoit une petite sœur qui seroit admirablement belle. Cette fille arrivée, elle la trouva fort changée, et la vouloit renvoyer. « Ah! disoit-elle, « qu'on se va moquer de moi! »

Voilà toute la cour chez madame de Launay. Un jour, elle alla jouer chez madame de Nemours, qu'elle avoit vue à Bourbon; elle ne gagna que dix pistoles, et les jeta pour les cartes assez dédaigneusement. Feu M. de Nemours s'y trouva, qui les prit fort bien, et dit en riant : « Vraiment, cette madame de Launay « est la plus généreuse personne du monde; elle sait « que nous n'avons pas trop d'argent, et elle nous « rend ce qu'elle nous a gagné. » Elle étoit fort belle alors, et je disois : « Si j'étois le Roi, je me contente- « rois de ma fermière. » Son mari étoit fermier des entrées. Depuis, les enfants l'ont un peu gâtée. Elle porta son mari à acheter Sablé. Voyez le plaisant homme pour avoir une terre de cette importance! les gentilshommes qui en relevoient juroient de le jeter dans la rivière. L'affaire ne s'acheva pas.

Elle réussissoit admirablement bien au bal, car elle dansoit fort bien, est de belle taille, et ne rougit jamais. Il y avoit bien des femmes qui en enrageoient, et le bruit couroit qu'on cabaloit pour l'empêcher d'être conviée. Un homme lui envoya une fois un faux billet de bal; la maîtresse de ce bal-là en avoit donné un, pour la convier, à un valet qui le perdit; elle y alla donc sur ce faux billet. Le lendemain, cet homme lui avoua la malice; mais elle le gronda fort, car, enviée comme elle étoit, il ne falloit que cela pour lui faire recevoir un affront. Ensuite elle voulut être des assemblées de la haute volée; enfin elle fut chez madame de Chevreuse, mais on ne la mit qu'au deuxième rang, et elle ne dansa point. Roquelaure, en sortant, l'aperçut : « Hélas! madame, lui dit-il, je ne « vous savois non plus ici qu'à mille diables. » Un an après, comme elle étoit bien encore d'une autre façon dans le grand monde, il lui arriva bien pis que cela au Louvre. Roquelaure, qu'elle ne vouloit point voir au commencement, étoit devenu son bon ami ; il lui mit dans la tête qu'elle pouvoit aller danser au Louvre, à ces petites assemblées particulières qui se faisoient dans le cabinet de la Reine, et que, pour cela, il ne falloit qu'aller avec la comtesse de Ludre. Elle le croit, se flattant de ce qu'elle est fille d'un hobereau ; car elle a fait tout ce qu'elle a pu pour faire croire que Launay l'avoit épousée pour l'alliance. L'huissier voulut bien laisser entrer la comtesse de Ludre, mais point madame de Launay. La comtesse ne la voulut pas abandonner, et elles revinrent toutes deux. Cela se sut le lendemain. Roquelaure, qui badine toujours avec Monsieur, lui dit : « Oh ! vraiment, il y aura « grand'presse à vous envoyer des beautés, vous leur « faites fermer la porte au nez. » La Reine l'entendit, et dit quelque petite chose qui n'étoit pas trop bon pour la belle. Il lui arriva aussi de faire une incongruité au bal chez M. le chancelier, où étoit le Roi ; car, étant allée prendre quelqu'un qui étoit derrière lui, Sa Majesté se leva, et elle dit bonnement que ce n'étoit pas lui qu'elle avoit pris, mais M. de Roquelaure, qui étoit auprès du Roi. Cependant tout cela ne lui nuisit point dans le monde ; on admiroit comment elle avoit pu recevoir toute la cour chez elle, et même le roi d'Angleterre, sans qu'on en eût jamais médit. La vérité est qu'elle n'est point encline à l'amour ; ce n'est pas qu'elle ne soit coquette de coquetterie de vanité ; mais ses passions dominantes, qui sont le jeu et le grand monde, étant satisfaites, elle ne songeoit pas à l'amour ; d'ailleurs, elle avoit toujours le ventre plein. Elle disoit pour ses raisons qu'en jouant, elle faisoit des amis à son mari. Je disois : « Il y a un moyen « de lui en faire, bien plus sûr que celui-là. »

Launay mourut neuf ans après l'avoir épousée. Elle eut le courage de prendre le soin des affaires et y gagna ; d'ailleurs elle a la garde noble de ses enfants. Voilà aussitôt sa sœur aînée chez elle ; c'est une brutale, et qui avec cela s'est éreintée en tombant de cheval à la chasse. Elle lui voulut donner deux mille livres tous les ans, et qu'elle se retirât à la campagne, ou bien qu'elle demeurât dans un monastère sans être religieuse, si elle ne vouloit ; mais cette impertinente vouloit demeurer à Paris. Elle trouva à la marier à je ne sais quel vieux *hidalgo*, et lui donna dix mille écus. Cet homme la devoit venir voir ; un certain jour elle s'exerce à aller au-devant de lui jusqu'à la porte, et lui faire la révérence sans bâton. Elle la fit plusieurs fois ; mais, quand ce fut au fait et au prendre, elle tomba si rudement, qu'elle se pensa rompre le cou.

Madame de Launay effectivement est bonne parente ; elle a fait aussi pour les enfants de son frère, qui fut tué au combat de Saint-Antoine, tout ce qu'elle pouvoit faire ; mais elle eut une grande mortification. Cette petite de Launay, qu'elle accusoit autrefois de lui donner des coups de pied, lui fit un fort vilain tour : elle se laissa cajoler par Gadagne, beau garçon, mais peu accommodé, et s'y engagea si bien, qu'enfin il la lui fallut donner. Le grand abord qu'il y avoit là-dedans facilita cette affaire ; la veuve ne prenoit pas garde d'assez près à sa belle-fille ; on lui en donna avis ; elle n'en voulut rien croire, et après il ne fut plus temps d'y mettre remède. Cela fit crier les parents de la première femme. Cette petite madame de Gadagne, au bout de huit jours, disoit : *Nous autres femmes*. Elle a un emportement pour ce mari qui est le plus incommode du monde : elle veut sans cesse badiner avec lui, jusqu'à l'empêcher de boire à table ; enfin il s'en fâcha un jour en compagnie. Elle ne parle que de lui.

Cette femme a des vanités bien ridicules, comme d'avoir un valet de chambre qu'elle appelle toujours *mon valet*. Elle affecte un certain air de personne de qualité ; elle fait fort la précieuse, et vous diriez qu'elle fait honneur aux gens. Toutes ses habitudes sont à la cour ; il n'y a que la seule madame Tallemant qui soit de la ville ; mais l'autre aussi est toujours dans l'adoration. Cela fait dire bien des choses qu'on ne diroit pas, si elle faisoit un peu moins l'entendue. Elle disoit une fois que la Reine d'Angleterre, faute d'une chaise honnête, n'avoit pas le jubilé en chaise. « Je pensai, « ajouta-t-elle, lui en faire faire une (1). »

Le grand monde qu'elle a vu lui a ouvert l'esprit ; elle est d'une conversation raisonnable et aisée ; mais elle ne dira jamais des choses fort spirituelles. La plus grande faute de jugement qu'elle ait faite en sa conduite depuis qu'elle est veuve, c'est d'avoir prétendu à M. de Lesdiguières. L'année passée, il la vit quelque part ; elle lui plut, et comme c'est un homme fort coquet, et puis c'est tout, il se mit à lui en conter et à

---

(1) La Reine d'Angleterre manquoit du nécessaire ; sa pension ne lui étoit pas payée ; les marchands ne lui faisoient plus de crédit, et le cardinal de Retz fut obligé de lui envoyer du bois dans l'hiver de 1649. (*Mémoires du cardinal de Retz*, dans la *Collection des Mémoires relatifs à l'histoire de France*, deuxième série ; t. 44, p. 320.)

la voir fort souvent. Elle, sous prétexte de jouer au mail le matin, car sa maison a une porte qui rend dans le Palais-Royal, souffroit qu'il vînt chez elle à huit heures du matin. Elle s'étoit mise depuis la mort de son mari à jouer au mail et à courir à cheval avec la comtesse du Lude. Elle avoit des bonnets de plumes et des justaucorps. Elle fit pis, car un jour que cet homme étoit chez elle, la grosse madame Tallemant dit : « Allons-nous promener? Qu'on mette donc les « chevaux au carrosse. » Je ne sais si l'ordre fut bien ou mal donné, mais quand on descendit, il n'y avoit que le carrosse du duc. Voilà madame Tallemant dedans, qui l'y fit mettre aussi. A la promenade le long de l'eau, quelqu'un voit un laquais de madame de Launay derrière avec ceux de M. de Lesdiguières; il l'appelle : « Hé, laquais, est-ce que M. de Lesdi- « guières a épousé madame de Launay? » Le duc, apercevant cela, fait venir ce laquais, et lui demande ce que c'étoit ; le laquais le dit naïvement. Voilà les dames à éclater, comme s'il y eût bien eu de quoi rire. Les amies de madame de Launay, si amies se peuvent dire, madame de Brancas et mademoiselle de Beaumont, se déchaînèrent un jour en présence de madame de Bonnelle contre l'étourderie de madame de Launay. Elle le sut, et sa sœur de Mérinville, qui est ici six mois de l'année chez elle, l'alla quereller de ce qu'elle n'avoit pas querellé les autres, et qu'elle vouloit bien qu'on sût que, quand on étoit demoiselle, on pouvoit prétendre à tout. Par là, il est clair que madame de Launay a donné dans le panneau. Madame de Villeroy et toutes les parentes du duc, qui n'est pas un grand personnage, en furent un peu alarmées. Il n'y

avoit pourtant pas de quoi excuser une folie; car il s'en faut bien qu'elle soit si belle qu'autrefois, et c'eût été une extravagance à l'un et à l'autre; mais le tabouret est une belle chose. Madame de Villeroy en dit par où elle en savoit, elle soutint que cette femme n'étoit point demoiselle, et alla rechercher tout ce que nous avons écrit touchant son *avénement* à Paris. Le duc se mit après à en cajoler d'autres, et on se moqua de la pauvre madame de Launay; c'est un homme qui a beaucoup de train : on disoit que c'étoit la maison de Paris où, à proportion, il se dépensoit le plus en vin. « Jésus ! dis-je, il eût donc bien fait d'é-
« pouser madame de Launay; il eût beaucoup épar-
« gné sur les entrées. » Elle y étoit intéressée. Pour faire la femme de grande qualité en toutes choses, elle va à la messe aux Quinze-Vingts (1), en justaucorps; elle y étoit une fois avec un justaucorps de velours noir, tout couvert de rubans couleur de feu; et, ce qu'il y a de meilleur, c'est que, pour être plus à la cavalière, elle ne met jamais qu'un genou en terre. Je sais que madame de Montausier s'en est fort raillée. Avec tout cela elle est dévote, et me disoit une fois qu'elle vouloit en être quitte pour cent mille ans de purgatoire. « Par ma foi ! lui dis-je, vous seriez bien
« *gresillée* quand vous sortiriez de là. » Ce carnaval, le Roi l'ayant trouvée chez madame la Comtesse (2), où elle joue presque tous les jours, la mit d'une mascarade à l'improviste, et dernièrement il devoit aller jouer au Palais-Royal avec elle; cela l'achèvera. Je

---

(1) Les Quinze-Vingts étoient alors près du Louvre, sur l'emplacement de la rue de Chartres et de la rue Saint-Nicaise.

(2) Olympe Mancini, comtesse de Soissons.

voudrois donc qu'il lui donnât après cela son pucelage (1).

TOURS, MALICES. — TOURS DE BOHÊMES.

Un secrétaire du Roi, nommé Renouard, qui avoit grand crédit à la Chancellerie, pour faire enrager Lugoli, grand-prévôt de l'hôtel, du temps de Henri IV, dressa des lettres d'abolition de tous les crimes imaginables, les fit sceller et puis les envoya à Lugoli. On conte de ce Lugoli, qu'ayant pris un gentilhomme qui, étant du parti de la Ligue, avoit fait bien des méchancetés, et se doutant que madame de Guise le réclameroit, il le fit pendre brusquement. Madame de Guise n'y manqua pas; le Roi lui accorde la grâce. Lugoli dit qu'il étoit dépêché. Voilà madame de Guise à pester. « Ah ! madame, dit-il, si vous saviez combien il « est mort bon catholique, vous ne le plaindriez « pas. »

Le petit de Maincour-Gayan, voyant qu'on lui avoit défendu de manger de certaines poires qui étoient dans un panier pour faire un présent, et qu'on les avoit comptées en sa présence, les mordit toutes l'une

(1) On a prétendu que les premières affections de Louis XIV furent pour madame de Beauvais, première femme de chambre de la reine-mère, quoiqu'elle fût laide et vieille. (Voyez les *Mémoires du duc de Saint-Simon.* Paris, 1829; tom. 1er, pag. 124.) C'est cette dame de Beauvais qui a fait bâtir l'hôtel de Beauvais, rue Saint-Antoine, avec les pierres destinées au Louvre, qu'à force d'importunité elle obtint d'Anne d'Autriche.

après l'autre, et les arrangea si bien qu'il n'y paroissoit pas; puis il dit : « Le compte y est. »

Un autre enfant, auquel on avoit donné à choisir de deux pommes fort égales, en lui disant : « Prenez celle « qu'il vous plaira, et donnez l'autre à votre cadet, » mordit dans l'une, et, la présentant à son frère, lui dit : « Tiens, mon frère, voilà la tienne, » puis il mordit vite dans l'autre.

Il y avoit un éveillé de cordonnier à la rue Saint-Antoine, à l'enseigne du *Pantalon*, qui, quand il voyoit passer un arracheur de dents, faisoit semblant d'avoir une dent gâtée, puis le mordoit bien serré, et crioit après : « *Au renard!* » Un arracheur de dents, qui savoit cela, cacha un petit pélican[1] dans sa main, et lui arracha la première dent qu'il put attraper, puis il se mit à crier : « *Au renard!* »

Un garçon d'arracheur de dents en arracha deux à un homme au lieu d'une. Cet homme vouloit faire du bruit : « Taisez-vous, lui dit-il, si mon maître le sait, « il vous fera payer pour deux. »

La Grossetière[2], qui en toutes choses est un homme tout de soufre, eut une grande patience en pareille occasion : Dupont l'opérateur lui arracha une bonne dent pour une mauvaise; il ne dit rien, sinon : « Ar-« rachez donc cette fois-là celle qui me fait mal. »

---

[1] Le *pélican* est une pince à l'usage des dentistes.
[2] La Grossetière, beau-frère de Tallemant des Réaux, étoit un d'Angennes.

Le prince de Tingry, père de madame de Luxembourg, étoit un ridicule de corps et d'esprit, et par-dessus tout cela fort glorieux. Le feu comte de Tonnerre, qui étoit un faiseur de malices, l'attrapa bien une fois. C'étoit à Tonnerre, où il y avoit un fort bel hôpital, contigu au château : il fit retrancher et tapisser une salle de cet hôpital avec des tapisseries magnifiques, mais il n'y avoit qu'un dais de natte et une citrouille creusée pour cadenas, s'excusant sur ce que, *cadenas* et *dais* n'étant pas à son usage, il n'en avoit pu trouver d'autres. Lorsque le prince fut couché, il fit défaire la tapisserie, et le lendemain ce beau seigneur se trouva en même salle que les pauvres. Il s'en plaignit, mais tout le monde n'en fit que rire.

Saint-Gelais, pour se moquer de je ne sais quel grand *Halbreda* (1), qui étoit lecteur aux Jeux Floraux de Rouen, y envoya une ballade dont le refrain étoit :

Un grand pendard tel que je pourrois être.

Tout le monde se crevoit de rire de voir cet homme lire cela sérieusement.

Un jeune gentilhomme normand, nommé Maromme, qui avoit bien de l'esprit, en dînant avec un autre, trouva certaines olives fort à son goût, et, pour empêcher l'autre d'en manger : « Ami, lui dit-il, tu

---

(1) *Halbreda*, ou plutôt *hallebreda*, comme l'écrit l'Académie, se dit par mépris d'une grande femme mal bâtie, d'une espèce de *virago* et de harengère. Suivant le dictionnaire de Trévoux, Voiture a employé ce mot au masculin. Tallemant en fournit ici un second exemple.

« contes telle chose d'une façon dont tout le monde ne
« tombe pas d'accord. — Ah! dit l'autre, c'est pour-
« tant la vérité. — Redis-la-moi donc. » Cet homme
se met à conter, et lui à manger les olives. Quand il
n'y en eut plus : « Mon cher, lui dit-il, en voilà assez ;
« toutes les olives sont mangées. »

Le père de Clinchamp, dont nous avons parlé (1) ailleurs, s'avisa, pour se divertir un jour de mardi gras, de faire entre-convier à faux, pour souper, sept ou huit familles des plus considérables de Caen, et qui pour l'ordinaire se divertissoient le mieux au carnaval. Chacun croyoit souper chez son voisin, et comme cela on n'appréta à souper chez personne, et on jeûna dès la veille du jour des Cendres. Lui, pour se moquer d'eux, se tint en lieu où il les vit tous sortir de leurs maisons pour aller les uns chez les autres : ce ne fut que gronderies jusqu'à ce qu'on eût su la vérité.

Camusat, le libraire de l'Académie, avoit acheté des livres de mathématiques. Il y en avoit un de perspective fort commun, mais avec lequel on avoit relié un petit traité fort rare, intitulé : *Alæ et scalæ mathematicæ*. Quelques gens lui avoient voulu donner une pistole de tout ensemble. Le Pailleur et deux autres mathématiciens se mirent en tête d'attraper ce libraire ; ils envoyèrent un d'entre eux demander là-dedans les livres de perspective. Camusat lui montra celui-là. « Ah! le bon livre ! dit cet homme. Si je
« ne l'avois point, je vous en donnerois trois pistoles ;

(1) Voyez l'historiette de de Clinchamp, t. 4 de ces *Mémoires*, p. 376. Il est parlé du père dans l'article du fils.

« mais qu'est-ce qu'il y a au bout? *Alœ,* etc. Qu'est-
« ce que cela? Je ne connois point ce traité-là!...... »
Il le méprisa tant que le libraire le lui donna pour dix
sols. Les autres y vont ensuite, et, ayant vu le livre,
« Que faites-vous de cela? lui dirent-ils. — Ce que j'en
« fais! Vous ne l'auriez pas pour deux pistoles. — Je
« vous en fournirai à vingt sous pièce, dit Le Pailleur;
« mais qu'y avoit-il là au bout? — *Alœ,* etc., dit Ca-
« musat. — Et qu'avez-vous vendu cela? — Dix sols.
« — Dix sols! je vous en aurois donné dix livres. » Il
pensa crever, car il étoit glorieux.

Le marquis de Resnel acheta un fief qui relevoit
d'un autre fief appartenant à un riche apothicaire de
Paris. Ce sire lui fit dire qu'il lui devoit foi et hommage, et cela assez incivilement. Le marquis, résolu
de s'en venger, vient à Paris, se met au lit, et le soir
envoie commander un lavement chez cet apothicaire,
pour un grand seigneur qui logeoit en tel lieu : le
maître y voulut aller lui-même, et prit même ses habits des dimanches. Le feint malade ne se laissa point
voir au nez ; l'apothicaire lui donne le lavement, et,
avant qu'il se fût retiré, le marquis lui lâche tout au
visage en lui disant : « Voilà comme je vous fais foi et
« hommage, monsieur l'apothicaire. » Grand procès
pour cela; mais les juges rirent tant qu'il fallut que
l'apothicaire s'accommodât.

Un jeune garçon, natif de Palestrine, en Italie, servoit à Rome madame de Pisani, mère de madame de
Rambouillet. Il étoit naturellement enclin à la bouf-
fonnerie; il se débauche et se met avec des comédiens,

et devient un si excellent homme en son métier, qu'il faisoit également bien toutes sortes de personnages ; on le surnomma le *docteur de Palestrine*, parce qu'il faisoit plus souvent le rôle de docteur. Il voyagea par toute l'Europe, et étoit caressé de tout le monde ; il revenoit de temps en temps voir sa maîtresse à Paris, et logeoit chez elle. Elle, pour divertir Henri IV, et depuis la Reine-mère, le prioit de jouer avec les comédiens italiens qui étoient ici. Une fois, étant à Rome, il s'avisa de faire *una burla* à Paul Jordan, duc de Bracciane, chef de la maison des Ursins (1). Ce seigneur étoit fort humain et fort populaire ; il faisoit belle dépense et avoit toujours une assez belle cour. En allant à la messe à pied, assez proche de chez lui, il étoit toujours accompagné de beaucoup de gens de qualité, et parloit tantôt à l'un et tantôt à l'autre. Le docteur loue des gueux qu'il fit bien habiller à la juiverie ; il avoit choisi ceux qui ressembloient le mieux aux courtisans du duc, et leur donna à chacun le nom de ces courtisans qui leur convenoit le mieux. Pour représenter je ne sais quel gros homme, il prit un gueux qui contrefaisoit l'hydropique en demandant l'aumône. Pour lui, il s'étoit habillé le plus approchant qu'il avoit pu du duc de Bracciane. En cet équipage, il attend que Paul Jordan sortît de chez lui, se met à sa suite de l'autre côté de la rue, et le contrefait en toute chose jusqu'à l'église, y entre ; l'un se met à droite, l'autre à gauche ; il continue à l'imiter, et l'accompagne jusque chez lui en le contrefaisant. Paul Jordan se tenoit les côtes de rire.

(1) Paul Jourdain, duc de Bracciano, prince du Saint-Empire, mourut en 1645.

Un soldat de fortune, nommé Maffecourt, qui est présentement major de Vitry-le-François, sa patrie, a fait bien des tours en sa vie. Il avoit un frère curé de Saint-Denis en France. Notre homme, qui étoit alors chevau-léger de la garde, y alla pour tâcher de l'escroquer. En arrivant, il dit qu'il alloit à l'armée et qu'il lui venoit dire adieu. « Ah ! dit le curé, qui craignoit « le coup d'estocade, vous me voyez bien en colère, « je n'ai pas un sol.—Ah ! mon frère, dit Maffecourt, « j'ai vingt pistoles à votre service. » Cela attendrit le prêtre, qui lui en donna soixante. Après avoir servi long-temps, il obtint des lettres de noblesse, et les faisoit enregistrer à Vitry ; l'assesseur, nommé L'abbé, qui en enrageoit, lui dit : « M. de Maffecourt, il y a « bien plus de plaisir à se faire *nobilis* (1) qu'à ap-« prendre le métier de chaussetier, devant le Palais (2). « — Hé ! répondit-il, il fait bien meilleur être le pre-« mier noble de sa race que de voir mourir son père

---

(1) Cette expression étoit dérisoire, témoin ces vers de Loret :

> Certains *nobiles* campagnards,
> Gens à giboyer des canards,
> Grands détrousseurs de marchandises,
> De paquets, hardes et valises,
> Ont volé, sans dire pourquoi,
> Des habits qu'on portoit au Roi,
> Parmi lesquels, sans menterie,
> Se trouva force pierrerie
> Appartenant au Mazarin,
> Dont ils firent un gros larcin,
> Et jurent qu'ils se lairont prendre
> Cent fois plutôt que de le rendre.
>
> (*Muse historique* de Loret ; 23 septembre 1650.)

(2) Il y étoit en apprentissage. (T.)

« dans l'hôpital (1). » Ce monsieur le major, quoique marié, aime les fillettes, et pour cela il cache toujours son argent. Sa femme, qui est adroite, quand elle savoit qu'il en avoit, se levoit la nuit pour fouiller partout. Tout le jour il portoit son argent sur lui ; et dès que sa femme étoit endormie, il le mettoit dans la pochette de sa jupe de dessus. Elle n'avoit garde de l'aller chercher là.

Un Bohême, déguisé en maréchal, eut l'insolence de déferrer un des chevaux d'un carrosse qui étoit avec plusieurs devant une église, faisant semblant qu'il le ferreroit mieux à sa boutique. Le cocher n'y étoit pas.

Jean-Charles, fameux capitaine de Bohêmes, fit une fois un plaisant tour à un curé. Il étoit logé dans un village dont le curé étoit riche et avare et fort haï de ses paroissiens ; il ne bougeoit de chez lui, et les Bohêmes ne lui pouvoient rien attraper. Que firent-ils ? Ils feignent qu'un d'entre eux a fait un crime, et le condamnent à être pendu à un quart de lieue du village, où ils se rendent avec tout leur attirail. Cet homme, à la potence, demande un confesseur ; on va quérir le curé. Il n'y vouloit point aller ; ses paroissiens l'y obligent. Des Bohémiennes cependant entrent chez lui, lui prennent cinq cents écus, et vont vite joindre la troupe. Dès que le pendard les vit, il dit qu'il en appeloit au Roi de la Petite-Égypte ; aussitôt le capitaine crie : « Ah ! le traître ! je me doutois bien « qu'il en appelleroit. » Incontinent il trousse bagage.

(1) Le père de l'assesseur y étoit mort. (T.)

Ils étoient bien loin avant que le curé fût chez lui. Ce Jean-Charles-là mena quatre cents hommes à Henri IV, qui lui rendirent de bons services.

Un Bohême vola un mouton auprès de Roye, en Picardie, il n'y a que deux ans; il le voulut vendre cent sous à un boucher; le boucher n'en vouloit donner que quatre livres. Le boucher s'en va; le Bohême tire le mouton d'un sac, où il l'avoit mis, et y met au lieu un de leurs petits garçons, puis il court après le boucher, et lui dit : « Donnez en cinq livres et vous « aurez le sac par-dessus. » Le boucher paie et s'en va. Quand il fut chez lui, il ouvre son sac; il fut bien étonné quand il en vit sortir un petit garçon qui, ne perdant point de temps, prend le sac et s'enfuit avec. Jamais pauvre homme n'a été tant raillé que ce boucher.

Jean-Charles a dit au Pailleur qu'un petit cochon ne crioit point quand on le tenoit par la queue, et que leur plus sûre invention pour ouvrir les portes, c'étoit d'avoir grand nombre de clefs; qu'il s'en trouvoit toujours quelqu'une propre pour la serrure.

La Melson (1), belle-fille, femme de conscience de

(1) Charlotte Melson, fille d'un secrétaire interprète des langues étrangères, épousa André-Girard Le Camus, conseiller-d'état. C'étoit une femme très-spirituelle; elle étoit de l'académie des *Ricovrati* de Padoue. Le Père Bouhouse a inséré sa pièce *à Uranie* dans son *Recueil des vers choisis*. (Paris, 1693; p. 151.) On trouve son portrait, composé par elle-même, dans la *Galerie des peintures*, ou *Recueil des portraits et éloges en vers et en prose, dédié à Mademoiselle*. (Paris, Charles de Sercy, 1663; in-12, p. 433.) Titon du Tillet a donné place à madame Le Camus de Melson dans le *Parnasse françois* (p. 489). Elle est morte le 22 juin 1702.

Camus, surnommé *Gambade*, fils de Camus *le riche*, s'avisa un jour de faire sécher de la plus fine pour la mettre en poudre, et après elle s'en alla en carrosse chez des apothicaires demander de cette poudre. Quelques-uns, après l'avoir goûtée, se contentèrent de dire qu'ils n'en connoissoient point et qu'ils ne devinoient point ce que ce pouvoit être, qu'il n'y avoit rien de plus mauvais goût. Un plus délicat dit que c'étoit de la merde, et excita une si bonne garde contre eux qu'ils eurent de la peine à se sauver.

Il y avoit à Paris un maître des Comptes, nommé Belot, qui avoit une jolie femme. Elle fut la première qui prit un justaucorps, avec un bonnet de plumes, et qui alla à cheval. Elle apprit à tirer en volant, et souvent, avec sa robe de velours, il lui est arrivé d'aller tirer aux hirondelles, au Pré-aux-Clercs. Le mari étoit jaloux, et se tenoit fort souvent dans la chambre de sa femme, et, selon que les gens lui déplaisoient, il les conduisoit plus ou moins loin. Une fois, il dit à Saucour, qui lui faisoit compliment : « Si je me croyois, « je vous accompagnerois jusques au bout de la rue. » C'étoit à dire *n'y revenez plus*. En Brie, chez une madame de Passy, on lui fit une terrible méchanceté à la chasse ; on monta bien tout le monde, et on ne lui donna qu'un bidet. Il demeura derrière et voyoit sa femme courir belle allure avec des galants. Il pensa enrager. Au bout de quelque temps, par le moyen de la *frérie*, elle le réduisit ; il aimoit la tourte de pigeonneaux. A un certain banquet, un homme apporta chez lui le dessert, et il oublia du sucre ; on mangea le fruit sans sucre ; jamais Belot ne voulut qu'on en donnât. Il lui prenoit quelquefois des visions de vouloir retenir les gens à coucher. On dit qu'il étoit réduit quand il mourut, et que sa femme en fut affligée, quoiqu'il fût gros comme un tonneau.

La princesse de Savoie (1), qui épousa son oncle le cardinal, n'avoit alors que quatorze ans et étoit assez enjouée. Un jour elle s'avisa de faire mettre une traînée de poudre à canon sous les siéges qu'elle avoit fait ranger dans sa chambre pour recevoir des dames, et quand la compagnie fut assise, elle y fit mettre le feu.

LA MARQUISE DE BROSSE

ET MAUCROIX [2].

C'étoit la fille de cette madame de Joyeuse, dont nous avons parlé dans l'historiette de M. de Guise (3). Elle avoit de l'esprit, chantoit joliment, étoit de la plus fine taille qu'on pût voir, avoit les yeux admirablement beaux ; avec tout cela, ce n'étoit pas une

---

(1) Louise-Marie-Christine de Savoie, née en 1629, épousa, vers 1642, Maurice de Savoie, son oncle, qui pour ce mariage remit au pape son chapeau de cardinal. Elle mourut en 1692.

(2) M. Walkenaer a emprunté plusieurs traits de cette historiette, qu'il a placés dans la *Vie de Maucroix*, à la tête des poésies publiées avec celles de La Sablière. Paris, Nepveu, 1825, in 8°.

(3) Voyez cette *Historiette*, plus haut, t. 4, p. 197. Madame de Joyeuse s'appeloit Anne Cauchon ; elle étoit fille du baron du Tour et d'Anne de Gondi. Elle épousa, le 2 juillet 1619, Robert de Joyeuse, seigneur de Saint-Lambert, lieutenant du Roi au gouvernement de Champagne.

grande beauté, mais à tout prendre, on ne pouvoit guère trouver une plus aimable personne. Elle n'avoit que quatre *ans* quand Maucroix, alors jeune garçon (1), suivant ou voulant suivre le barreau, sentit qu'il avoit de l'inclination pour elle. Le père de ce garçon avoit été intendant d'un parent de M. de Joyeuse, homme de bonne maison, nommé M. de Cany ; cela avoit fait la connoissance. Comme ce garçon est bien fait, a beaucoup de douceur et beaucoup d'esprit, et fait aussi bien des vers et des lettres que personne, à quinze ans elle eut de l'inclination pour lui. Il étoit fort familier dans la maison, et le père et la mère n'étoient pas des gens trop réguliers. Le père avoit je ne sais quelle petite demoiselle qu'on appeloit Toussine, avec laquelle il couchoit entre deux draps, et disoit qu'il n'offensoit point Dieu, parce qu'il ne lui faisoit rien. Un jour il jeta sa fille en présence de sa femme sur un lit, disant qu'il vouloit savoir comment Charlotte étoit faite..........

La mère étoit la meilleure femme du monde et la plus douce ; à la vérité, un peu encline à la luxure. Son propre père un jour lui dit, en présence de l'évêque de Mende, frère de madame de Joyeuse : « Oui, « ma fille, votre mari est si impertinent que c'est of- « fenser Dieu que de ne le pas faire cocu. » Elle rioit comme une folle, et le Père en Dieu en souriot. Fabry lui vouloit donner cinquante mille écus pour coucher avec elle, et, pour lui montrer combien il l'aimoit, il avala une fois l'urine de son pot de chambre. Un

---

(1) Tallemant avoit d'abord écrit jeune *avocat*. En effet, Maucroix a commencé par suivre le barreau.

jour Maucroix trouva sa confession par écrit, où il y avoit « que quand elle regardoit attentivement le cru- « cifix, elle avoit des pensées de blasphème. »

Pour revenir à leur fille, un jour, à Reims, elle feignit de se trouver mal, afin de laisser sortir sa mère, et de demeurer seule avec Maucroix. Quelque temps après, elle fut accordée avec Lenoncourt, qui fut tué à Thionville, quand M. le Prince la prit. Entre deux, le jeune homme, qui avoit été obligé de venir à Paris, devint amoureux d'une jolie fille, et l'aînée de cette fille devint amoureuse de lui. Il n'aimoit que la cadette, et étoit aimé de l'une et de l'autre ; mais cela n'alla qu'à quelques baisers, et à quelques autres privautés. Cependant on maria mademoiselle de Joyeuse au marquis de Brosses, de la maison de Thiercelin(1). C'est un homme fort brutal, peu brave, roux, et qui avoit été fort débauché ; en effet, il gâta sa femme, et fut enfin cause de sa mort ; car, comme elle étoit plutôt maigre que grasse, les remèdes desséchants la rendirent enfin pulmonique.

Notre avocat étant devenu chanoine de Rheims, la belle, qui l'aimoit toujours, le renflamma bien aisément. Le mari ne se doutoit de rien ; car le galant avoit eu l'adresse de se mettre admirablement bien avec lui. La première faveur qu'il en eut, ce fut de lui baiser la main ; et quand elle vit qu'il ne demandoit que cela, car il lui portoit beaucoup de respect : « Ah ! lui dit-elle, de tout mon cœur. » Une autre fois, comme elle étoit dans le lit, il la voulut baiser ; en cet instant quelqu'un parut. « Ah ! lui dit-elle, quand

---

(1) Henriette-Charlotte de Joyeuse épousa Adrien-Pierre de Thiercelin, marquis de Brosse.

« vous n'aurez que cela à me dire, il n'est point néces-
« saire d'approcher de si près. » Elle avoit l'esprit présent. Quand on jouoit au reversis, elle ne manquoit jamais de se mettre auprès de lui, et tenoit toujours un des pieds du chanoine entre les siens; puis, quand elle avoit le *talon*, qu'on appelle le *pied* en Champagne, elle crioit en riant : « J'ai le *pied*, j'ai le *pied!* » On fit je ne sais quelle promenade sur la frontière, chez le comte de Grandpré(1), son parent, qui étoit aussi un peu amoureux d'elle; il y en avoit bien d'autres. Ce comte leur fit une malice : car, en chemin, il leur fit donner une fausse alarme. Voilà tous les hommes à cheval; le mari d'y aller mal envis (2). Elle ne songea point à lui; mais elle se mit à crier : « Monsieur de Mau-
« croix, gardez-vous bien d'y aller. » Une des dames de la compagnie disoit naïvement au cocher qui avoit le mot : « Hé! mon pauvre cocher, romps-nous le cou
« si tu veux, pourvu que tu ailles à toute bride. »

Elle contoit à Maucroix toutes les folies de ses autres amans; il y en eut qui lui présentèrent un poignard pour avoir l'honneur de mourir de sa main, et d'autres firent d'autres extravagances. Fabry, à qui la mère avoit tant coûté, étoit bien disposé à faire encore plus de dépense pour la fille, si elle eût voulu; mais elle le traita toujours fièrement. Enfin un jour qu'elle

---

(1) Vers Joyeuse. Un jour, comme c'est un homme naïf, après avoir monté devant elle un cheval d'Espagne fort bien dressé, il s'en vint lui dire : « Ah! qu'il est bon, ma cousine! vous plaît-il pas le monter un
« peu? » (T.) — Antoine-François de Joyeuse étoit gouverneur de Mouzon, ville forte située sur la frontière, démantelée en 1671. Il étoit devenu comte de Grandpré par son mariage avec Marguerite de Joyeuse, sa cousine.

(2) *Mal envis*, de mauvais gré, malgré lui; du latin *invitus*.

avoua à Maucroix qu'elle l'aimoit plus que sa vie, elle se mit à chanter ces paroles qu'on chantoit alors :

> Tircis, que dois-je faire ?
> Tout m'est contraire.
> Pour te guérir,
> Je voudrois bien te secourir ;
> Mais, quand mon cœur le veut,
> L'honneur me dit que cela ne se peut,
> Et qu'il vaut mieux mourir.

Les confesseurs l'intimidoient et lui disoient que ce seroit un sacrilége. Quand elle avoit été à confesse, elle disoit à son amant : « Ils m'ont dit que c'étoit un sacrilége ; » et, ce jour-là, elle ne le baisoit qu'aux yeux. Elle lui avoit de l'obligation. Comme elle étoit une fois à Paris, Fabry, enragé de ce qu'elle avoit été à Saint-Cloud, à un cadeau du comte du Roule, parent de madame de Canaple, avec laquelle et trois ou quatre autres dames elle étoit allée, écrivit, ou plutôt fit écrire d'une main inconnue une lettre au mari, comme s'il y eût eu une galanterie liée avec le comte, et que tout le monde en fût scandalisé. Le mari, en colère, ordonne à sa femme de le venir trouver en Champagne, et lui mit quelques mots de Saint-Cloud dans la lettre. La pauvrette part, et alloit comme à la mort. De Brosses envoie aussitôt un gentilhomme à M. de Joyeuse lui déclarer qu'il lui vouloit renvoyer sa fille, etc. Le gentilhomme étoit à peine parti, que le chanoine, qui étoit fort bien avec le marquis, se met à lui faire des remontrances, et le ramène si bien, qu'il envoie un autre gentilhomme pour faire revenir cet envoyé, dont la marquise lui rendit très-humbles grâces. Cependant son mari la maltraita fort, sans la

soupçonner pourtant d'aucune galanterie; mais il étoit mal satisfait du père, qui ne lui donnoit point ce qu'il lui avoit promis. Le père, s'étant aperçu de l'attachement du chanoine, en écrit à sa fille, et il lui représentoit qu'après avoir résisté au favori d'un roi (c'étoit M. le Grand qui en avoit été un peu épris en un voyage de Champagne), il lui seroit honteux, etc. Elle en avertit Maucroix, et lui dit : « Mon père en-
« verra tout dire à mon mari. » Le chanoine prend les devants, et déclare au marquis que, pour ne pas les brouiller davantage, M. de Joyeuse et lui, il se vouloit retirer, et ne plus le voir qu'en lieu tiers. « Com-
« ment, dit le mari, M. de Joyeuse prétend me tyran-
« niser! » Il lui écrivit en colère, et, depuis, le bonhomme n'eut plus lieu de parler contre le chanoine. Une fois qu'elle étoit au lit et qu'ils étoient seuls, elle se mit à trembler, et lui dit : « Tenez, voyez
« comme j'ai les mains froides, j'ai le frisson; je vous
« prie, allez-vous-en. — Ah! madame, répondit-il,
« vous défiez-vous de mon respect? » Il se contint, et jamais il ne lui a mis le marché au poing. « Ah! dit-
« elle, je l'avoue, ce respect mérite quelque récom-
« pense. » Elle se laissa baiser, elle se laissa toucher, et lui avoua qu'après cela elle ne pouvoit plus répondre de rien. En effet, il n'y en avoit pour quatre jours quand la marquise de Mirepoix (1), qui étoit amoureuse d'elle, la vint enlever. La belle, qui étoit coquette, mais point p....., n'en fut point fâchée; car elle voyoit bien le péril. Le chanoine dit que c'étoit une plaisante chose que de voir ces deux femmes en-

(1) Aînée de Roquelaure. (T.)

semble; celle-ci, toute jeune, toute belle qu'elle étoit, aimoit l'autre quasi comme elle en étoit aimée, et disoit : « De quoi est-ce que je m'avise d'aimer une per- « sonne qui n'est ni jeune ni belle ? » Il y avoit mille querelles et mille réconciliations. On conté une bonne vision de cette madame de Mirepoix. Quand il la faut saigner, on est trois heures à la prêcher, et quand on la va piquer, tout le domestique qu'on fait venir exprès jette de grands cris, et cela, dit-elle, l'empêche de si fort sentir la piqûre. Mademoiselle de Roquelaure, sa sœur, est quasi de même, et le chevalier fit saigner, il y a quelque temps, son valet pour lui, et juroit que jamais saignée ne lui avoit tant fait de bien. Voici une chose plus étrange d'un maître des comptes de Montpellier, nommé Clauzel, homme d'honneur et de bon sens. Pour le saigner, il faut faire sonner des trompettes ou battre des tambours, et son sang s'arrête dès qu'on cesse de sonner ou de battre; il faut qu'il s'imagine dans ce temps-là être à la guerre. Je le sais de gens qui l'ont vu plus d'une fois.

Or, avant que de retourner à Rheims, la marquise de Brosses vint à Paris, et se laissa cajoler par bien des gens. Vardes fut celui qui lui plut davantage; il est vrai qu'elle a avoué depuis au chanoine que, dès qu'elle l'entendoit parler, elle le méprisoit, et qu'elle n'avoit jamais vu des sentiments moins d'honnête homme que les siens.

Au retour, notre chanoine trouva la belle bien changée; le voilà dans une jalousie effroyable; il souffroit plus qu'une âme damnée. Je le persuade de venir à Paris. Il n'y est pas plus tôt qu'elle y arrive; il disoit: « Je la fuis, et elle me suit. » Mais la vérité est qu'il n'y étoit venu qu'à cause qu'il espéroit qu'elle y viendroit. Elle y accoucha, et cette couche la changea extrêmement; avec cela, son mal commençoit à la presser. Il eut une petite consolation en ce qu'il lui donna un peu de jalousie à son tour. On dit à la dame que le chanoine logeoit chez un de ses amis, qui avoit une fort belle femme. En effet, on ne mentoit pas, et c'est une des plus belles et des mieux dansantes de Paris. Un jour donc, elle lui dit en sortant : « Adieu, et « n'oubliez pas les gens, encore qu'ils ne soient plus « beaux. »

Le mari se mit en ce temps-là à la maltraiter; apparemment il s'étoit aperçu des privautés que le chanoine avoit eues avec elle. La coquetterie de Vardes et d'autres l'avoit choqué; il n'étoit pas satisfait de son beau-père; il disoit que sa femme étoit fière; tout cela ensemble fit qu'elle fut doublement affligée. L'état pitoyable où elle étoit donnoit de la compassion au chanoine, et lui faisoit quasi oublier le méchant tour qu'elle lui avoit fait. Enfin le mari la laissa en Champagne, sans un sou et malade, et lui s'en alla en Touraine, où est son bien. Le chanoine l'assiste, et la reçoit chez lui. Il a un frère aîné, qui est aussi chanoine de Rheims, et qui, de plus, a un bénéfice dont il avoit, je pense, quelque obligation à M. de Joyeuse. La mère, étant malade, s'étoit fait porter dans leur logis à Rheims, et elle y étoit morte; la fille en fit de même. Là, elle avoua au chanoine que tout ce qu'elle avoit vu à la cour ne l'avoit jamais pu guérir, qu'elle l'aimoit encore, mais qu'elle le prioit d'oublier toutes les folies qu'ils avoient faites ensemble. Elle souffrit long-temps; il souffroit assurément plus qu'elle. Je n'ai jamais vu un homme si affligé, et, à cause de lui, je me suis réjoui de la mort de cette belle, parce qu'il étoit en un tel état que je ne savois ce qui en seroit arrivé. Il a été plus de quatre ans à s'en consoler, et il n'y a eu qu'une nouvelle amour qui l'ait pu guérir; aussi est-ce une chose bien cruelle que la fortune lui amène, s'il faut ainsi dire, dans son propre lit, la personne qu'il aime en un état languissant, afin qu'il ait le déplaisir de la voir mourir.

Vandy, aujourd'hui gouverneur de Montmédy, étoit un des amoureux de la marquise; il m'a dit qu'avec un billet que M. de Joyeuse lui avoit donné, il alla, bien accompagné, attendre à sept lieues d'ici le marquis de Brosses, qui menoit sa femme à la campagne, et la lui ôta, après lui avoir lu le billet qui contenoit que le père l'avoit prié de ramener sa fille à Paris, où il l'attendoit. Le mari, enragé de cet écorne (1), disoit qu'il se vouloit battre contre Vandy. Vandy lui dit que, pour le lendemain, tant qu'il voudroit. La colère du marquis se passa sans qu'il y eût de sang répandu. Vandy eut bien de la jalousie à son tour. Vardes est parent du mari; cela lui donna un grand accès auprès de la belle; il en eut une bague qui venoit de Vandy. La marquise, lorsque Vandy se plaignit à elle de cette faveur faite à son rival (c'étoit en présence de la marquise de Mirepoix), lui dit: « Ne vous jouez pas à penser la lui ôter; car, outre « qu'il ne le souffriroit pas autrement, vous m'obli-

---

(1) *Escorne, affront, échec, ignominie.* (*Dict. de Trévoux.*) Quoique cette expression soit depuis long-temps vieillie, on la trouve encore dans la première édition de 1694, du *Dictionnaire de l'Académie françoise.*

« geriez à lui faire telle faveur que personne ne la lui
« pourroit ôter. — Ah! ma cousine, ajouta-t-elle en
« jetant ses bras au cou de la marquise de Mirepoix,
« que je viens de dire une grande sottise! Mais aussi
« pourquoi me met-on en colère? » L'amant jaloux
proposa à Vardes de porter cette bague au Marché-
aux-Chevaux, à sept heures du matin, pour voir qui
méritoit le mieux de l'avoir. Il jure que Vardes ne fit
pas semblant d'entendre. Il n'en demeura pas là; il
envoya un brave, son domestique, pour parler à la
marquise. Saint-Thomas, sa suivante, lui dit qu'on ne la
voyoit point. « Par la sang Dieu!... — Tu es donc venu
« pour faire un appel à madame? — Je suis venu pour
« lui déclarer que M. de Vandy est guéri, qu'il ne
« sera jamais son serviteur, et qu'il lui fera du déplai-
« sir partout où il pourra. »

Quant au comte de Grand-Pré, il est toujours fait
comme un Cravate (1). Il avoit épousé, n'ayant pu
avoir la marquise, une madame Couci, belle personne,
qu'il avoit faite à sa mode; elle chassoit avec lui, et
même elle alloit presque en parti; elle étoit demi-
guerrière. Quatre fois le jour il se couchoit avec elle,
et quelquefois au milieu d'un bois; il est de grand'vie :
cependant Givry, son lieutenant de roi à Mouzon,
méchant arbalétrier, le faisoit cocu. On croit même
qu'il le savoit; cela n'empêchoit pas que le galant ne
fût son meilleur ami.

(1) On disoit *Cravate* pour *Croate*. — Charles-François de Joyeuse,
comte de Grandpré, mourut en 1680; il épousa en premières noces
Charlotte de Couci.

CONTES DE BÊTES.

Il y avoit chez M. de Morangis une biche et un singe; le singe tourmentoit fort la biche, et étoit toujours sur son dos. Cette bête un jour s'en va sur le Pont-Neuf, ayant ce singe sur la croupe (M. de Morangis logeoit à la rue Dauphine); et de là elle se jette dans la rivière. Elle se sauva et le singe fut noyé.

Un petit chien de M. de Vence (*Godeau*), dès qu'on prononçoit le nom d'un gros chien dont il avoit été mordu, aboyoit et tiroit la soutane de son maître comme pour lui demander vengeance; à Paris, deux ans après, il faisoit la même chose, quoiqu'il eût été mordu en Provence.

Le comte de Saint-Paul, père du duc de Fronsac, qui fut tué à Montpellier, avoit un dogue, du temps qu'il étoit gouverneur d'Orléans, qui alloit et venoit chargé de lettres à son cou. On le connoissoit dans les hôtelleries, où son maître logeoit avec lui, on lui faisoit bonne chère, et personne n'eût osé lui ôter son paquet.

A un voyage de la cour, un chariot embourbé arrêtoit tous les équipages; un cocher, las d'attendre, alla pour voir à quoi il tenoit; il reconnut à ce chariot un cheval qu'il avoit mené autrefois, et avec lequel il avoit fait une fort tendre amitié : le cheval le

reconnut aussi, et se mit à hennir. « Hé quoi! *Gros-*
» *Jean* (c'étoit le nom de l'animal), nous veux-tu
» faire coucher ici? » Ce cheval, à ces mots, fit un tel
effort, qu'il tira le chariot du bourbier.

Feu M. de Guise, étant à Florence, avoit un grand
coursier fort vite; on le voulut faire courir pour le
prix à la Saint-Jean, car à Florence on a gardé cela
des anciens, et même de faire aller des chariots autour des deux pyramides, comme dans le cirque; or,
c'est dans une rue qui n'est pas droite que les chevaux
courent. Ce coursier fit un effort pour gagner un
tournant qu'il y avoit, au tiers ou au milieu de la carrière, et, quand il l'eut gagné, la rue étant plus
étroite, à coups de pied il faisoit tenir derrière tous
les autres chevaux qui étoient beaucoup plus petits
que lui, et il s'en alla gravement au petit pas jusqu'au
bout de la carrière.

A propos de chevaux, je ne saurois que je ne mette
ici la pitoyable aventure de chevaux de Chambonnière (1), cet excellent joueur de clavecin. Il avoit un
carrosse, mais, faute de nourriture, il envoyoit paître
ses chevaux sur le rempart du Marais. Je vous laisse
à penser en quel état ils étoient. Des écorcheurs les
prirent pour des chevaux condamnés, et un beau
matin ils les écorchèrent tous les deux.

Une femme de ma connoissance (mademoiselle

---

(1) Chambonnière, célèbre compositeur, avoit la charge de clavecin de la chambre du Roi. Il mourut vers l'an 1670. (*Titon du Tillet, Parnasse françois,* p. 402.)

Guedon) avoit une petite épagneule qu'elle laissa en Poitou, en venant s'établir à Paris; à dix ans de là, elle envoya des hardes à celle qui avoit la chienne; elle les avoit arrangées elle-même dans le coffre. Cette petite chienne se mit à baiser ces hardes, à les lécher, et à faire cent sauts à l'entour.

Il y peut avoir quatorze ans, qu'un capitaine françois mourut à Nancy, et fut enterré aux Pères Picpus; cet homme avoit un chien qui ne l'avoit jamais quitté; ce pauvre animal se met sur la tombe de son maître, et n'en sortoit que pour aller chercher à manger. Il mena cette vie pendant quatre ou cinq ans, et il y est mort. Tout le monde le connoissoit, et on l'appeloit *le chien du capitaine.*

Un pâtissier de Vitry, nommé Jacquemard, a un barbet qui, sans qu'on y prît garde, se mit dans un bateau de blé, que son maître conduisoit à Paris. Le pâtissier s'en aperçoit à Châlons; il le donne à garder à une femme chez qui il logeoit, car il avoit peur de le perdre à Paris; le chien s'échappe, et ne sentant plus son maître, il se mit à suivre le chemin qu'avoit fait le bateau de Vitry à Châlons, remonte la rivière vingt lieues durant; elle étoit en bien des lieux débordée; il la passa et repassa cent fois. Il arriva à Vitry au bout de trois jours et demi; mais il n'en pouvoit plus.

Une dame, à qui je me fie, a vu une ânesse, à Surênes, tourner avec sa bouche une grosse clef d'écurie, et ouvrir la porte pour aller trouver son petit.

Cette femme-là a un chat qui a autant d'esprit que

le fameux chat de Mondory (1), dont parle La Chambre (2), car ayant remarqué que la chatte descend quand on sonne une clochette pour dîner, il la sonne quand il a envie qu'elle vienne, et elle vient. Il l'a vue cent fois nettoyer ses pattes avant que de sauter sur le lit de sa maîtresse.

Un nommé Néron avoit attelé des cerfs à un chariot; après il enchaîna des puces à un chariot aussi. Il avoit appris à une chèvre à marcher sur la corde, ou plutôt sur deux cordes; il avoit un petit chat-huant qu'il tenoit dans une cage; il lui avoit plumé les moignons des ailes, avoit attaché à l'une une rondache, et à l'autre une épée; il l'avoit habillé en cavalier. Il disoit qu'il n'y avoit point d'animal, hors une poule, à qui il n'eût appris quelque chose. Il est parlé dans les lettres de Voiture (3) du singe de mademoiselle Coinet; c'étoit une chanteuse qui avoit appris à un singe à jouer de la guitare; il y jouoit effectivement une sarabande, mais il manquoit toujours en un endroit.

(1) Le célèbre acteur. (*Voyez* son Historiette, au commencement de ce volume.)

(2) Marin Cureau de La Chambre, médecin, membre de l'Académie françoise, mourut en 1669. Les *Caractères des passions* sont l'ouvrage le plus remarquable de ceux qu'il a laissés.

(3) *Voyez* la lettre soixante-unième de Voiture, adressée à mademoiselle de Rambouillet. Mademoiselle Coinet n'y est pas nommée.

CONTES DE MOURANTS.

Un soldat espagnol, comme on étoit prêt de faire naufrage, se mit à manger un petit morceau de pain, en disant : *Menester comer un poquito para bever tanto* (1).

A Toulouse, un jeune homme de dix-huit ans dit, en riant, au bourreau qu'il connoissoit : « Compère, tu « devois mettre un peu de coton, à cause de la con- « noissance. »

Quand M. de Bouillon commandoit en Italie, un peu avant la prise de M. le Grand, deux soldats furent condamnés à être passés par les armes; après, on s'avisa, à cause que l'armée diminuoit, de se contenter d'un, et, à faute de bulletins, on les fit jouer aux dés : l'un vouloit jouer à la chance. « Je ne la sais pas, dit « l'autre. — Bien donc, à la rafle. » Il jette le dé et amène dix-sept ; l'autre joue, mais sans espérance, et amène trois as. Le premier dit sans s'étonner : « Voilà « mourir à beau jeu. » Les officiers, surpris de cette résolution, firent dessein de le sauver ; mais ils voulurent voir auparavant jusqu'où iroit sa constance. On lui demande s'il vouloit être bandé. « Non, » dit-il. Il choisit ses parrains, et tirant dix écus qu'il avoit, il dit à l'un d'eux : « Tiens, prends cinq écus pour boire,

---

(1) Pour boire tant, il faut manger un peu.

« et des cinq autres fais en prier Dieu pour moi. »
On l'attache, il ferme les yeux. On tire, mais les officiers avoient fait ôter les balles ; aussitôt on le délie.
« Allez vous faire saigner, lui dit-on. — Je n'en ai
« pas besoin, répondit-il. Camarade, rends-moi mes
« dix écus, et allons les boire. »

Un vieux conseiller de Bordeaux, nommé d'Andrault, avoit eu toute sa vie une telle passion pour les nouvelles, qu'à l'article de la mort il envoya chercher un Portugais, grand nouvelliste, pour savoir de lui ce qu'il avoit appris par le dernier ordinaire, et il ajouta : « Je suis bien fâché de ne pouvoir attendre
« l'autre courrier ; mais il faut que je parte. » Et il mourut un moment après.

Un vieux reître de Gascon, nommé Calverac, qui avoit bien des iniquités sur le corps, étant à l'extrémité, avoit grand'peur du diable. Les ministres de Bordeaux lui promettoient assez le paradis ; il n'en étoit pas bien persuadé. « Mais me le promettez-vous ?
« leur disoit-il. — Oui. — Touchez donc là. » Il leur touche dans la main, et aux anciens aussi ; après il leur dit encore : « Mais le promettez-vous bien ? — Oui.
« — Touchez donc là encore une fois. »

On disoit à une vieille paysanne fort incommodée :
« Vous seriez bien heureuse d'être délivrée de tous
« vos maux. — Je vous entends, dit-elle, mais on est
« si long-temps mort. »

Un vieux libertin, nommé Bourleroy, étant à l'article de la mort, madame de Nogent-Bautru, car il étoit des amis de son mari, lui envoya un confesseur. « Voilà, lui dit-on, un confesseur que madame de « Nogent vous envoie. — Hé, la bonne dame, dit-il, « tout est bien venu de sa part. Si elle m'envoyoit le « turban, je le prendrois. » Le confesseur vit bien qu'il n'y avoit rien à faire.

Au siége de La Rochelle, le comte de Jonzac, de la maison de Sainte-Maure, avoit un régiment d'infanterie. En une sortie, les Rochellois le mirent en fuite avec son régiment. Le lendemain ils sortirent encore; mais on les repoussa en leur criant : « Tu n'as pas « trouvé ton *Jonzac*. » Lui-même, un jour ou deux après, voyant deux soldats qui se battoient, courut pour les séparer : « Qu'y a-t-il? leur cria-t-il. Contez-« moi votre différend? — Monsieur, dit l'un, il dit « que je suis du régiment de Jonzac. » Je vous laisse à penser si M. le comte se vanta d'en être le mestre-de-camp.

Quand Urbain VIII fit ôter les portes de bronze du Panthéon pour en faire un autel à Saint-Pierre, on fit ce pasquin :

Quod non fecére barbari, fecére Barbarini.

Le pape Sixte-Quint, ayant fait sa sœur, qui avoit été lavandière, duchesse de Camerino, on mit à Pasquin une chemise fort sale avec ce mot : « *Depuis* « *qu'on fait les lavandières duchesses, il n'y a pas* « *moyen de se faire blanchir.* »

Petitpuis-Lebœuf, à Saumur, étoit un débauché qui dansant un jour au bal avec la sénéchale de Saumur, Du Rosay, un emplâtre tomba de ses chausses ; elle qui croyoit le déferrer, lui dit : « Mon-
« sieur, ramassez votre emplâtre. » Il ne se déferre point, met la main dans ses chausses, et, en ayant tiré un autre emplâtre : « Madame, lui répondit-il, voilà
« le mien ; il faut que ce soit le vôtre. » Il se trouva qu'il avoit deux p....... à la fois.

CHARPY, SIEUR DE SAINTE-CROIX.

Charpy est de Brest ; il étoit avocat à Lyon quand M. le Grand (*de Cinq-Mars*) le prit. Ce n'a jamais été un homme fort judicieux : il s'amusoit à s'habiller comme son maître, il est vrai qu'alors on ne portoit ni dentelles ni argent ; et, dès que M. le Grand avoit un habit, le lendemain son secrétaire en faisoit faire un de même. Le feu Roi, pour rire, en frappant un jour sur l'épaule à M. le Grand, qui étoit tourné, dit : « Charpy, écoutez. » M. le Grand fut surpris de cela. « Je pensois, dit le Roi, que ce fût Charpy ; car il est
« toujours habillé comme vous. » Ce galant homme faisoit d'assez méchants vers. Il en fit une fois quatorze cents sur le mariage de madame de Montausier. On disoit en badinant que ce n'étoit que de la *charpie*. Ce fut lui qui fit ce sonnet pour mademoiselle de Bouteville, aujourd'hui madame de Châtillon, où il lui dit qu'elle ne ressemble guère à son père.

Car il donnoit la vie et vous donnez la mort.

Charpy fut ici quelques années, au commencement de la Régence, à donner des violons, à donner cadeau à quelques femmes de son quartier. Il avoit des tableaux; il avoit un carrosse. Cela venoit des arrêts du Conseil qu'il contrefaisoit avec un homme d'Eglise. Il fallut s'enfuir. Il fut pendu en effigie. Depuis quelque temps il est revenu, et s'est fait appeler Sainte-Croix. Il s'est mis la dévotion dans la tête, et a fait un livre où il prétend prouver, par quelques passages de la sainte Écriture, qu'il viendra un véritable vicaire de Jésus-Christ en terre, qui remettra le monde comme autrefois en état d'innocence, sous la loi du christianisme; pourtant il trouve des choses dans l'Apocalypse que personne n'a jamais vues que lui. Il s'est fait peindre nu en chemise avec ce livre à la main : vous diriez qu'il va faire l'amende honorable ainsi en chemise. Or, un jour qu'il étoit dans l'église des Quinze-Vingts, madame Hansse, veuve de l'apothicaire de la Reine, y vint; elle loge dans les Quinze-Vingts mêmes. Il l'accosta et lui parla de dévotion avec tant d'emportement, qu'il charma cette femme qui est dévote. Elle le loge chez elle. Lui, qui est si charitable qu'il aime son prochain comme lui-même, s'est mis à aimer la petite madame Patrocle, la fille de madame Hansse : elle est femme de chambre de la Reine, et son mari est aussi à elle. Charpy se met si bien dans l'esprit du mari et s'impatronise tellement de lui et de sa femme, qu'il en a chassé tout le monde, et elle ne va en aucun lieu qu'il n'y soit, ou bien le mari. Madame Hansse, qui a enfin ouvert les yeux, en a averti son gendre; il a répondu que c'étoient des railleries, et prend Charpy pour le meilleur ami qu'il ait au monde. Souvent les maris font leur héros de ceux qui les font cocus. Cependant la Sorbonne a refusé de donner l'approbation à son livre. Il les traite tous d'ignorants. Madame Hansse, enfin, n'a plus voulu qu'ils logeassent avec elle. Charpy n'est plus en même logis que la dame; mais il la voit toujours de même. Quand il prie Dieu, il dit : « Seigneur, je me « résigne à ta volonté : si tu m'envoies des bénéfices, « je serai ecclésiastique; si tu ne m'en envoies point, « je me résoudrai à la retraite. » Par ces façons de faire, il a attrapé le prieuré de..... (1), sans le demander; même le cardinal l'a prié de le prendre en attendant mieux. Il prétend avoir donné de bons avis à Son Eminence.

NAIVETÉS, BONS MOTS, RÉPARTIES,

CONTES DIVERS.

M. de Saintes, fils naturel du maréchal de Bassompierre, dit qu'une nuit il fut réveillé par un coup de pistolet qu'on tira dans sa chambre. « Qu'est-ce que « cela? — C'est, monsieur, que j'avois peur qu'une « souris ne vous réveillât, et je l'ai tuée. »

Saint-Luc, père du maréchal, se trouva à la porte du cabinet, avec M. de Luxembourg, qui, croyant que l'autre lui vouloit mettre le pied devant, lui dit : « Me « le disputerez-vous, à moi qui ai eu quatre empe-

---

(1) Le nom est resté en blanc dans le manuscrit.

« teurs de ma maison? — Ma foi, lui dit Saint-Luc, je
« me trompe fort, si vous êtes jamais le cinquième. »

Un ministre, à qui le marquis de La Case avoit donné charge de lui chercher un précepteur pour ses enfants, lui fit ainsi réponse : « Je ne manquerai pas « de m'informer de quelque cuistre (1) pour vos petits « Alexandres. »

Un gentilhomme de Poitou, pour avoir des œufs de pigeon qui étoient dans un trou à une muraille d'une ferme, prit une grande échelle, à laquelle il attacha son cheval; il chassa de ce trou la femelle qui couvoit : le cheval eut peur et entraîne l'échelle. Le bon *nobilis* se rompit la tête; mais, en montrant son chapeau plein d'œufs : « Bon, dit-il, ils ne sont pas cassés. »

Madame Des Hagens (2), du temps du maréchal d'Ancre, oyant dire que la seigneurie de Venise étoit bien riche, dit : « Qu'il la falloit marier avec Mon- « sieur, quand il seroit grand. » Elle prit *seigneurie* pour *signora*.

Un jour qu'on parloit de successions, un gentilhomme, qui pourtant étoit à son aise, dit : « Pour moi, « je crois que si le diable mouroit, je n'hériterois pas « de ses cornes. — Là, là, mon ami, dit naïvement sa

---

(1) On appeloit ainsi les valets de collége.

(2) Madame *Des Hagens*. Tallemant a déjà parlé, dans l'historiette de *Lisette*, t. 1er, p. 120, du mari de cette femme. Sous le déguisement de ce nom étranger, nous n'avions pas reconnu Deageant, auteur de *Mémoires* publiés à Grenoble en 1668.

« femme, de quoi vous fâchez-vous, n'en avez-vous pas
« assez ? »

On avoit à faire pendre un pauvre diable à Autun ;
le bourreau étoit malade ; on en fit venir un du lieu le
plus proche. Quand il fut arrivé, on le fit venir à
l'hôtel-de-ville, car le crime regardoit la commu‑
nauté ; il demanda combien il y avoit à gagner. « Dix
« livres, lui dit-on. — Messieurs, répondit-il, il n'y a
« pas moyen de s'y sauver. Si c'étoit quelqu'un de
« vous autres messieurs qui avez de bons habits, très‑
« volontiers ; mais ce misérable en a un qui ne vaut
« pas trois sols. »

Un vieux gentilhomme d'auprès de Reims, nom‑
mé Louversy, comme le feu Roi passoit par là, lui
demanda son chauffage dans une forêt. Le Roi le lui
accorda : « Mais, Sire, lui dit-il, je serai cent ans à
« faire faire ce qu'il faut pour cela ; je vous prie, don‑
« nez-le-moi de votre main. — Mais, répondit le Roi,
« cela ne se fait point, et vous n'avez ni papier ni en‑
« cre. — J'en ai, Sire, et une table aussi. » Il tend son
dos, et son affaire fut faite.

Une femme fort innocente, étant grosse pour la
première fois, comme son mari parla de faire un
voyage, se mit à pleurer. « Hé ! dit-elle, de quoi vivra
« l'enfant en votre absence ? »

Un jeune garçon d'Auvergne voulut être reçu avo‑
cat à Paris ; il part, et prend si bien ses mesures que,
quand il pria Bataille de le présenter, il n'y avoit plus
qu'un jeudi d'audience jusqu'à la fin du parlement.

Bataille lui dit : « Trouvez-vous à sept heures demain « matin au Palais, et apportez vos licences (1). » Bataille y va, mais il ne trouve pas son provincial; en attendant, il va dire au parquet qu'il avoit des licences pour présenter un avocat, mais que, par hasard, il les avoit oubliées chez lui. On prend cela pour argent comptant; on ouvre. Son homme ne vint qu'à neuf heures. « Et où vous êtes-vous amusé? — Monsieur, « dit-il, excusez-moi; en venant, j'ai rencontré un « gros moineau vert qui parle; je m'y suis arrêté jus- « qu'à cette heure. » Pensez qu'il faisoit beau voir un animal en robe de Palais, entendre jaser si longtemps un perroquet! Il fallut qu'il s'en retournât en son pays sans rien faire.

Un homme fut prié de faire un *rebus* pour la ville de Poitiers : il mit trois *poys : poy-un, poy-deux, poy-tiers*.

Un bûcheron, qui se vouloit marier, vint pour se faire faire la barbe; on ne la lui avoit jamais faite. « Comment voulez-vous qu'on vous la fasse? dit le « barbier. — Laissez-moi, dit-il, deux *baliveaux* le « long des lèvres de dessus, et coupez-moi tout le reste « *à blanc étau*. »

François 1er étoit à table, quand on lui présenta une épigramme qui lui plut fort, et en mangeant il disoit sans cesse : « Ah! la bonne épigramme!........ » Un bon gentilhomme qui ouït cela, dit après au maître-d'hôtel : « Que vouloit dire le Roi? Oh! la bonne épi-

---

(1) Ses lettres ou diplôme de licencié en droit.

« gramme ! oh ! la bonne épigramme ! disoit-il à tout
« bout de champ. Est-ce quelque viande nouvelle ? Hé !
« je vous prie, faites-nous-en goûter. »

Un homme de Reims fit une comédie pour le collége : c'étoit l'Élection de Nicolas, patriarche d'Antioche. Or les douze qui la devoient donner étoient tombés d'accord que le premier qui entreroit dans l'église seroit élu. Un héraut de Sainte-Vie fut le premier ; il dit son nom : c'étoit Nicolas. Les douze répétoient ce mot de *Nicolas* l'un après l'autre, et cela en trois beaux vers alexandrins. Ce même homme dédia cette belle pièce à trois frères de la ville de Reims, qu'il appeloit le *Geryon rhémois*.

Un curé de Picardie, appelé en témoignage, dit :
« C'étoit la nuit, je mis la tête à la fenêtre, et quand
« je vis que je ne voyois rien, je retournai coucher
« avec Jeanne. »

Un homme de Créon, auprès de Bordeaux, demandoit au Palais des *estaquettes* : ce sont des aiguillettes de cuir. On ne l'entendoit point ; son valet lui dit :
« *Anen-nous-en, non y a pas estaquettes ; pensa bous*
« *esta à Créon ?* — Allons-nous-en, il n'y a point d'es-
» taquettes ; pensez-vous être à Créon ? »

M. d'Elbœuf, père du dernier mort, aimoit le bon vin. Un jour, à la campagne, après avoir communié, le curé lui donna du vin dans un verre. Il le goûta et le trouva bon. « Monsieur le curé, lui dit-il tout bas,
« où l'avez-vous pris ? — A la corne, monsieur. — Ve-

« nez-vous-en dîner avec moi, et en apportez trois
« bouteilles. »

Bertault l'incommodé dit à une dame : « Cherchez-
« vous la rue du Bout-du-Monde? la voici. — Non,
« dit-elle, je cherche la rue des Deux-Boules. — Vous
« n'avez pas trouvé ce que vous cherchez ? » répondit-il.

Un Espagnol du royaume de Murcie, pays fort
chaud, venu en France l'hiver, comme il passoit par
un village, les chiens aboyèrent après lui ; il voulut
prendre une pierre, il trouva qu'elle tenoit, à cause
de la gelée. « Peste du pays ! dit-il, on y attache les
« pierres, et on y lâche les chiens. »

Le feu Roi trouva un paysan naïf dans je ne sais
quel village, vers Saint-Germain; il s'en voulut divertir et le fit approcher. « Hé bien, Monsieur, lui dit
« cet homme, les blés sont-ils aussi beaux vers chez
« vous qu'ils sont vers chez nous? » Il se nommoit
Jean Doucet. Le Roi le prit en affection, et le mena à
Saint-Germain. Là, il se mit à jouer *à la pierrette*
avec lui, et lui gagna dix sols, ce dont l'autre pensa
enrager. Le Roi en étoit si aise qu'il porta ces dix sols
à Ruel, pour les montrer au cardinal. Un jour le Roi
lui donna vingt écus d'or; il les prit, et, frappant sur
son gousset, il disoit : « I vous revanront, Sire, i vous
« revanront; vous mettez tant de ces tailles, de ces die-
« bleries sur les pauvres gens. » On lui fit faire une
innocente d'écarlate avec de l'or, et on le renvoya à
son village, d'où il venoit voir le Roi deux fois la se-

maine. Une fois il vint sans *innocente*, et dit pour raison qu'il étoit fête, et que quand il alloit à la messe, on ne faisoit que regarder son clinquant, et on ne prioit point Dieu. La famille de cet homme eut quelque petite gratification du Roi; je pense qu'il mourut en même temps que son maître. Ses neveux, qu'on appelle les *Jean Doucet*, ont voulu prendre sa place; mais ce sont de méchants bouffons (1).

Le maître-d'hôtel d'un seigneur napolitain eut prise au marché avec le maître-d'hôtel d'un autre seigneur, à qui emporteroit un poisson qu'ils marchandoient. Le premier fut gourmé, et on lui cassa les dents; il s'en plaignit à son maître, et lui dit plusieurs fois : « Monsieur, c'est votre affaire. » Le maître, ennuyé de cela, lui dit d'un fort grand sang-froid : « Tu « verras, quand tu mangeras des croûtes, si c'est ton « affaire ou la mienne. »

A une procession, un drôle qui étoit Jésus fut fouetté un peu trop fort par celui qui faisoit le bourreau : « Ah ! lui dit-il, si jamais tu es Dieu, je t'étril-« lerai en diable. »

(1) On a fait sur les *Jean Doucet* des pièces en patois qui sont très-naïves. (Voyez *la Conférence de Janot et Piarot Doucet de Villenoce, et de Jaco Paquet de Pantin, sur les merveilles qu'il a veu dans l'entrée de la Reyne, ensemble comme Janot luy raconte ce qu'il a veu au Te Deum et au feu d'artifice*. Paris, 1660, in-4°.) Madame de Sévigné leur comparoit Racine et Boileau, lorsque ces deux poëtes suivoient le Roi à l'armée, en qualité d'historiographes. « Ils font leur cour par l'é-« tonnement qu'ils témoignent de ces légions si nombreuses, et des fa-« tigues qui ne sont que trop vraies; il me semble qu'ils ont assez l'air « des deux *Jean Doucet*. » (*Lettre à Bussy-Rabutin*, du 18 mars 1678.)

Une bonne femme dit à une Reine de France qui alloit en pélerinage à Chartres, pour avoir des enfants : « Vous n'avez qu'à vous en retourner, celui qui les « faisoit est mort. »

Il y a à Montmartre un tableau de Notre-Seigneur et de la Madeleine, de la bouche de laquelle sort un écriteau où il y a *Raboni*. Les bonnes femmes en ont fait un saint Rabonny qui *rabonnit* les maris, et on y fait des neuvaines pour cela.

Une pauvre femme faisoit reproche à une autre d'avoir épousé un gueux de ces rues. « Dites un gueux, « dit l'autre, qui ne demande qu'aux carrosses, et qui « gagne quarante sols par jour. »

Un laquais de Champagne, qui étoit filleul de son maître, demandoit à tout le monde au palais si on n'avoit pas vu son *parrain*.

Un bourgeois de La Rochelle demandoit à Paris le logement de mademoiselle *la secrétaire* : c'étoit une femme de Paris qui, ayant épousé un homme de cette ville-là, y alla pour quelque temps avec lui pour voir ses parents ; et, pour la distinguer, on l'appeloit mademoiselle *la secrétaire*, à cause que son mari étoit secrétaire du Roi.

Un nommé Du Mousset, trésorier de France à Châlons, reçut un soufflet sur l'œil, en jouant ; sa femme s'écria : « Ah ! mon Dieu, *mon cœur* est borgne. » Une autre, racontant la maladie de son mari, disoit : « Je lui disois quelquefois : *Mon cœur*, tirez la langue. »

Maillet (¹) signa ainsi une lettre d'amour : « *Celui
« qui ne peut commencer de vous espérer, ni finir de
« vous écrire.* » Ce pauvre poète alla trouver une
femme qui chantoit sur le Pont-Neuf; il lui demanda
combien elle donnoit de la plus belle chanson. « Un
« écu ; mais si elle étoit si belle, si belle, on iroit
« jusqu'à quatre livres. » Il lui promit qu'elle seroit
admirable. La voilà imprimée. Ce n'étoit qu'*astres*,
que *soleils*, etc. On n'en vendit pas une. La chanteuse
le mit en procès. Il va trouver Gombauld, lui conte
l'affaire ; Gombauld rendit l'écu qu'il avoit reçu, et
le procès fut terminé.

Ceux de Rhetel, à l'entrée de M. de Nevers, avoient
fait peindre, sur la porte de leur ville, des cerfs qui

(¹) Maillet, ou plutôt Mailliet, poète satirique et licencieux. On a de lui des épigrammes, dédiées au duc de Luynes; Paris, 1620, in-8°. Ce poète, à la lettre, mouroit de faim. Saint-Amant l'a berné dans *le Poète crotté.* (*Mémoires de Tallemant*, t. 2, p. 126.) Il étoit devenu le plastron de toutes les plaisanteries ; on peut en juger par cette épigramme de Maynard :

>Muses, quand Maillet vous demande
>Que vous luy fournissiez de quoy
>Mettre un chétif pourpoint sur soy,
>Vous le payez d'une guirlande.
>
>Cependant l'incommodité
>Qu'il souffre de sa nudité
>Ebranleroit un philosophe.
>
>Traitez-le plus utilement ;
>Le laurier n'est pas une étoffe
>Dont il veuille un habillement.

(*OEuvres de Maynard*. Paris, Courbé, 1646; in-4°, p. 122.)

avoient le nez vert, et lui dirent : Nous sommes *cerfs*
« *au né vert.* »

Un homme avoit gagné six quarts d'écus au curé
de Brie-sur-Marne; le curé ne le paya point. Le lendemain à l'offrande, au lieu de cracher au bassin, il
dit : « Reste à cinq, monsieur le curé. »

Le grand-prieur de La Porte disoit : « Je ne suis
« pas plus à mon aise que quand je n'avois que vingt-
« cinq mille livres de rentes; cela ne me sert qu'à avoir
« plus de voleurs autour de moi. Mon sommelier dit
« que le vin lui appartient dès qu'il est à la barre, et
« n'a point d'autre raison à m'alléguer, sinon qu'on
« en use ainsi chez M. le cardinal; le piqueur prétend
« que le lard est à lui dès qu'il en a levé deux tran-
« ches; le cuisinier n'est pas plus homme de bien
« qu'eux, ni l'écuyer ni le cocher; sans parler du
« maître-d'hôtel, qui est le voleur *major*; mais ce qui
« me chicane le plus, c'est que mes valets de chambre
« me disent : «Monsieur, vous portez trop long-temps
« cet habit; il nous appartient. »

Autrefois on portoit un chaperon à l'enterrement
de ses plus proches parents. Un gentilhomme des voisins de M. de Racan, ayant perdu sa femme, lui demanda comment il falloit qu'il fût pour l'enterrement.
« Il y en a encore, dit Racan, qui prennent une robe
« et un chaperon. » Le bon *nobilis* prit une robe
d'avocat et un chaperon de vieille, qui étoit large
d'un demi-pied, et se le mit sur la tête.

Un Gascon, qui se mêloit de faire des vers, fit un

poëme des guerres de la religion, et en un endroit il disoit :

> Il y eut grand' mêlée,
> La rivière entre deux.

Un homme de La Rochelle disoit du feu Roi : « Il « prit Arras en cinquante-quatre journées. »

Housset l'intendant, une nuit, fit semblant d'avoir la colique ; sa femme le suit. Au lieu d'aller au privé, il alla coucher avec la suivante ; elle les surprit. Depuis, on appela cela *la colique-Housset*.

Feu M. de Guise disoit à un honnête homme de Paris, qui avoit une maison proche de Meudon, sur le même coteau : « J'ai plus belle vue que vous. — Vous « me pardonnerez, monsieur, car de ma maison je « vois votre château, et de votre château vous voyez « ma maison, qui n'est qu'une petite chaumière. »

Un Normand disoit naïvement : « M. de Longue-« ville est un bon prince, il prend bien la peine de « prier Dieu. »

Une grosse madame disoit à une simple femme : « Pour moi, j'aimerois mieux n'aller point en paradis « que de n'y être au-dessus de vous. — Hé ! madame, « dit l'autre, quand vous serez au-dessus de nous, ne « nous pissez pas au moins sur la tête. »

Le prince d'Orange, Maurice, aimoit fort les cochons de lait ; ayant à traiter un ambassadeur, il dit à son maître-d'hôtel : « Qu'on nous fasse bonne chère, « qu'on nous serve un cochon de lait sur l'assiette. »

Un gentilhomme fit appeler un autre en duel, parce qu'il l'avoit loué de grande mémoire : il avoit ouï dire que c'étoit marque de peu de jugement; et, après, quoiqu'il fût fort brave, il ne se trouva pas au rendez-vous, de peur de passer pour avoir de la mémoire s'il s'en étoit ressouvenu.

Pitard disoit à Théophile : « C'est dommage « qu'ayant tant d'esprit, vous sachiez si peu de choses. » « —C'est dommage, répondit Théophile, que, sachant « tant de choses, vous ayez si peu d'esprit. »

L'hôtesse du Lion-d'Or, à Saumur, étoit fort jolie, et avoit un gros brutal de mari. Un Gascon, voyant cela, lui dit : « Madame, je ne comprends point com- « ment on vous a donnée à cet homme; il falloit que « vous eussiez fait quelque gaillardise de fille. »

Un Gascon disoit que pour entrer chez le cardinal de Richelieu, il avoit dit : « Je suis à monsu de Biscarrat. » Et après, il ajouta : « Je ne lui faisois pas tort. »

Un Provençal vouloit avoir le bénéfice d'un homme, et, ne l'ayant pu persuader de le lui résigner, il l'enlève et le met en prison dans une cave; là, le poignard sur la gorge, il le presse de lui résigner son bénéfice; l'autre, qui n'avoit que cela pour tout bien, dit qu'il aimoit autant mourir. Le galant homme, le voyant si résolu, s'en va à Avignon trouver le vice-légat, lui expose qu'un tel étoit mort, et qu'il lui venoit demander son bénéfice. « Vous êtes venu trop tard, répond le « vice-légat, je l'ai donné ce matin.—Mais, monsieur, « répond froidement cet homme, quel fondement a eu ce-

« lui qui vous l'a demandé ? — Il m'a dit que cet homme
« ne paroissoit plus, et qu'on le tenoit pour mort. —
« Il n'est point mort, répliqua-t-il, et il n'en mourra
« pas. » Il avoit dessein de le tuer, s'il obtenoit le
bénéfice.

Un de mes oncles avoit un cocher nommé Nicolas
Volant; un de ses camarades lui emprunta vingt écus.
« J'en veux avoir une promesse. » C'étoit dans l'écurie ; il n'y avoit ni papier, ni encre : « Écris-la sur la
« muraille avec ton couteau. » Il écrit : « Je soussigné,
« reconnois devoir la somme de soixante livres, que je
« promets payer au porteur de la présente.

Un homme, qui avoit un valet fort sot, lui mit par
écrit tout ce qu'il avoit à faire avec lui. Allant à la
campagne, le maître tombe dans un fossé; il appelle
ce garçon qui, au lieu de courir, lui crie : « Atten-
« dez, que je voie si cela est sur mon mémoire. »

Un de mes frères a un cocher qui prioit Dieu pour
tout ce qu'il aimoit en la manière suivante : « Je prie
« Dieu pour moi, pour ma femme, pour monsieur et
« pour madame, pour mes chevaux et pour les enfans
« du logis. »

Deux cochers se disputoient une fois, et l'un disoit :
« Je ne sais pourquoi vous niez cela; vous me l'avez
« dit en présence de vos chevaux. »

Le feu gazetier (1), à la révolte de Portugal, met-

(1) Théophraste Renaudot, mort en 1653, avoit commencé en 1631
à faire imprimer périodiquement des nouvelles publiques sur des

toit entre les titres du Roi de Portugal : Roi d'Aquen et d'Alen, et de delà la mer ; au lieu qu'il falloit mettre : *Roi de deçà et de delà la mer*, à cause qu'il a quelques places en Afrique.

Son fils, qui est un sot au prix de lui, disoit l'autre jour, parlant de je ne sais quelle entrée : « Quand le « magistrat eut achevé sa harangue, le canon com- « mença la sienne. » Quand les ennemis étoient à Fismes (en 1650), il disoit, en parlant de Château-Thierry : « Notre bourgeoisie se rassure plus que « jamais, surtout depuis l'arrivée du vicomte d'Espaux, « qui s'est jeté dedans cette ville avec une bonne par- « tie de la noblesse du pays. » Apparemment quelqu'un lui avoit écrit cela pour se moquer de lui ; car le vicomte n'y mena que des vaches, des moutons et des cochons, pour les mettre en lieu sûr. Celui qui commandoit dans le château s'appelle Després ; c'est un fort gros homme ; son cocher disoit : « Mon maître « a juré de *crever* sur le rempart. »

Castille, frère de Jeannin, ayant marchandé longtemps un petit chien à Bologne, s'en alla sans l'acheter ; et quand il fut à quatre lieues de là, il renvoya un homme pour demander le nom de ce chien. Un autre de ses frères se piquoit tellement de belles mains, qu'il ne les montroit que sur de la panne noire pour les faire paroître encore plus blanches ; la nuit, il les tenoit passées dans des rubans qui étoient attachées au

---

feuilles volantes appelées *gazettes*. Ce mot vient de l'italien *gazetta* ; c'étoit le nom d'une petite monnoie, avec laquelle on payoit une feuille d'avis écrite à la main. (*Dictionnaire italien d'Alberti.*)

dossier; il y mettoit toutes les drogues imaginables. Il en vouloit faire autant à son estomac; le camphre le tua.

Une paysanne, comme on portoit en procession le chef de saint Marc, le jour de sa fête, par les vignes, qui avoient été gelées pendant la nuit, dit naïvement : « Haussez, haussez-le bien haut, qu'il voie le beau « ménage qu'il a fait. »

Une vieille femme n'alloit jamais à l'enterrement, et disoit : « Pourquoi irois-je ? ils ne viendront pas au « mien. »

Les capucins de Grasse prirent un garçon qui voloit leurs fruits; ils firent venir le père, qui lui dit : « Hé bien, si tu ne veux rien valoir, fais-toi au moins « capucin. »

M. de Nevers, gouverneur de Champagne, étant logé dans l'hôtel-de-ville, à Vitry, vit je ne sais quel gaillard de bourgeois, dans la place, qui alla donner un coup de genou dans le derrière à un autre; il demanda à un officier qui l'entretenoit : « Qui est cet « homme ? — Monseigneur, lui dit-il gravement, c'est « *M. le Prince*; » car nous appelons *Rois* et *Princes* ceux qui sont un peu fous.

Un Italien appela un homme, *cavallo di Christo*, pour dire un âne.

Un cocher d'un de mes amis, à qui son maître avoit dit de le venir éveiller à quatre heures pour partir à la fraîcheur, l'alla éveiller à deux, en lui disant naïvement : « Monsieur, dépêchez-vous de dormir; car vous « n'avez plus que deux heures. » Quelquefois on a fait la même chose aux gens par malice.

Le vieux Pena, célèbre médecin, étoit tout de travers sur son mulet, et ne prenoit pas trop garde où il se mettoit. Un jour, il se fourra dans un bourbier; il ne savoit comment s'en tirer, et il disoit à son mulet : « Courage, mon ami, sors-moi d'ici; montre-toi le « plus sage. »

Le maître d'hôtel de l'évêque de Mende mit sur les parties : *Item, pour un pâté de six blancs, trois sols* (1).

Furetière demanda de l'argent à son père pour acheter un livre : « Et sais-tu, lui dit-il, tout ce qui est « dans celui que tu achetas l'autre jour? » C'étoit un dictionnaire. Quillet dit qu'il a vu un garçon qui vouloit traduire *Calepin* en françois (2).

Ma mère me dit un jour : « Pourquoi acheter des « livres, n'avez-vous pas fait toutes vos études? »

Un François nommé La Fosse, qui est au service du grand-duc, traduit Tacite en *Octaves*.

Du Moulin, le ministre, dit à un homme de soixante-dix ans, qui se marioit, et qui étoit venu trop tard : « Une autre fois, venez un peu de meilleure heure. »

(1) Six blancs équivaloient à deux sols six deniers.
(2) Le grand Dictionnaire latin de Calepin. Ambroise Calepin mourut en 1511; son Dictionnaire a été augmenté par Passerat et par d'autres savans du seizième siècle.

Le Pailleur avoit un frère curé vers Dreux en Normandie. Quand il prenoit quelque vicaire, il lui demandoit : « D'où êtes-vous? — D'un tel lieu. — Au« près de quelle ville, de quel diocèse? — De Séez, « par exemple. — Vous êtes donc Normand? — Et « voire; mais je n'y ai pas été nourri. »

Il y a un secrétaire du Roi, huguenot, nommé Courtaut, qui demeure exprès dans l'île Notre-Dame, « pour ramasser, dit-il, les pierres sur le quai, de peur « qu'on ne les jette aux bateaux qui reviennent de « Charenton, » et il croit rendre un grand service à l'Église (1).

Madame de Ville-Savin, qu'on appelle la très-humble servante du genre humain, ayant trouvé mademoiselle Véron qui sortoit d'une maison où elle entroit, se mit à l'embrasser. « Ah! ma chère, remon« tez; quoi, je vous verrois si peu! » Elle la fit remonter, et après elle demanda qui elle étoit; « car, « ajouta-t-elle, j'ai si mauvaise mémoire!... — C'est « mademoiselle Véron, lui dit quelqu'un. — Jésus! « reprit-elle, avoir oublié le nom de la meilleure de « mes amies!... » Elle ne l'avoit jamais vue.

Le jardinier de madame de L'Estang, ma belle-sœur, en lui écrivant de Beauce, mettoit pour adresse, *devant la maison fondue,* parce qu'il y avoit trois ans qu'une maison fondit devant notre porte.

Un Gascon, m'entendant appeler Gédéon chez mon

(1) C'étoit une folie comme une autre

père (c'est mon nom de baptême), m'appeloit M. de Gédéon (1).

M. de Vendôme, bâtard de Henri IV, passant à Noyon, logea aux *Trois-Rois*. Le fils du maître de la maison, nouvellement reçu avocat, crut que sa nouvelle dignité l'autorisoit à aller faire la révérence à M. de Vendôme; il y va. M. de Vendôme lui demande qui il étoit. « Monsieur, je suis le fils des « *Trois-Rois*. — Le fils de trois Rois..... Monsieur, je « ne suis le fils que d'un; vous prendrez le fauteuil : « je vous dois tout honneur et tout respect. »

Un ivrogne pissoit dans sa cour; il pleuvoit et une gouttière alloit. Il demeuroit trop long-temps; sa femme l'appelle. Il croyoit que c'étoit en pissant qu'il faisoit le bruit que faisoit l'eau de la gouttière, et il lui répondit : « Va, va, je pisserai tant qu'il plaira à « Dieu. »

Une fille (mademoiselle Armenauld) disoit que quand elle trouvoit des ordures dans un livre, elle les marquoit pour ne les pas lire.

Un gentilhomme, qui nourrissoit assez mal sa meute, ayant trouvé une charogne, se mit à crier : « Au plus nécessaire, chiens, au plus nécessaire ! »

Un Ecossois qui n'avoit pu vendre son hareng à

---

(1) L'auteur fait ici connoître son nom patronimique : des quittances signées de lui, conservées à la bibliothèque du Roi, nous l'avoient au reste appris.

propos, s'alla promener, aux fêtes de Pâques, à Bordeaux, dans les allées du cardinal de Sourdis ; le rossignol chantoit déjà. « Ah ! petit l'oiseau, dit-il, toi « n'avoir point d'hareng à vendre. »

Une madame Goile, femme d'un vendeur de marée, en titre d'office [1], personne bien faite, comme on lui demanda chez madame d'Agamy si elle n'avoit jamais eu la vérole : « Je n'ai eu, dit-elle, ni la grosse « ni la petite. »

Un avocat au conseil, nommé Chapuiseau, fit un cachet où un chat puisoit de l'eau. Il composa un livre qu'il appeloit *le Devoir de l'homme*. Il promit à un conseiller, nommé Champdent, de le lui montrer manuscrit ; il fut chez ce conseiller, et, n'ayant trouvé que madame, il lui voulut laisser son livre (c'étoit un gros rouleau qu'il avoit fourré dans ses chausses, et qui paroissoit). Il y met la main pour le tirer. « Jésus ! monsieur Chapuiseau, que faites-vous ? « — Madame, dit-il naïvement, c'est *le Devoir de « l'homme.* »

Sa belle *armoirie* m'a fait souvenir d'un idiot de La Rochelle, qui montroit la porte de Cogne à un autre, et lui disoit : « Ces fleurs-de-lys, c'est le Roi ; ce navire, « la ville, et ce cheval, c'est mon père. » Son père étoit maire quand cette porte fut bâtie, et il y avoit mis ses armes.

Un chancelier voulant expliquer au Roi une lettre

---

[1] Ces offices valent cinquante mille livres. (T.)

du Roi Jacques, où il y avoit : *Mitto tibi quinque molossos* (1), dit : *Cinq mulets.* « Voire, dit le Roi, des « mulets. » Quelqu'un dit : « Ce sont des *dogues.*—Je « croyois, dit le chancelier, qu'il y eût *muletos.* »

Un pédant d'environ quarante-cinq ans prit un jeune corbeau, et dit : « Je veux voir s'il vit cent ans, « comme le disent les naturalistes. »

Une dame huguenotte, à qui on demandoit de quel canton étoit son suisse, dit : « Il est du canton de « Villiers-le-Bel (2); il y a beaucoup de huguenots « dans ce pays-là ». Elle croyoit que l'habit faisoit le suisse. Une autre disoit « *du point de Gênes de Vil-*« *liers-le-Bel.* » On y fait de la dentelle ; mais elle n'est point belle.

Un évêque de la maison d'Ambres étoit un petit tyranneau; il ne vouloit point payer de la paille qu'on lui avoit fournie, et disoit en riant : « Ne savez-vous « pas bien que *l'ambre* attire la paille? »

Une blanchisseuse, pour bien louer ma mère, après avoir dit cent fois : « Oh! la brave femme que « c'est! » ajouta : « Et qui a bien soin du linge! »

Le Nostre (3), jardinier des Tuileries, mais qui est

(1) Je vous envoie cinq dogues.
(2) Bourg à peu de distance de Saint-Denis. (T.) — A deux lieues au-delà, près d'Ecouen.
(3) André Le Nostre remplaça son père dans les fonctions de jardinier, ou plutôt d'intendant des Tuileries. Le roi le fit contrôleur-gé-

très-habile en son métier, et qui gagne bien plus avec les gens qui ont de belles maisons qu'avec le Roi, a fait des armes sur lesquelles, au lieu de casque, il a mis un gros chou-cabus dont les premières feuilles pendent des deux côtés, comme des plumes. Le Nostre est curieux et a de fort beaux tableaux. Il laisse la clef de son cabinet en un certain endroit que tous les honnêtes gens savent; et, quoiqu'il y ait de fort petites pièces et même des livres, il n'a jamais rien perdu.

Madame de La Brène, femme d'un Luxembourg, alla pour voir la mer; là, elle demanda où étoit donc ce flux et reflux dont elle avoit tant ouï parler. On le lui montra du mieux qu'on put. « Voire, dit-elle, « cela, le flux et reflux! Eh! ce n'est que de l'eau « verte! »

Une fille qui avoit été élevée comme orpheline par l'église de Charenton, s'en alla un jour au consistoire et leur dit : « Messieurs, j'ai lu dans saint Paul qu'il « vaut mieux se marier que de brûler; s'il vous plaît « de me donner un mari, car je sens que j'en ai be- « soin? » Elle dit cela avec la plus grande naïveté du monde : les voilà tout déferrés; ils lui dirent qu'elle sortît. Ils ne se purent regarder sans rire. Ils la marièrent du mieux qu'ils purent.

---

néral de ses bâtiments et dessinateur de ses jardins. C'est lui qui avoit planté le parc de Versailles, les Tuileries et le Luxembourg tels que nous les voyons encore; il a fait la terrasse de Saint-Germain-en-Laye, qu'on admire malgré sa monotonie, et avant que le mesquin eût envahi nos jardins, on rencontroit encore quelques-uns de ces parcs françois, marqués au coin de la grandeur, tels que les avoit conçus le génie de Le Nostre.

Menour, intendant des jardins du Roi, étoit logé aux Tuileries; il avoit un valet qui, quand il venoit des gens demander si ce n'étoit pas là qu'on voyoit les bêtes, leur disoit que oui; puis les menoit dans une salle, et les faisoit passer devant un grand miroir; après il leur disoit : « Vous les avez vues. » Et, s'ils étoient assez bons pour payer par avance, il se moquoit d'eux.

Un paysan de Colombe portoit la croix à une procession qu'on faisoit de nuit dans les vignes, de peur qu'elles ne gelassent; en passant dans la sienne, il tâta le bourgeon, et l'ayant trouvé gelé, il jeta la croix en disant : « La portera qui voudra! je n'ai plus que « faire à la procession. »

Feu Melson, grand goguenard, étoit secrétaire interprète des langues étrangères, et n'en savoit pas une. Des ambassadeurs suisses regardoient dîner la Reine, et parloient entre eux tout haut. Elle fait appeler Melson et lui dit : « Faites votre charge, que disent « ces messieurs?—Ils disent que vous êtes belle, mada- « me, ou s'ils ne le disent pas, ils le devroient dire. »

La fille aînée de Melson, qui est une personne assez plaisante, dit que son père ne faisoit point carême, et qu'une fois qu'on lui avoit servi une longe de veau, il n'y toucha pas, et se contenta de son potage. Charlotte (1), c'est le nom de cette fille, suivit cette longe

---

(1) C'est celle qui, ayant épousé André Girard Le Camus, acquit quelque célébrité. (*Voyez* la note de la page 124 de ce volume.)

de veau en bas, et ne put s'empêcher d'en prendre un lardon ; une de ses sœurs arrive, qui la défie en riant d'en manger : elle en mange ; sa sœur se laisse tenter. Les deux autres, car elles étoient quatre, surviennent : la longe de veau fut expédiée. Le lendemain, le père demande sa longe de veau. On lui dit l'histoire ; il ne gronda point autrement, mais il dit qu'il vouloit qu'elles s'en confessassent. Pâques venu, les trois cadettes dirent à leur sœur : « Au moins nous n'avons « rien de la longe de veau, et c'est à vous à vous en « confesser pour toutes ; c'est vous qui nous avez in- « duites en tentation. — Ma foi, leur dit-elle, je n'en « ai pas dit un mot. » Elle retourne au confesseur qui étoit bien empêché, et lui dit : « Mon père, telle et « telle chose est. — Allez, dit-il, dites deux *Ave* da- « vantage. » Elle retourne. « Hé bien, ma sœur ? — « Dame ! dit-elle, je n'ai pas parlé de vous. » La seconde va donc. Elle eut assez de peine à aborder le père. « Qu'y a-t-il encore ? lui dit-il. — C'est que.... — « Voilà bien de quoi me rompre la tête ; dites deux « *Ave* de plus comme votre sœur. » La troisième fend la presse, et lui voulut parler encore de cela. Il se fâcha, et se levant de son confessionnaire : « Que tous « ceux, dit-il, qui ont mangé de la longe de veau « disent huit *Ave,* et qu'on ne m'en parle plus. »

Un paysan se sentant un peu ivre, au lieu de passer sur une poutre qui étoit sur un ruisseau, se mettoit dans l'eau, et tenoit la poutre : « Je ne saurois que « me mouiller, disoit-il, au lieu que si je tombois, je « me blesserois peut-être bien fort. »

Un procureur du Châtelet disoit que pour dix ans,

il avoit tourné le dos à Dieu, afin de faire sa fortune.

Un cordonnier dit à un médecin : « Monsieur, je
« vous trouve toujours étudiant ; n'êtes-vous pas passé
« maître ? Pour moi, je faisois tout aussi bien des sou-
« liers le jour que je fus reçu, que j'en saurois faire
« à cette heure. »

On alloit pendre un Picard ; une femme de sa connoissance le rencontra. « Hé, un tel, comment te por-
« tes-tu ? — Je me porte assez bien, répondit-il ; mais
« cette *penderie* me déplaît. »

Une voleuse cacha une montre sonnante où vous savez. On la dépouille ; on ne trouve rien ; mais, par malheur, la montre sonna.

Un Languedocien, amoureux d'une fille nommée *Catine*, fit une espèce d'histoire contenant neuf livres, qu'il appeloit *la Catinerie*.

Un homme, en racontant ses voyages, mettoit des pays où ils ne sont point. Quelqu'un lui dit : « Vous
« n'observez pas la géographie.—Pour la géographie,
« répondit-il, nous la laissâmes à main gauche. »

La femme d'un commis de M. Rambouillet (1), nommé Paris, craignoit extrêmement le tonnerre. Il tonne un coup ; elle prend de l'eau bénite, et fait le signe de la croix ; il tonne encore, elle en fait apporter davantage et s'en frotte les deux paumes des mains ;

---

(1) Le beau-père de l'auteur.

le tonnerre se renforce, elle en fait venir un plein bassin. Voici un assez grand coup, elle s'en frotte tout le visage ; il fait un coup furieux, elle se jette tout le bassin sur la tête.

Pour faire entendre à un homme quel étoit le père des quatre fils Aymon, on lui dit : « Par exemple, si « maître Jean, le maréchal, avoit quatre fils, on diroit « *les quatre fils maître Jean le maréchal*, comme « on dit *les quatre fils Aymon* ; c'est qu'Aymon avoit « quatre fils. Eh bien ! qui est donc le père des qua- « tre fils Aymon ? — C'est, dit-il, maître Jean le ma- « réchal (1). »

Un paysan ne manquoit jamais à s'enivrer après avoir fait ses pâques ; et, comme on lui en faisoit réprimande : « Quoi ! disoit-il, mon Dieu ne me vient « voir qu'une fois l'an, et je ne lui ferois pas bonne « chère ? »

Un curé passoit l'eau pour porter le *Corpus Domini* à un malade ; un pâtre de sa paroisse étoit delà la rivière ; il faisoit assez mauvais temps, il vouloit qu'on le remît à bord ; et, comme le batelier lui disoit : « Quoi, vous portez Notre-Seigneur, et vous avez « peur !.... — Ne laisse pas de me mettre à bord, dit « le prêtre, le diable emporte qui s'y fie ! »

Un bourgeois de Reims, ennuyé d'attendre qu'une

---

(1) C'est à peu près comme madame de Sévigné, quand elle adressoit une question à *la petite personne sur le lendemain de la veille de Pâques*.

compagnie d'infanterie qui étoit à la porte eût permission d'entrer dans la ville, vouloit passer tout à cheval par un tourniquet, et il s'y obstina quelque temps. Un soldat se mit à crier à un autre : « Eh! La « Verdure, Hérode, à ce que je vois, n'a pas tué tous « les *Innocents*. »

Un père Crochard eut ordre de la Reine-mère d'instruire une huguenotte ; il y eut pour cela un souper où on y servit un grand pâté. Le père, qui étoit fort ignorant, s'y prit ainsi : « Vous voyez bien, dit-il, ce « pâté; tout en est bon, hors ce petit endroit brûlé. « Tout ce bon, ce sont les catholiques; ce petit en- « droit brûlé, ce sont les huguenots. Vous ne voudriez « pas manger de cet endroit ? » Cela la persuada.

Un capucin croyoit avoir fait une belle stance du *Benedicite*, et avoit fait ceci sur la lune :

> Reine de la moitié de l'an,
> Vous, de qui le vaste océan
> Suit le carrosse comme un page,
> Louez le seigneur obligeant
> Qui, pour avoir cet équipage,
> Par les mains du soleil, vous prête de l'argent.

Un bourgeois de Troyes, nommé Chaumont, n'avoit qu'un fils et une fille ; la fille étoit mariée, le fils étoit bachelier de Sorbonne. Ce garçon étoit logé dans la Sorbonne même; cela se fait sous le nom d'un docteur. Il mourut; le père vint à Paris durant sa maladie : le voilà au désespoir. Son gendre lui dit : « Monsieur, « je m'en vais en Sorbonne pour mettre ordre à tout « pour l'enterrement, etc.—Oui, dit le bonhomme, et

« prenez garde à ses flageolets. » Il en avoit les meilleurs du monde.

Comme le premier président de Bellièvre (1) n'étoit encore que conseiller-d'Etat et ambassadeur à Londres, un Anglois, qu'on avoit fâché dans la cuisine, vint dire à madame l'ambassadrice qu'on l'avoit menacé de lui couper les c........ Cette femme dit : « Fi « le vilain ! » Il s'excusa, en disant qu'au vilain mot il y avoit deux points sur l'U, et que ce n'étoit pas la même chose.

Un comédien, ne se souvenant pas d'un vers qui rimoit en *ame*, dit :

Hélas ! madame, hélas ! madame, hélas ! madame.

Madame Nolet avoit un laquais qui portoit *Amadis* à l'église : à cause que ce livre commence par ces mots : *Un peu après la mort et passion de Notre Seigneur*, il le prenoit pour un livre de dévotion (2).

Le laquais de l'abbé Favre dit à une dame qui vouloit qu'il allât dire à son maître qu'il se dépêchât de s'habiller, et qu'elle paieroit sa messe : « Pour qui le « prenez-vous, madame ? Je veux bien que vous sa-

---

(1) Pompone de Bellièvre, deuxième du nom, premier président du parlement de Paris, mourut en 1657. Il avoit épousé Marie de Bullion, dont il n'eut pas d'enfant.

(2) L'*Amadis* en effet commence ainsi :
« Peu de temps après la passion de Nostre Sauveur Jésus-Christ, il « fut un roy de la petite Bretaigne, nommé Garintec, etc., etc. » (*Le premier livre d'Amadis de Gaule, traduit d'espagnol en françois* par le seigneur des Essars, Nicolas de Herberay. Paris, Vincent Sertenas ; in-8°, 1560.)

« chiez que mon maître ne dit point la messe pour de
« l'argent; il la dit pour son plaisir. »

Un maquignon, à Rouen, voulant bien louer son cheval, dit : « Il a la bouche admirable, et a, pour « tout dire, une bouche de *Coquerel;* » c'étoit un avocat célèbre en Normandie. En faisant aller son cheval, il disoit : « Ah! *bouche de Coquerel!* »

Borbonius, père de l'Oratoire (1), qui ne savoit que du latin, et qu'on fit de l'Académie françoise, à cause de ses vers latins, quand ce vint à opiner sur *abominer*, dit : « Je l'aimerois mieux qu'*exécrer.* »

Des fous d'amoureux, en buvant à la santé de leurs maîtresses, se passèrent dans la *forcele* de l'estomac des rubans qu'ils en avoient eus. Un d'eux en mourut, la gangrène s'y étant mise; un autre en fut fort malade, car il eut un apostume épouvantable ; et si le chirurgien, en le soignant, n'eût aperçu un bout de ruban, on n'eût point su d'où venoit sa fièvre ; car il vouloit que ce ruban y demeurât, et cachoit son apostume. Le chirurgien tira le ruban sans en rien dire : le pus vint, et ce maître-fou fut guéri.

Un libraire de Saumur, nommé Lerpinière, tenoit des étrangers en pension. Un jour qu'il y avoit un lièvre à dîner, il voulut faire le goguenard; et, sur ce qu'un d'eux lui avoit demandé comment on prenoit

---

(1) Nicolas Bourbon, né en 1574, professeur de grec au Collége royal, Père de l'Oratoire, membre de l'Académie françoise en 1637, mourut à Paris en 1644. Il étoit petit-neveu d'un autre Nicolas Bourbon, poète latin dont on estime le poème de *la Forge* (*Ferraria*).

les lièvres en France, il lui dit qu'on semoit des fèves dures en certains endroits, et que, comme le lièvre vouloit les casser, il fermoit les yeux, et qu'en cet instant on le happoit. En disant cela, il les ferma ; l'étranger, qui vit qu'il se moquoit de lui, lui donna un bon soufflet qui fit bien ouvrir les yeux au libraire.

Un pauvre diable, avocat huguenot de Castres, nommé Merle, devint ici amoureux d'une gourgandine, qu'il épousa, disoit-il, pour la retirer du vice. Pour lui témoigner son amour, il mit les dix catégories en vers.

> La substance, la quantité,
> La relation, la qualité,
> Agir, patir (*languir sans cesse*),
> Où, quand (*finiront mes ennuis*)?
> Situation, avoir (*sont dix
> Justes témoins de ma détresse*).

Il disoit que ce qui étoit enclos de parenthèse étoit superflu. Il fit tenir un de ses enfants à M......(1), en lui disant : « Monsieur, on m'a dit que vous nour-« rissiez un merle (2), vous en nourrirez bien deux. » Il en fit tenir encore un au fils aîné, et un jour il leur mena ses enfants en leur disant : « Voilà les *fillaux* de « votre maison. » Une fois, il fit je ne sais quels vers, où le merle se mettoit sous la protection de l'aigle, son roi, son seigneur et son maître, à cause qu'il y avoit, disoit-il, un aigle dans leurs armes ; mais il se trompoit encore comme au rossignol, car ce sont des pigeons. Il laissoit toujours l'enseigne de son logis en

---

(1) Le nom biffé est entièrement illisible.

(2) C'étoit un rossignol. (T.)

grosses lettres : *Demeure de Merle, sieur de la Salle.*
Il disoit : « Je suis un pauvre gentilhomme, fils d'un
« procureur à la Chambre de l'édit de Castres. » Il se
mit en tête qu'il étoit de la maison de Marle, la meilleure de la robe, mais qui est faillie (1). « Mais pour-
« quoi vous appelez-vous *Merle?* — C'est, disoit-il,
« qu'en Champagne, d'où vient cette maison, on met
« un *a* pour un *e*, et on dit *Marle* au lieu de *Merle.* »

Un autre impertinent de Castres avoit fait des vers
à la Reine-mère, et il y avoit en un endroit :

Madame, vous avez trois uniques enfants,
Dont les uns sont petits et les autres sont grands.

En ce pays-là, un *enfant*, c'est un garçon.

Un conseiller-d'État, en mourant, défendit qu'on
mît la qualité de conseiller du Roi dans son billet
d'enterrement. « Il est si mal conseillé, dit-il, que
« j'aurois peur qu'on ne m'en demandât compte en
« l'autre monde. »

Les gueux qui demandoient sur le chemin de Charenton, ne demandoient jamais qu'au nom de Dieu et
de Notre Seigneur ; jamais au nom de la Vierge ni
des Saints.

M. Lumagne, banquier, disoit à sa femme, comme

(1) La maison de Marle étoit une des plus anciennes de la robe.
Henri de Marle, quatrième président du parlement en 1393, fut fait
chancelier de France en 1413. Cette famille est depuis long-temps
éteinte. (Voyez *les Présidents au mortier du Parlement de Paris*, par
Blanchard ; Paris, 1647 ; in-folio, p. 89.)

elle alloit à confesse : « Ma mie, ne manquez pas de
« vous confesser que vous en avez refusé à votre mari.
« — Hé! répondit-elle, monsieur Lumagne, vous en
« ai-je jamais refusé? »

M. de Gordes, capitaine des gardes, disoit à un
garde dont il avoit donné la charge, croyant qu'il
avoit été tué : « Ce n'est pas vous, vous êtes mort. »

Un paysan me disoit, parlant d'un de ses voisins qui
étoit mort : « Il y faudra bien tous venir. Mais ardez,
« monsieur, il y fera aussi bon dans cent ans qu'à
« cette heure. »

Carlincas, languedocien, qui a fait de si jolies épigrammes, et qui est mort capitaine en Hollande, vint
à Paris sans un sou, trouver son aîné qui étoit soldat
aux gardes. « Hé! lui dit l'aîné, que viens-tu faire ici?
« j'ai bien de la peine à vivre, je tire le diable par la
« queue, et tu me viens encore tomber sur les bras.
« — Est-il possible, dit Carlincas en pleurant, qu'un
« garçon qui n'a que dix-huit ans, et qui a de quoi
« plaire aux dames, ne trouve pas à gagner sa vie dans
« une ville comme Paris?.... »

Bauyn, conseiller au parlement, voyant que lui et
Perrot de la Malemaison étoient entrés en même jour à
la grand'chambre, se mit à lui en faire compliment.
« Je me réjouis, dit-il, qu'après avoir fait nos classes
« ensemble, soutenu ensemble un acte, étudié en droit,
« été reçus conseillers (1), et mariés en même temps,

(1) Jean Bauyn avoit été reçu conseiller au Parlement le 13 décem-

« nous soyons encore montés ensemble à la grand'-
« chambre, on peut dire de nous : *Arcades ambo.*
« — Bon pour vous et pour votre mulet », répondit
l'autre. Ce Perrot n'étoit pourtant pas un grand
personnage, mais il rencontra bien cette fois-là. Il
avoit un clerc à qui il demandoit : « Un tel, suis-je
« prêt pour ce procès ? » Ce clerc s'appelle Bessin. On
disoit : « Ce n'est pas un conseiller-clerc, mais c'est un
« clerc-conseiller que Bessin. »

Le curé de Pantin, à une lieue de Paris, pria les
marguilliers de sa paroisse de lui laisser faire l'inscription d'une verrière qu'ils avoient fait mettre à l'église, et, après y avoir rêvé long-temps, il fit ces
deux vers :

> Les marguilliers de Sainte-Marguerite (1)
> Ont fait bouter cette verrière icyte.

Un sergent qui jouoit fort mal au piquet, disoit à
ceux qui rioient de ses bévues : « C'est vous qui me
« faites faillir; je ne fais pas une faute quand personne
« ne me regarde. » Il n'avoit garde de les voir.

Une fois qu'il y avoit des comédiens espagnols à la
cour, une dame pria sérieusement mademoiselle de
Neufvic de l'avertir quand il faudroit rire.

Le cardinal Baronius empêcha qu'on ne fît pape le

---

bre 1597, et Christophe Perrot l'étoit depuis le mois d'août de la même
année. (Voyez le *Catalogue de tous les conseillers du Parlement de Paris*, par François Blanchard, à la suite des *Présidents au mortier*; Paris,
1647; in-folio, p. 111.)

(1) L'église est dédiée à cette sainte. (T.)

cardinal Tosco, en disant : « A Dieu ne plaise que je « donne ma voix à un homme qui a toujours à la « bouche le mot de *cazzo!* » Ce Tosco disoit après : « *Questi furfanti non han voluto far mi papa Cazzo,* « *ed han fatto un papa coglione.* » Son cocher, au sortir de là, lui ayant demandé où il vouloit aller : « *Al Fiume,* » répondit-il. On l'eût appelé *Cazzo primo.* Il dit à Paul V, qui le vouloit faire son vicaire : « *Santissimo Padre, non ho potuto esser vicario di* « *Pietro, non voglio esser vicario di Paolo.* »

Un ministre gascon, nommé Tournon, prêchant ici contre le purgatoire, dit « que c'étoit une *rôtisserie* « *d'âmes.* » Un autre, nommé d'Huisseau, disoit : « Or, comme le cerveau est la partie la plus éloignée « des *feces.* » Il vouloit dire *fœces* (1), en latin. Le peuple entendoit *fesses*, et des femmes me disoient : « Voilà un vilain homme, de parler de c.l en chaire. »

On appeloit Méreau et Briquet, l'un beau-frère, l'autre gendre de M. Bignon : *les martyrs de M. Bignon ;* car il leur fit prendre des charges d'avocat-général au grand conseil et au parlement, dont ils n'étoient point capables, et ils crevèrent tous deux à force de se tourmenter à étudier et à travailler.

Les jésuites, quand le prince de Conti fut mis dans leur collége, firent peindre feu M. le Prince couché, qui montroit du doigt une montagne éclairée, sur laquelle un ange tenoit le portrait du prince de Conti

(1) Ordures, souillures.

avec ces mots : *Claro lux addita monti*. Leur collége s'appelle le collége *de Clermont*. Ne voilà-t-il pas qui est beau !....

Un valet maltois, qui étoit à un chevalier de la suite de l'abbé de Retz, comme nous étions au palais Farnèse (1), à Rome, voyant qu'on nous disoit qu'un certain marmouset avoit été adoré par les païens, y alla dévotement faire toucher son chapelet.

Madame Sanquin, femme du maître-d'hôtel ordinaire de Henri I . le feu s'étant pris à sa chambre, jeta un grand miroir par la fenêtre, de peur qu'il ne fût brûlé.

On alloit pendre un Gascon et un Picard; le Picard pleuroit, le Gascon lui en faisoit honte. « Cela est bon,
« dit le Picard, pour vous autres Gascons qui avez ac-
« coutumé d'être pendus. »

Un Allemand, à la paume, demanda à boire; on lui donna de la bière : il en souffla l'écume, en disant que cela faisoit venir la gravelle.

Le fermier de madame de L'Estang (2) (en 1652) lui écrivoit : « Je n'ai pu tenir contre l'armée des
« Princes; car il y a une brèche à votre cour, comme
« vous savez. » Notez que c'est une maison plate.

Madame d'Usez, seconde femme de feu M. d'U-

(1) Tallemant fit avec son frère aîné et l'abbé de Retz un voyage en Italie, vers 1637. (Voyez le chapitre intitulé *les Amours de l'auteur*, précédemment, p. 81, et l'Historiette du *Cardinal de Retz*, tom. 4, p. 109 et suivantes.)
(2) Belle-sœur de Tallemant des Réaux.

sez [1], alla voir la Reine un peu après ses noces ; la Reine lui dit : « Eh bien, madame d'Usez, M. d'Usez « vous a-t-il donné de beaux habits? — Non, dit-elle, « madame, il ne m'a pas encore accoutrée. »

En un village d'Espagne, on condamna un tailleur à être pendu ; les habitants allèrent trouver le juge, et lui dirent : « Cela nous incommodera bien, car il n'y « a que ce tailleur. Laissez-le-nous, et, si c'est que vous « vouliez pendre quelqu'un, nous avons deux char- « rons, prenez lequel il vous plaira : ce sera assez d'un « de reste. »

Un Allemand disoit à un Italien : « *Non sum fœmi-* « *na, sed masculus. — Tanto melius,* » répondoit l'autre.

La veuve d'un chandelier avoit un garçon qui lui demanda en grâce qu'elle le laissât coucher au coin de son feu ; après il lui demanda permission de se mettre au pied du lit ; enfin, il se met dedans, et là, vous m'entendez bien. Elle faisoit semblant de dormir, puis quand elle sentit que c'étoit fait, elle dit : « Ah ! « méchant garçon. — Maîtresse, lui dit-il, ne vous « hobez ; ceu qui y est, y est ; Dieu y boute l'âme ! »

Le maréchal de Cossé, pour ne pas faire la guerre contre les huguenots, disoit : « Si Dieu est dans l'hos-

---

[1] Marguerite d'Apchier, fille unique et héritière de Christophe, comte d'Apchier, et de Marguerite de Flageac, seconde femme du duc d'Uzès, épousa François de Crussol, duc d'Uzès, après son père, par contrat du 28 septembre 1636.

« tie, ils ne l'en ôteront pas ; s'il n'y est point, nous ne
« l'y mettrons pas. »

Un bourreau vouloit quitter la ville d'Angers parce qu'on n'y faisoit point *d'œuvre délicate,* qu'on n'y faisoit que pendre.

Loyauté, avocat, disoit aux conseillers qu'il faisoit une compilation d'arrêts impertinents ; mais qu'il étoit accablé, qu'il en avoit déjà six volumes in-folio.

Deux avocats bègues plaidèrent à Angers devant le lieutenant particulier, qui étoit un rieur ; il les avertit l'un et l'autre de mieux prononcer ; ils n'en firent rien. Lui, pour se moquer d'eux, au lieu d'une sentence, dit : « Après qu'un tel a dit : *Babe, babe, babe,*
« et qu'un tel a dit *babe, babe,* etc., nous avons or-
« donné et ordonnons : *Babe, babe, babe.* » Il y eut procès pour cela : à Paris on n'en fit que rire.

Un autre lieutenant particulier du Châtelet avoit promis à un homme de lui donner surséance, sans intérêts, quoiqu'il eût passé une obligation ; il prononça donc comme il avoit promis. Le procureur lui cria : « Monsieur, je suis fondé en obligation. — Et moi, « dit-il, en *promesse.* »

Une femme, ayant été mise à la Bastille, crut que les prisonniers pouvoient épargner sur ce que le Roi payoit pour eux à M. Du Tremblay (1), et qu'ils ne

---

(1) Le Clerc du Tremblay, gouverneur de la Bastille sous Louis XIII. (Voyez *la Bastille dévoilée*; Paris, 1789 ; 3ᵉ livraison, p. 148.)

payoient que selon qu'ils mangeoient ; elle ne demandoit quasi que des œufs, et en sortant elle dit qu'elle vouloit parler à madame la geôlière pour compter avec elle.

Une huguenotte ayant à passer une grande cour au grand soleil, dit : « Il faut passer ce torrent de Cédron. » Une autre disoit : « Cette *zautaride* du Pont-Neuf, » pour cette *zone torride*.

On demandoit à un Saintongeois : « Est-ce toi ou ton frère qui est mort? — Ce n'est pas moi, dit-il ; mais j'ai été bien plus malade que lui. »

Il y avoit un impertinent à Chinon, qui avoit fait des harangues pour tous les accidents de la vie, et même pour la potence.

Bautru sauva je ne sais quel homme de la corde. « Monsieur, lui dit-il, je vous remercie. Ce n'est pas que le monde ne soit composé de gens qui sont pendus et de gens qui ne le sont pas. »

Du Haillan demanda un jour un bénéfice à Henri IV, et lui dit : « Sire, vous faites du bien à des traîtres, et n'en faites pas à vos véritables serviteurs. — Pardieu! dit le Roi en colère, je fais du bien à qui il me plaît. — Il est vrai, Sire, répliqua Du Haillan ; mais il vous doit plaire d'en faire à des gens comme moi. »

Philippe III dit au marquis de Sainte-Croix, à une

promenade : « *Cobrios, marquez di Santa-Cruz.* » Le marquis lui fait une grande révérence comme pour le remercier, quand le Roi ajouta : « *Porque il sol no le* « *haga mal* (1). »

Son fils, Philippe IV, avoit gagné je ne sais quelle Espagnole sans se faire connoître, en lui promettant une bague de cinq cents écus ; mais quand il fut près de conclure, il se découvrit. Elle, à l'instant, tire la bague de son doigt et la lui rend en disant : «*Assez vues-* » *tra maestad.* » Lui, pensant qu'elle croyoit être assez payée de l'honneur qu'il lui faisoit, la lui voulut remettre au doigt. « Non, non, dit-elle, puisque vous « êtes roi, vous paierez en roi ; il me faut dix mille « écus. » Et il n'en put rien avoir.

Un procureur, las de tous les interrogatoires que sa femme faisoit à une servante qu'elle vouloit prendre, en lui demandant : « Savez-vous faire ceci ? savez- « vous faire cela ? » dit : « Savez-vous f......? » La fille, qui ne savoit ce que cela vouloit dire, répondit : « Mon- « sieur, pour peu qu'on me le montre, je l'aurai bien- « tôt appris. »

Les Hollandois ayant pris Wesel, le curé pria le prince d'Orange qu'on le fît ministre du lieu. « Je suis « accoutumé, lui dit-il, à gouverner ce peuple ici, et « eux sont accoutumés à moi ; je les rendrai bons su- « jets des États. »

---

(1) Les grands d'Espagne se couvrent devant le Roi. Le marquis de Santa-Cruz avoit pensé qu'en lui disant de se couvrir, Philippe III le faisoit grand d'Espagne.

Ceux de Saint-Maixent, en Poitou, quand le feu Roi y passa, mirent une belle chemise blanche à un pendu qui étoit à leurs justices (1), à cause que c'étoit sur le chemin.

La femme du ministre Aubertin disoit de son mari, chez qui il y avoit souvent concert de musique, que de tous les instruments, il n'y en avoit point qu'elle aimât tant que la flûte de M. Aubertin. Il jouoit de la flûte douce.

Un apothicaire gascon écrivoit : « Je couche toutes « les nuits avec madame de Pranzac. » C'étoit une belle personne. Il vouloit dire qu'il couchoit dans la même chambre qu'elle.

Un maire de La Rochelle, nommé Fiefmignon, pour voir si une cuirasse étoit à l'épreuve, fut si sot que de se la mettre sur le corps, et de se faire tirer par son valet un grand coup de mousquet. Par bonheur, la cuirasse se trouva bonne ; mais le coup le porta par terre tout hors de lui.

Une mademoiselle Massane, fort jolie fille, un jour qu'on lui avoit dit qu'elle ordonnât à dîner, fit mettre un lapin au pot, et ma femme (2), à l'âge de treize ans, ordonna qu'on apportât un demi-bœuf de la boucherie.

(1) Aux fourches patibulaires.
(2) Elisabeth Rambouillet n'avoit que treize ans quand elle épousa Tallemant des Réaux, son cousin.

Le baron de Ville enlevoit avec quarante chevaux mademoiselle de Longueval (1), qui avoit pour toute défense sa tante, une suivante et un petit laquais : elle étoit en carrosse. Un des braves qui assistoient le baron lui vint demander avec grand empressement : « Monsieur, tuerons-nous d'abord? » Depuis on a pensé en faire enrager ce pauvre *nobilis*.

Un sot de Paris, nommé Mortfontaine-Hotteman, jouoit à un petit jeu où il faut dire la pensée de toute la compagnie, et n'ayant pas bien dit à sa fantaisie, s'écria : « Ah ! je suis un sot!... — Vous l'avez trouvé « cette fois-là ; vous avez dit la pensée de toute la com- « pagnie. »

Un homme que je n'avois jamais vu, en voyant marier des gens à Charenton, me dit : « Je serois bien « fâché d'être en leur place. — Haïssez-vous tant le « mariage? lui dis-je. — C'est, répliqua-t-il, que ma « femme seroit morte. »

Une bourgeoise, qui avoit un fils au collége des jésuites, lui disoit : « Seras-tu toujours dans ces *écuries?* » Elle vouloit dire *décuries*.

Le feu Roi d'Angleterre (2) aimoit fort M. de Bel-

---

(1) La *Revue rétrospective* (t. 5, p. 321, première série) a donné le récit, par mademoiselle Angélique de Longueval, fille de M. d'Harancourt, d'un enlèvement dont elle fut l'héroïne en 1632. Le ravisseur se nommoit La Corbinière. Est-ce cette même demoiselle de Longueval que le baron de Ville enleva plus tard? C'est ce qu'il nous est impossible de vérifier.

(2) Charles 1er.

lièvre, depuis premier président. Un jour il le mena promener, et voulut que tous ceux qui l'avoient accompagné en fussent, jusqu'à un valet de chambre. M. de Bellièvre, voyant que le Roi le vouloit absolument, ne lui dit point qui étoit cet homme. On alla quasi au galop, car les carrosses vont vite en ce pays-là. « Or çà, monsieur l'ambassadeur, dit le Roi, com-
« bien croyez-vous que nous ayons fait de chemin? —
« Trois milles, Sire. » Après, le Roi demanda à tout le monde, jusqu'à ce valet de chambre qui dit : « Ah!
« Sire, nous sommes bien à dix milles d'*ici*. »

Mario Frangipani, cadet et héritier de Pompeo, son frère, haïssoit toujours le pape et les cardinaux. Quelqu'un lui disoit : « Mais pourquoi haïssez-vous
« les cardinaux? — Je les hais si peu, dit-il, que je
« voudrois qu'ils fussent tous papes. »

Madame Cormel faisoit un jour des réprimandes à une gueuse qui traînoit deux ou trois petits enfants, de ce qu'elle ne se contenoit point, n'ayant pas de quoi se nourrir elle seule. « Que voulez-vous? lui répondit
« la pauvre femme, quand le pain nous manque, nous
« nous ruons sur la chair. »

Rotrou (1), le poète comique, ou tragique, ou tragi-comique, comme il vous plaira, cajoloit une fille à Dreux, sa patrie. Elle le recevoit assez mal. On lui dit : « Vous maltraitez bien cet homme : savez-

(1) Jean de Rotrou, né à Dreux en 1609, y mourut en 1650. Il a eu la gloire d'approcher de P. Corneille dans sa tragédie de *Venceslas*.

« vous bien qu'il vous immortalisera.—Lui? dit-elle.
« Ah! qu'il y vienne pour voir. »

Un laquais qu'on envoyoit dans la rue Dauphine, comme on lui demandoit s'il reviendroit bientôt : « C'est, répondit-il, selon les chansons qu'on chantera « sur le Pont-Neuf. »

Un laquais qu'on avoit envoyé d'une campagne à trois lieues de Paris, pour savoir à la ville des nouvelles de quelqu'un, fut deux ou trois jours en son voyage, et, arrivant comme on se réjouissoit à table, dès la porte, il se mit à crier : « *All' a dit comme cela : Il se porte un peu mieux.* » Il entendoit parler de la femme du malade.

Des porteurs de chaises disoient : « Regardez quel « embarras depuis qu'on joue *le Camard.* » Ils vouloient dire *Camma* (1) qu'on jouoit à l'Hôtel de Bourgogne.

---

(1) *Camma, reine de Galatie,* tragédie de Thomas Corneille, représentée en 1661. Cette pièce eut un grand succès. Ecoutons Loret :

> Un curieux assuré m'a
> Qu'hier la pièce de *Camma,*
> Sujet tiré des opuscules
> De Plutarque, auteur sans macules,
> Fut représenté à l'Hôtel,
> Avec un ravissement tel,
> Des judicieux qui la virent,
> Qui mille et mille biens en dirent,
> Qu'on n'avoit vu depuis long-temps
> Tant de rares esprits contents.....

Un intendant de Languedoc, dont la femme étoit morte dans Béziers, vouloit que la province la fît enterrer à ses dépens. Un député qu'on lui envoya lui dit que cela tireroit à conséquence. « Si c'étoit vous, « Monsieur, on le feroit volontiers. »

Un Languedocien, qui croyoit qu'on voloit à toutes heures sur le Pont-Neuf, y passant, se mit à courir de toute sa force, en tenant son chapeau à deux mains. Il trouva un homme du pays qui lui dit : « Qu'y a-t-il ? — J'ai passé, dit-il, et j'ai encore mon chapeau. » Un autre laissa sa montre à un de ses amis à Orléans, de peur qu'on ne la lui volât ici.

Boisset, le musicien, fut prié par Gombauld d'assister à la lecture d'une pièce de théâtre; il s'y ennuyoit terriblement, et quand un acte fut lu, il demanda à L'Estoile[1] : « Monsieur, y a-t-il bien des actes à une « pièce ? — Selon, dit L'Estoile, quelquefois onze, « quelquefois vingt-quatre. » Cela l'épouvanta. Il donna un tour de pilier [2] sans attendre davantage.

Un cocher, après avoir donné l'avoine à ses chevaux, ôtoit son chapeau, et disoit *Benedicite* tout du long.

> Tout de bon le cadet Corneille,
> Quoiqu'il ait fait mainte merveille
> Et maint ouvrage bien sensé,
> En celuy-cy s'est surpassé, etc.
>
> (*Muse historique*, 29 janvier 1661.)

[1] Claude de L'Estoile, poëte dramatique, membre de l'Académie françoise, mourut en 1652.

[2] Expression empruntée du manége; il fit une *volte* pour se retirer.

En Hollande, on fait payer la qualité et le bruit; ils demandent assez plaisamment quand il y a deux ou trois François : « Quel régiment est logé céans? » Une fois, M. de Vendôme, étant à cheval, s'arrêta sous la porte de l'hôtellerie, pour laisser passer une ondée. Il fallut payer le couvert et l'ordure que ses chevaux avoient faite sous la porte.

Morin, le fleuriste (c'est le jeune), est une espèce de philosophe; une fois qu'il étoit bien malade, son curé lui disoit : « Ramassez toutes vos peines et les of-
« frez à Dieu. — Je lui ferois là, dit-il, un beau pré-
« sent! »

Furetière soupoit dans une compagnie où il y avoit un chirurgien qui, voulant faire réchauffer un plat, le fit fondre, de façon qu'on eût dit d'un bassin de barbier. « Je me doutois bien, dit Furetière, que
« vous nous voudriez donner un plat de votre mé-
« tier. »

On disoit de madame d'Herbelay, femme d'un maître des requêtes, qu'elle faisoit bien d'être grande et forte, car elle portoit trente procureurs à son cou. Le premier président Le Jay lui avoit donné un collier dont les perles coûtoient mille livres pièce; c'étoit la finance des offices de procureur qu'il avoit eue.

Il y a au carrosse du premier président Pontac, à Bordeaux, quatre P entrelacés. On disoit que cela vouloit dire : « *Pauvres plaideurs, prenez pa-*
« *tience.* »

Un fou nommé Cyrano ⁽¹⁾ fit une pièce de théâtre, intitulée : *la Mort d'Agrippine*, où Séjanus disoit des choses horribles contre les dieux. La pièce étoit un pur galimatias. Sercy, qui l'imprima, dit à Boisrobert qu'il avoit vendu l'impression en moins de rien. « Je « m'en étonne, dit Boisrobert. — Ah ! Monsieur, re- « prit le libraire, il y a de belles impiétés. »

MADAME DE LANGEY.

Le marquis de Courtomer ⁽²⁾, qui fut tué à l'expédition du colonel Gassion, depuis maréchal de France, contre les Pieds-nuds ⁽³⁾, à Avranches, ne laissa qu'une fille, qui fut mariée fort jeune au fils unique d'un M. de Maimbray, homme de qualité du pays du Maine. Ce garçon s'appeloit Langey ⁽⁴⁾, du nom d'une terre. Il y avoit de grands procès dans la maison de cette héritière, à cause qu'elle avoit un oncle, cadet de feu son père, à qui la mère avoit fait tout l'avantage qu'elle avoit pu. Langey et l'oncle eurent donc

---

(1) Nicolas-Savinien Cyrano de Bergerac, né vers 1620, mourut en 1655. Il a composé divers ouvrages singuliers, où la hardiesse des pensées est voilée sous une forme facétieuse. Son *Histoire comique des états et empires de la lune*, l'*Histoire comique des états et empires du soleil*, son *Pédant joué*, ses Lettres, etc., etc., n'ont été imprimés qu'avec des retranchements considérables. Un manuscrit des *Etats de la lune* et du *Pédant joué* existe dans la bibliothèque de M. Monmerqué. Il contient des passages inédits qui ne sont pas sans quelque curiosité.

(2) Leur nom est Saint-Simon ; ils sont de Normandie. (T.)

(3) *Voyez* la note de la page 204 du tome 5.

(4) René de Courdouan, marquis de Langey, ou *Langeais*.

bien des choses à démêler. Au bout de trois ans, comme ils étoient à Rouen, sur le point de s'accommoder, il arriva du désordre entre le mari et la femme. Il l'accusoit d'être pour son oncle; cela venoit de ce qu'il ne vouloit point qu'elle eût trop de communication avec ses parents, pour les raisons qu'on verra ensuite. Cela fit du bruit. Elle en écrivit à madame Le Cocq, veuve du conseiller huguenot, sœur aînée de feue sa mère, et à M. Magdelaine, son grand-père maternel, afin qu'ils fissent tous leurs efforts pour les délivrer de la misère où elle étoit. Déjà le bonhomme et la tante s'étoient aperçus de la mauvaise humeur du cavalier.

Durant deux misérables campagnes qu'il fit, il n'avoit jamais voulu permettre à sa femme d'aller chez madame la marquise de La Caze, sa mère (1); au contraire, il l'avoit donnée en garde à madame de Maimbray. On avoit reconnu qu'il avoit mille bizarreries, et en une occasion, la jeune femme avoit lâché quelques paroles qui donnoient lieu de soupçonner qu'il étoit impuissant. Avec cela, il étoit horriblement jaloux; car ces sortes de gens-là savent bien que leurs femmes ne sauroient pires qu'eux. Il la vouloit jeter dans la dévotion; il lui lisoit et lui faisoit lire sans cesse la Sainte-Ecriture. On a vu de ses lettres; je ne crois pas qu'il y ait rien de si impertinent. Il ne fait que coudre des passages de la Bible, qu'il prend de travers, et il y en a une où il compare Courtomer, l'oncle de sa femme, à Julien l'Apostat. Ecrivant à son homme d'affaires, il mettoit au bas de la lettre : « Re-

---

(1) Remariée au marquis de La Caze, de la maison de Pons. (T.)

« tenez bien toutes les questions que je vous fais sur
« ces passages, et ayez bien soin de mes affaires. »
Il vouloit persuader à sa femme qu'une honnête femme
devoit avoir les mêmes goûts que son mari, et ne devoit manger que de ce qu'il mangeoit. Un jour il lui
proposa de se renfermer dans un appartement de
Courtomer, et d'y faire faire un trou par lequel on
leur donneroit les choses nécessaires, afin de ne se plus
quitter du tout.

Cela me fait souvenir d'un receveur des tailles du
Mans, nommé Saint-Fucien, qui rendoit des lave-
mens dans son lit, étant couché avec sa femme, et disoit que si elle l'aimoit bien, elle ne trouveroit point
que cela sentît mauvais. Il étoit aussi impuissant, et
quand un de ses juges lui demanda pourquoi il s'étoit
marié, étant en cet état-là : « Monsieur, répondit-il
« naïvement, le jubilé étoit proche et je croyois qu'à
« force de prier Dieu, cela reviendroit. » Il fut pourtant démarié.

En un voyage que Langey fit ensuite à la campagne
chez le bonhomme Magdelaine, ancien conseiller huguenot (1), on fit avouer à sa femme qu'il n'avoit point
consommé, et on prit ses mesures pour la faire venir
à Paris sans lui.

Pour cela, sous prétexte qu'il n'étoit pas trop bien
avec le bonhomme, et que pourtant ses affaires requé-
roient qu'il vînt à Paris, madame Le Cocq lui proposa
d'y envoyer sa femme; il y consentit. Elle parut bien
dissimulée en cette rencontre; car, après avoir bien

---

(1) Jacques Magdelaine, reçu conseiller au Parlement, le 23 janvier
1615. (Voyez *Blanchard*, au lieu déjà cité, page 118.)

fait des façons pour le quitter, comme elle étoit déjà montée en carrosse, elle remonte, va encore l'embrasser, et lui dire qu'elle ne pouvoit se résoudre à le laisser, etc. Depuis, jusqu'au jour où il reçut l'exploit, elle lui écrivit les lettres les plus tendres du monde, et ici sa tante la mena au Cours et aux noces. Peut-être eût-il été mieux de ne point faire tout cela. L'exploit le surprit, comme vous pouvez le penser; il vient à Paris, demande à la voir; on le lui refuse. Il y envoie M. du Mans (*Lavardin*), son parent, qui dit tout ce qu'il y avoit à dire là-dessus, et offrit le congrès (1) en particulier, mais en vain; le ministre Gasches offre la même chose, on passe outre.

M. Magdelaine, qui n'est habile homme que par routine, ne daigne pas s'informer comment il y falloit agir; il se fie à ce que sa petite-fille lui dit que Langey n'étoit point son mari, et il oublie d'exposer dans la requête qu'en quatre ans que cet homme a été avec elle, il n'a eu que trop de temps pour la mettre en état, d'une manière ou d'une autre, de ne passer plus pour fille. Après elle offre de se laisser visiter, et on fit pour elle un *factum* si sale, que depuis on a trouvé à propos de le désavouer.

Après bien des procédures, on en vint à la visite chez le lieutenant civil, à cause que les parties étoient de la religion. Madame Le Cocq, pour s'excuser, dit qu'elle avoit vu le procès-verbal de la visite de mademoiselle de Soubise (2), aussi huguenotte, et qu'il y

---

(1) C'est peut-être la première fois que l'on trouve la mention d'un *congrès* extrajudiciaire.

(2) Catherine de Parthenay, demoiselle de Soubise, âgée de douze ou treize ans, épousa, le 20 juin 1568, Charles de Quellence, baron du Pont.

avoit douze experts, au lieu qu'à l'ordinaire il n'y en a que quatre tout au plus ; « mais n'en nommer que « deux de chaque côté, disoit-elle, ce petit nombre se « peut corrompre aisément ; il en faut quatre, puis la « cour en nomme d'office. » Il y en eut donc douze entre lesquels il y avoit deux matrones.

Langey est bien fait et de bonne mine. Madame de Franquetot-Carcabu, en le voyant au Cours, dit : « Hé-« las ! à qui se fiera-t-on désormais ? » Cela donnoit de mauvaises impressions contre la demoiselle. Je ne sais combien de harengères et autres femmes étoient à la porte du lieutenant civil, et dirent en voyant Langey : « Hélas ! plût à Dieu que j'eusse un mari « fait comme cela ! » Pour elles, elles lui chantèrent pouille. La visite lui fut fort désavantageuse, car on ne la trouva point entière (1), et, après avoir été tâtée, regardée de tous les côtés, par tant de gens et si long-temps, car cela dura deux heures, donna une si grande indignation à tout le sexe, que, depuis ce temps jusqu'au congrès, toutes les femmes furent pour Langey ; d'ailleurs, il ne disoit rien contre elle. Il se mit en ce temps-là beaucoup plus dans le monde qu'il n'avoit jamais fait, et on disoit que cette affaire lui

---

(Voyez la *Relation de ce qui s'est passé au sujet de la dissolution du mariage de Charles de Quellence*, etc., à la suite du *Traité de la dissolution du mariage pour cause d'impuissance*; Luxembourg, 1735, in-8º; ouvrage anonyme du président Bouhier.) Le procès-verbal dont arguoit madame Le Cocq ne s'y trouve pas. La nullité du mariage fut prononcée, et le procès étoit pendant sur l'appel, quand le baron du Pont fut assassiné à la Saint-Barthélemy.

(1) Renevilliers-Galand, alors conseiller au Châtelet, disoit : « On ne « peut pas dire que Langey, durant ces quatre ans, n'a pas fait œuvre « de ses dix doigts. » (T.)

avoit donné de l'esprit. S'il en eût eu, il lui étoit bien aisé de garder sa femme toute sa vie ; il n'avoit qu'à avouer, voyant la visite si désavantageuse pour elle, qu'il s'étoit fatigué par les excès qu'il avoit faits avec elle. Au lieu de cela, il demanda le congrès. Tout le monde pourtant s'étonnoit de son audace, car il n'y avoit qui que ce fût qui pût dire : « Je l'ai vu en « état. » On doutoit fort de sa vigueur. Le seul ministre Gache et le médecin L'Aimenon, qui est à M. de Longueville, soutenoient qu'il étoit comme il falloit; l'un se fioit à ce qu'il étoit trop craignant Dieu pour mentir, et l'autre disoit qu'il étoit de trop bonne race du côté de père et de mère. Menjot, le médecin, disoit plaisamment qu'ils étoient les deux c........ de Langey : M. L'Aimenon le droit, et M. Gache le gauche.

Madame de Lavardin et madame de Sévigny (1), amies du lieutenant civil (2), étoient en carrosse à deux portes de là, où il les alla trouver; après, on les entendoit rire du bout de la rue. On prétendit que le lieutenant civil avoit été favorable à Langey, à cause de madame de Lavardin.

Il y eut bien des procédures pour cela, qui firent durer la chose près de deux ans ; on ne parloit que de cela partout Paris. Je me souviens que, sur le rapport, des femmes disoient : « Jésus ! on disoit qu'elle étoit si « bien faite ! Regardez ce qu'en disent ces gens-là. » Elle est bien faite pourtant. Les femmes s'accoutumèrent insensiblement à ce mot de *congrès*, et on disoit des ordures dans toutes les ruelles. Une parente de la

(1) Marie de Rabutin de Chantal, marquise de Sévigny ou *Sévigné*; l'usage de ce dernier nom avoit prévalu.

(2) M. Le Camus.

dame dit un jour en visite, parlant de Langey : « On
« a trouvé la partie bien formée, mais point *animée*. »
Madame Le Cocq, au lieu d'ôter sa fille, la laissa coucher avec madame de Langey. Je pense qu'elle y aura
appris de belles choses. Il est vrai qu'elle l'ôta quand
on en vint au congrès ; mais il étoit bien temps. On
en fit des vers, méchants à la vérité, mais qui disoient
bien des saletés. Les vaudevilles ne chantoient autre
chose, et madame Le Cocq alloit débitant tout ce
qu'elle savoit là-dessus, car c'est la plus grande parleuse de France ; les paroles sortent de sa bouche
comme les gens sortent du sermon (1). On l'appeloit,
lui, *le marquis du Congrès*. Il avoit le portrait de sa
femme, et montroit partout de ses lettres. Un jour
qu'il disoit à madame de Gondran : « Madame, j'ai la
« plus grande ardeur du monde pour elle. — Hé !
« monsieur, gardez-la pour un certain jour, cette
« grande ardeur. » Madame de Sévigny lui dit un peu
gaillardement : « Pour vous, votre procès est dans
« vos chausses. » Madame d'Olonne un jour disoit :
« J'aimerois autant être condamnée au congrès. »

C'étoit une plaisante rencontre que madame de
Langey logeât dans la rue de Seine, du même côté de
l'hôtel de Liancourt (2) et du logis de madame de
Guébriant, et en égale distance de l'un et de l'autre ;
elles étoient toutes trois sur une ligne. Madame la
marquise de Rambouillet disoit à propos de cela : « Je

---

(1) Cela paroît signifier que les paroles sortent de sa bouche sans choix
et sans discernement, ou bien toutes à la fois.

(2) L'hôtel de La Rochefoucauld-Liancourt a été abattu il y a quelques années ; la rue des Beaux-Arts a été construite sur son emplacement.

« ne désespère pas que cette madame de Langey ne
« soit un jour dame d'honneur de quelque reine, puis-
« que madame de Guébriant la doit être de la Reine
« à venir (1). »

Cette madame de Langey ne témoigna pas beaucoup de cœur, car, dans une rencontre qui eût mis une autre personne au désespoir, elle jouoit aux épingles avec sa cousine Le Cocq, et n'a pas paru extrêmement touchée de toutes les indignités qu'on lui a fait souffrir. Les juges de l'édit étoient assez mal satisfaits d'elle, et si Langey n'eut point été si sot que de demander le congrès, elle eût été bien empêchée. Il ne tint qu'à lui de s'accommoder assez avantageusement. Pour peu qu'il y eût eu de galanterie du côté de madame de Langey, elle étoit perdue, car même on ne trouva pas bon qu'elle fût allée en cachette, chez un des parents de sa tante, voir un feu d'artifice sur l'eau ; il est vrai que c'étoit au sortir de chez le rapporteur, où Langey avoit permission de lui parler durant trois jours. Le père et la mère de Langey vinrent ici exprès pour le faire résoudre à s'accommoder ; ils n'en purent jamais venir à bout. On n'a jamais vu un tel esprit d'étourdissement.

Cependant sa maison est ruinée de cette belle affaire, car il n'est pas la moitié si riche qu'on le faisoit, et le bonhomme Magdelaine et madame Le Cocq se fièrent sottement à un Normand, leur voisin, qui les

---

(1) Madame de Liancourt avoit contracté avec le comte de Brissac un premier mariage, qu'elle parvint à faire déclarer nul, sous prétexte d'impuissance. (Voyez les *Mémoires de Tallemant*, t. 3, p. 304.) Quant à madame de Guébriant, elle avoit aussi été *démariée* d'avec un homme de qualité, nommé Des Spy ou Chepy. (*Ibid.*, p. 181.)

trompa, ou du moins fut trompé lui-même en les trompant.

Le jour qu'on ordonna le congrès, Langey crioit victoire; vous eussiez dit qu'il étoit déjà dedans : on n'a jamais vu tant de fanfaronnades. Mais il y eut bien des mystères avant que d'en venir là. Il fit ordonner qu'on la baigneroit auparavant; c'étoit pour rendre inutiles les restringents, et qu'elle auroit les cheveux épars, de peur de quelque caractère (1) dans sa coiffure. Faute d'autre lieu, on prit la maison d'un baigneur au faubourg Saint-Antoine.

La veille, lui et elle furent encore visités par quinze personnes, et, le jour, je pense qu'il avoit aposté de la canaille, la plupart des femmes, au coin de la rue de Seine, qui dirent quelques injures à la patiente. Plusieurs fois, il en a fait dire à madame Le Cocq, au Palais. Elle y alla bien accompagnée, et les laquais disoient à ceux qui demandoient qui c'étoit : « C'est « M. le duc de Congrès. » Elle étoit fort résolue en y allant, et dit à sa tante, qui demeura : « Soyez assu- « rée que je reviendrai victorieuse; je sais bien à qui « j'ai affaire. » Là, il lui tint toute la rigueur, jusqu'à ne vouloir pas souffrir, quand on la coucha, qu'on la coiffât d'une cornette que deux femmes des parentes de son grand-père avoient apportées; il en fallut prendre une de celles de la femme du baigneur. En s'allant mettre au lit, il dit : « Apportez-moi deux « œufs frais, que je lui fasse un garçon tout du pre- « mier coup. » Mais il n'eut pas la moindre émotion où il falloit; il sua pourtant à changer deux fois de

---

(1) Quelques caractères magiques, quelques prétendus talismans.

chemise : les drogues qu'il avoit prises l'échauffoient. De rage, il se mit à prier. « Vous n'êtes pas ici pour « cela, » lui dit-elle ; et elle lui fit reproche de la dureté qu'il avoit eue pour elle, lui qui savoit bien qu'il n'étoit point capable du mariage. Or, il y avoit là entre les matrones une vieille madame Pezé, âgée de quatre-vingts ans, nommée d'office, qui fit cent folies ; elle alloit de temps en temps voir en quel état il étoit, et revenoit dire aux experts : « C'est grand'pitié ; il ne « *nature* point. » Le temps expiré, on le fit sortir du lit : « Je suis ruiné, » s'écria-t-il en se levant. Ses gens n'osoient lever les yeux, et la plupart s'en allèrent. Au retour de là, un laquais contoit naïvement à un autre : « Il n'a jamais pu se mettre *en humeur*. Pour « mademoiselle de Courtomer, elle étoit en chaleur ; « il n'a pas tenu à elle. »

L'hiver suivant, il arriva une chose quasi semblable à Reims : la femme, par grâce, accorda au mari toute une nuit. Les experts étoient auprès du feu ; ce pauvre homme se crevoit de noix confites. A tout bout de champ, il disoit : « Venez, venez ; » mais on trouvoit toujours blanque (1). La femelle rioit et disoit : « Ne « vous hâtez pas tant, je le connois bien. » Ces experts disent qu'ils n'ont jamais tant ri, ni moins dormi que cette nuit-là.

Le lendemain qui étoit la cène de septembre à Charenton, on ne fit que parler de l'aventure de Langey. Jamais on n'a dit tant d'ordures le jour de mardi gras. Le ministre Gache étoit si confus que vous eus-

---

(1) *Trouver blanque*, c'est ne pas trouver ce qu'on cherche. Cette expression est empruntée de la loterie, où tirer un billet blanc, c'est avoir perdu son argent. (*Dict. de Trévoux*.)

siez dit que c'étoit à lui que cela étoit arrivé. Jusque là, quand il marioit quelqu'un, il se tournoit vers le bonhomme Magdelaine, à l'endroit où il y a : *Donc, ce que Dieu a joint, que l'homme ne le sépare point*, et crioit à haute voix. Depuis, il a lu cela comme le reste. Les femmes qui avoient été pour Langey étoient déferrées : « C'est un vilain, disoient-elles, n'en par-
« lons plus. »

Dès le lundi, une infinité de gens allèrent se réjouir chez madame Le Coq ; elle leur dit une bonne chose : « Excusez ma nièce, leur disoit-elle ; elle est si fati-
« guée qu'elle n'a pu descendre. » Langey ne laissa pas de présenter encore requête, disant qu'il avoit été ensorcelé, qu'on l'avoit bassiné d'une autre eau qu'elle. Cela fut cause qu'on ne put avoir arrêt à ce parlement-là. On fit un couplet de chanson à l'imitation de celle du maréchal *Lampon*, où il y avoit :

>Monsieur Daillé [1], ouvrez-moi votre porte ;
>Je n'en puis plus, la douleur me transporte ;
>Je suis Langey, qui viens faire retraite,
>   Je suis Langey,
>   Qui reviens du Congrès.

Depuis la Saint-Martin jusqu'à ce qu'il y eût eu arrêt, il alla partout à son ordinaire, et tout le monde en étoit embarrassé. Il y eut arrêt au commencement de février [2], par lequel il fut condamné à restituer tous les fruits, et, pour dépens, dommages et intérêts, à ne rien demander pour la pension de la demoiselle

---

[1] Un ministre. (T.)
[2] L'arrêt est du 8 février 1659.

qui avoit été quatre ans avec lui. Il s'avisa de dire qu'il avoit gagné, et qu'il étoit délivré d'une vilaine. Il n'eut pourtant plus de carrosse; car je crois qu'il ne trouve plus d'argent. Ce procès lui coûte étrangement. Après cela, il eut l'effronterie d'aller au bal; on le pria par malice à danser; ce fut une huée étrange. Il ne sentit point tout cela, et il dansa encore une autre fois qu'on le reprit (1). Il vouloit même donner les violons à la Motte-Argencourt (2), si la mère l'eût voulu souffrir. On dit qu'il en est amoureux. Durant son procès, il le fut un peu de mademoiselle de Marivaux, et Cauvisson (3), qui veut épouser cette fille, en eut de la jalousie. Il n'y a pas long-temps que le bruit courut qu'il épousoit mademoiselle d'Aumale (4), puis on le dit bien davantage de mademoiselle d'Haucourt (5),

(1) La danseuse choisissoit alors son cavalier.

(2) Louis XIV adressa quelques hommages à mademoiselle de La Motte-Argencourt. Mais il ne peut être ici question d'elle, car, n'ayant pu conserver son royal amant, elle se retira aux Filles de Sainte-Marie de Chaillot, où elle est morte. (Voyez les *Mémoires de madame de Motteville*, deuxième série de la *Collection des Mémoires relatifs à l'Histoire de France*, t. 39, p. 401.) Peut-être Tallemant a-t-il voulu parler de mademoiselle de La Motte-Houdancourt, qui a souvent été confondue avec mademoiselle de La Motte-Argencourt.

(3) Jean-Louis de Louet, marquis de Calvisson, lieutenant de roi au gouvernement de Languedoc, épousa, le 17 février 1661, Anne-Madeleine de Lisle, fille du marquis de Marivaux.

(4) Suzanne d'Aumale, dame d'Haucourt, fille de Daniel d'Aumale, seigneur d'Haucourt, épousa depuis le maréchal de Schomberg. Son nom de *précieuse* étoit *Dorinice*. Voici son article tiré de leur *Dictionnaire* : « Dorinice est une précieuse de grand esprit et de grande nais-
« sance; cette fille voit le grand monde et écrit fort bien en vers et en
« prose. » (Voyez le *Grand Dictionnaire des précieuses* et sa *Clef*, par le sieur de Saumaize; Paris, 1661, t. 1er, p. 140.)

(5) Sœur aînée de mademoiselle d'Aumale.

sa sœur, et on faisoit dire à ce fat : « Au moins, sage
« et dévote comme elle est, quand elle aura des en-
« fants, on ne dira pas que ce sera d'un autre que de
« moi. » Voici d'où est venu ce bruit-là : quand M. de
Lillebonne épousa feu mademoiselle d'Estrées [1],
qui étoit précieuse, on dit de lui comme de Grignan,
quand il épousa mademoiselle de Rambouillet, un
des originaux des Précieuses [2], qu'il avoit fait de
grands exploits la nuit de leurs noces. Madame de
Montausier écrivit à sa sœur, en Provence : « On fait
« des médisances de madame de Lillebonne comme
« de vous. » Madame de Grignan répondit que, pour
remettre les *précieuses* en réputation, elle ne savoit
plus qu'un moyen, c'étoit que mademoiselle d'Aumale épousât Langey. Cela se répandit par la ville,
et à tel point, qu'un conseiller des amis de l'aînée (car
comme on trouva cela plus sortable, on le dit bien plus
affirmativement), alla trouver cette dernière, et lui dit
que pour l'amour d'elle, si elle le vouloit, il feroit
ôter de l'arrêt la défense de se marier. Madame de
Courcelles-Marguenat, comme on disoit qu'il devoit
épouser une veuve, dit : « Hé ! il y a tant de filles qui
« naissent veuves. » Deux ou trois mois après son arrêt, madame de Langey s'en alla en Normandie.

Or, depuis cela, quelque folâtre s'avisa de faire un
almanach, où il y avoit une espèce de forgeron gro-

---

[1] Christine d'Estrées, fille du maréchal, avoit épousé, le 3 septembre 1658, François-Marie de Lorraine, comte de Lillebonne. Elle mourut le 18 décembre suivant.

[2] Le comte de Grignan, qui fut depuis le gendre de madame de Sévigné, avoit épousé, le 27 avril 1658, mademoiselle de Rambouillet. (*Voyez* plus haut, t. 2, p. 362 de ces *Mémoires*.)

tesquement habillé, qui tenoit avec des tenailles une tête de femme, et la redressoit avec son marteau. Son nom étoit *L'eusses-tu-cru*, et sa qualité, *médecin céphalique*, voulant dire que c'est une chose qu'on ne croyoit pas qui pût jamais arriver que de redresser la tête d'une femme. Pour ornement, il y a un âne mené par un singe, chargé de têtes de femmes ; il en arrive par eau et par terre, de tous côtés. Cela a fait faire des farces, des ballets et mille folies. On dit qu'il falloit faire un autre almanach, où seroient Vardes, Riberpré et Langey, et au bas *L'eusses-tu-cru*. Ce sont deux hommes mariés, aussi bien faits qu'il y en ait à la cour, mais qui ne passoient pas pour trop bons compagnons ; quant au deuxième, on dit que c'est d'un coup de pique en une de ses parties nobles d'en bas. Pour le premier, nous en parlerons ailleurs, et de sa femme aussi (1).

(1) On fit alors une multitude de caricatures sur *Lustucru*. Celle que Tallemant a décrite est au cabinet des estampes de la Bibliothèque du Roi, au volume 2133, p. 58. Elle est répétée dans le *Recueil des plus illustres proverbes*, n° 2239 du même cabinet. On lit au bas : « *Céans M. Lustucru a un secret admirable qu'il a apporté de Madagascar, pour reforger et repolir, sans faire mal ni douleur, les testes des femmes acariastres, bigeardes, criardes, diablesses, enragées, fantasques, glorieuses, hargneuses, insupportables, lunatiques, meschantes, noiseuses, obstinées, pie-grièches, revesches, sottes, testues, volontaires et qui ont d'autres incommodités, le tout à prix raisonnable, aux riches pour de l'argent, et aux pauvres gratis*. On voit à la page 24 du volume 2133, *l'Illustre Lustucru en son tribunal ;* des maris viennent de toutes les parties du monde le remercier et lui offrir des présents en reconnoissance des services qu'il leur a rendus. Au *Recueil des plus illustres proverbes*, n° 69, on voit *le massacre de Lustucru par les femmes*. Ces dernières ne se contentèrent pas de cette vengeance. On trouve au volume 2133, page 83, *l'Invention des femmes qui font ôter la méchanceté de la tête de leurs maris*.

Au bout d'un an et demi, Langey prit des lettres en forme de requête civile, pour faire ôter de l'arrêt la défense de se marier ; mais M. le chancelier le rebuta, en disant : « A-t-il *recouvré de nouvelles* « *pièces?* »

Depuis la mort de sa grand'mère de Teligny, il se fait appeler *le marquis de Teligny* ; mais il ne laisse pas d'être *Langey* pour cela.

Au bout de quelques mois pourtant, Langey ne laissa pas de trouver qui le voulut ; il épousa une fille de trente ans, huguenotte, nommée mademoiselle de Saint-Geniez, sœur de M. le duc de Navailles. Il prit là une étrange poulette. Voici ce que j'en ai ouï dire à Tallemant, maître des requêtes. Comme il étoit intendant en Guienne, la goutte et la fièvre le prirent à Saint-Sever en Limosin. On n'entroit point dans sa chambre, lorsqu'un prêtre essoufflé vint prier madame Tallemant de le faire parler à M. l'intendant, et qu'il y alloit de la vie de deux hommes ; elle le fait entrer. C'étoit qu'une vieille tante du duc, ne pouvant avoir sa légitime, s'étoit emparée du château où, mademoiselle de Saint-Geniez, l'ayant forcée, l'avoit mise en prison dans une chambre où il n'y avoit que les quatre murs, sans pain ni eau, et avoit enfermé deux gentilshommes de son parti, dans une armoire qui étoit dans le mur, où l'on a accoutumé en ce pays de mettre du salé ; et ces trois personnes, depuis deux fois vingt-quatre-heures, n'avoient ni bu ni mangé. L'intendant les envoya délivrer. Il y a apparence qu'elle salera Langey.

Pour mademoiselle de Courtomer, voici comme la chose s'est passée. Courtomer, son oncle, comme très-proche parent de Boesse, arrière-petit-fils du feu duc de La Force, et que la duché regarde, jeta les yeux sur ce jeune homme ou plutôt sur ce jeune sot, et en dit quelque chose à sa nièce. En passant, elle s'étoit retirée chez lui en Normandie. Elle, sans lui répondre, trouve moyen d'écrire à Boesse, et l'engage à la venir voir chez son oncle. Il y alla avec vingt-deux, tant chevaux que mulets, et y fut un mois, de quoi le Normand enrageoit. Il se déclara à l'oncle qui en parla à la fille. Elle l'accepta. Il s'en retourna et revint avec des instructions que son grand-père Castelnau et ceux de sa cabale lui avoient données; pour M. de La Force, M. et madame de.... (1), ils n'y ont point consenti. Dans ces instructions il y avoit un article fort désavantageux pour l'oncle et pour la nièce; Courtomer ne le voulut point passer. Elle, voyant cela, sort de chez lui de fort mauvaise grâce, et, sans lui rien reconnoître pour sa nourriture, elle alla se marier chez madame de Beuseville, dont la fille étoit sa confidente. Elle se ruinera.

Madame de Langey a déjà eu un enfant, le mari en a triomphé à la province et ici; beaucoup de gens doutent qu'il lui appartienne. Il faut donc qu'il soit supposé, ou qu'un je ne sais qui en soit le père, car la dame est maigre, vieille et noire. Présentement, elle et son mari sont à Paris; elle est encore grosse, et dit que, pour la première fois, elle en a été bien aise, mais que, pour celle-ci, elle s'en seroit bien passée, et madame de Boesse ne devient point grosse.

J'ai vu Langey à Charenton faire baptiser son se-

(1) Nom illisible au manuscrit.

cond enfant, car il a fils et fille ; jamais homme ne fut si aise, il triomphoit. D'autre côté, on dit que sa première femme a aussi fait un enfant ; on ne médit point de sa seconde, et elle n'est brin jolie. Le temps découvrira peut-être tous ces mystères ; j'espère qu'un de ces matins le cavalier présentera requête pour faire défense à l'avenir d'appeler les impuissants *Langeys*. On dit que mademoiselle Des Jardins (1), pour s'éclaircir de la vérité, lui offrit le *congrès*. Elle est fille à cela ; elle en a bien fait pis ensuite.

Madame de Boesse est morte fort jeune, elle n'avoit que trente ans ; elle a laissé trois filles. Son mari l'estimoit ; ce n'étoit nullement une coquette.

Quand Langey eut des enfants, il s'en vantoit sans cesse. Un jour qu'il les montroit, Bensserade lui dit : « Moi, monsieur, je n'ai jamais douté que mademoi- « selle de Navailles ne fût capable d'engendrer. »

(1) Marie-Hortense Des Jardins, dame de Villedieu. (*Voyez* ci-après son Historiette qui est la dernière de ces *Mémoires*.)

MARIGNY MALENÖE.

C'est un gentilhomme de Bretagne, qui épousa la sœur de M. de La Feuillée du Belay, belle fille, dont il devint amoureux. Au bout de quelque temps, la jalousie le prit, à ce qu'on dit, avec quelque fondement. Un beau matin, il dit à sa femme : « Vous n'ê-
« tes point bonne cavalière; il faudroit que vous vous
« accoutumassiez à aller à cheval. Venez-vous-en avec
« moi visiter de nos amis et de nos parents. » Ils montent tous deux à cheval ; alors les carrosses n'étoient pas si communs qu'à cette heure. Il la mène assez loin, puis lui dit : « Écoutez, mon dessein est d'aller jus-
« qu'à Rome, et de vous y mener. — J'irai partout
« où vous voudrez, » répondit-elle. Quand ils furent en Italie, Marigny lui déclare froidement que son intention étoit de la faire mourir. Cette femme, quoiqu'elle n'eût que vingt-deux ans, lui répondit froidement : « J'aime autant mourir ici qu'en France, et au-
« tant dans huit jours que dans cinquante ans » (car on n'a jamais vu un couple de gens si extraordinaires).
« — Bien, lui dit-il ; venez. De quel genre de mort
« voulez-vous mourir? » Ils furent quelques jours à en parler aussi froidement que si c'eût été simplement pour s'entretenir. Enfin elle choisit le poison. Il lui en apprête, et le lui présente dans une coupe. Elle le prend délibérément ; et, comme elle l'alloit avaler, il lui retint le bras. « Allez, lui dit-il, je vous donne

« la vie ; vous méritez de vivre, puisque vous aviez le
« courage de mourir si constamment. Désormais, je
« vous veux donner liberté tout entière ; vous ferez
« tout ce que vous voudrez de votre côté, et moi du
« mien. » Ils se le promirent réciproquement, et revinrent les meilleurs amis du monde ensemble. Depuis, il ne s'est point tourmenté de ce qu'elle faisoit, et elle, quand elle savoit qu'il avoit quelque amourette, elle l'y servoit. Ils n'ont eu qu'une fille qui, voyant qu'ils ne songeoient point à la marier, et qu'on la vouloit tenir toute sa vie en religion, en sortit, et se maria à l'âge de trente-quatre ans sans leur consentement. Le gendre, car la coutume de Bretagne rend le mariage d'une fille responsable des dettes de la famille, même contractées depuis, voulut les faire interdire. Ils firent évoquer à Paris sur parentés, et ici ils gagnèrent leur procès ; et, de peur d'accident, ils vendirent Marigny et Malenoe, dont ils firent cinquante mille écus, toutes dettes payées. Il en donna la moitié à sa femme, et garda l'autre pour lui. Il est souvent en Bretagne, où il a le gouvernement du Port-Louis. Elle ne fait que jouer à Paris, où elle demeure toujours. Depuis quelques années, elle a eu une grande maladie. L'hiver passé, elle fut abandonnée des médecins ; cependant sa chambre étoit pleine de monde à l'ordinaire : elle étoit aussi tranquille que si elle eût été en parfaite santé ; seulement, de temps en temps, elle disoit : « Faites-moi venir M. de La
« Milletière ; il parle de Dieu si gentiment ! » Elle en est revenue.

Son mari avoit, il y a quelque temps, une petite fillette assez jolie ; il la laissa ici, et alla faire un tour en Bretagne. Girardin fit connoissance avec elle, et la mit en chambre. Il en eut avis; il le fut trouver, et lui dit : « Si dans quatre jours vous ne me la rendez, « je vous irai poignarder. » L'autre nia. « Prenez-y « garde! » Deux jours après, il lui dit : « Monsieur, « je vous viens avertir que, des quatre jours, il n'en « reste plus que trois. Prenez garde à vous; informez-« vous quel homme je suis. » Ma foi, Girardin eut peur, car déjà il avoit des gens à ses trousses; il lui alla dire un matin qu'il la lui rendoit de bon cœur. « Ah! « lui dit-il, vous voilà réduit; je ne voulois que cela. « Je vous la rends : une autre fois, usez-en plus civi-« lement. » Après, ils firent amitié ensemble. C'est une espèce de philosophe cynique; il ne joue point.

PETIT-PUIS.

Petit-Puis est fils d'un boulanger de Chinon ; il épousa une fille de la ville qui avoit un peu plus de bien que lui, et, avec treize mille écus que fit toute leur chevance, il acheta la charge de prévôt de l'Ile-de-France, de la moitié de laquelle il n'y a que deux ans que Gourville lui donnoit cent mille livres. Aujourd'hui (1660), comme toutes les charges sont enchéries, il en auroit davantage. C'est un original que cet homme. Après quelques années de son mariage, il devint amoureux de la fille d'un éperonnier de Chinon; il la prit chez lui, chassa sa femme, dont il n'avoit point d'enfants, et éleva ceux de celle-ci comme s'ils eussent été légitimes. Ils sont grands à cette heure ; il y a une fille mariée à un homme de condition en Saintonge. Sa véritable femme de temps en temps le poursuit; mais quand on lui représente qu'elle fera pendre son mari, elle se retient. L'autre a tant d'empire sur son esprit qu'il ne fait que ce qu'elle veut ; or, il va quelquefois à Chinon. La dernière fois qu'il y a été, il faisoit fort l'entendu ; il avoit amené de certains pêcheurs qui prenoient tout le poisson. Un jour qu'il vouloit les faire plonger dans certaines fosses où le poisson se retire, quelques gens de la ville y furent plonger auparavant, et y firent mettre de grands éperons au lieu de poisson. Voilà ses pêcheurs qui plongent, et qui, au lieu de poisson, reviennent avec de grands éperons à leurs mains; car en plongeant, quand on voit quelque chose de noir, on met la main dessus, et on n'a pas le loisir de discerner ce que c'est. Il en fut si déferré qu'il partit le jour même.

Ici se termine le manuscrit autographe des Histo-riettes ou Mémoires de Tallemant des Réaux, *acquis par M. le marquis de Châteaugiron à la vente de M. Trudaine, en* 1803.

MADEMOISELLE DES JARDINS,

L'ABBÉ D'AUBIGNAC ET PIERRE CORNEILLE [1].

Mademoiselle Des Jardins [2] est fille d'une femme qui a été à feue madame de Montbazon et d'un homme d'Alençon, qui, je pense, est officier : c'est une personne qui, toute petite, a eu beaucoup de feu ; elle parloit sans cesse. Voiture, qui logeoit en même logis que la mère, prédit que cette petite fille auroit beaucoup d'esprit, mais qu'elle seroit folle. La petite vérole n'a pas contribué à la faire belle ; hors la taille, elle n'a rien d'agréable, et à tout prendre, elle est laide ; d'ailleurs, à sa mine, vous ne jugeriez jamais qu'elle fût bien sage.

Il y a trois ans (1660), ou environ, qu'elle est à Paris, car elle a fait un long séjour à la province ; mais, quoiqu'elle y soit sous sa bonne foi, elle ne laisse pas de voir toute sorte de gens, et de les recevoir dans une chambre garnie.

Madame de Chevreuse et mademoiselle de Montbazon s'en divertissent. Elle a une facilité étrange à produire ; les choses ne lui coûtent rien, et quelque-

---

[1] Cette historiette est publiée sur un manuscrit autographe de Tallemant des Réaux. Il fait partie du recueil de chansons et de pièces du temps, appartenant à M. Monmerqué, et décrit dans la notice.

[2] Marie-Hortense Des Jardins, dame de Villedieu, née en 1632, mourut en 1683.

fois elle rencontre heureusement. Tous les gens emportés y ont donné tête baissée, et d'abord ils l'ont mise au-dessus de mademoiselle de Scudéry et de tout le reste des femelles.

Une des premières choses qu'on ait vues d'elle, au moins des choses imprimées, ç'a été un *Récit* de la farce des *Précieuses*, qu'elle dit avoir fait sur le rapport d'un autre. Il en courut des copies, cela fut imprimé avec bien des fautes, et elle fut obligée de le donner au libraire, afin qu'on le vît au moins correct. C'est pour madame de Morangis, à ce qu'elle a dit; j'use de ce terme, parce que le sonnet de jouissance (1) qui est ensuite fut fait aussi, à ce qu'elle a dit, à la prière de madame de Morangis. Cela ne convenoit guère à une dévote; aussi s'en fâcha-t-elle terriblement. Depuis, la demoiselle s'est avisée de dire que ç'avoit été par gageure, et que des gens le lui avoient escroqué. Pour moi, quand je vois tous les autres vers qu'elle a faits, et qui sont même imprimés avec ce gaillard sonnet dans un recueil du Palais, je ne sais que penser de tout cela; d'ailleurs elle fait tant de contorsions quand elle récite ses vers, ce qu'elle fait devant cent personnes toutes les fois qu'on l'en

---

(1) Ce sonnet, qui commence par ce vers :

Aujourd'hui dans tes bras j'ai demeuré pâmée, etc.

fut fait à Dampierre, où madame de Chevreuse et mademoiselle de Montbazon lui reprochoient qu'on ne savoit plus ce que son *Tendre* étoit devenu depuis deux mois qu'elle étoit à la campagne. (T.) — Ce sonnet n'est pas dans les *OEuvres* de madame de Villedieu. Quant au *Récit en prose et en vers des Précieuses*, le duc de La Vallière (*Bibliothèque du Théâtre-François*, t. 3, p. 59) l'attribue à tort à Somaize; on voit ici qu'il est de mademoiselle Des Jardins.

prie, d'un ton si languissant et avec des yeux si mourants, que s'il y a encore quelque chose à lui apprendre en cette matière-là, ma foi! il n'y en a guère. Je n'ai jamais rien vu de moins modeste; elle m'a fait baisser les yeux plus de cent fois.

Conviée à un bal, elle emprunta un collet; il lui étoit trop court : « Voilà bien de quoi s'embarrasser, « dit-elle, ne sais-je pas alonger des vers? j'alongerai « bien ce collet. » Elle y mit du ruban noir tout autour. Cela étoit épouvantable. Ma sœur de Ruvigny dit : « Voilà un ajustement bien poétique! »

Pour faire voir sa cervelle, il ne faut que ce madrigal. J'en dirai auparavant le sujet. L'abbé Parfait, conseiller au Parlement, étoit allé chez elle pour la première fois; elle avoit été saignée. Justement, comme il entroit, elle eut une foiblesse, et pensa tomber; il la soutint. Le lendemain, elle lui envoya ce madrigal au Palais, dans sa chambre, afin que plus de monde le vît.

MADRIGAL.

Quoi! Tircis, bien loin de m'abattre,
Vous m'empêchez de succomber!
Quoi! vous me relevez lorsque je veux tomber,
Et vous prêtez des bras pour vous combattre!
Après cette belle action,
On verra votre nom au Temple de Mémoire,
Et l'on vous nommera le héros de ma gloire,
Mais aussi le bourreau de votre passion.

Il n'y a pas une plus grande menteuse au monde, ni une plus grande étourdie : elle a fait, dit-elle un roman, même elle en a traité avec je ne sais quel libraire. On lui demande : « Où est le plan de votre ro-

« man ? — Je ne sais s'il y en a, répondit-elle ; mais,
« s'il y en a un, il faut qu'il soit dans ma tête. »

Ce roman commence par l'histoire de madame de
Rohan, de Ruvigny et de Chabot (1). Madame de
Rohan, sachant cela, pria Langey, qui connoît la demoiselle, de lui faire voir ce livre avant qu'on l'imprimât. Elle lut son histoire et pria de changer quelque chose. La fille, au lieu de lui faire voir le manuscrit corrigé, le donne au libraire, en disant qu'elle
avoit fait ce qu'on avoit souhaité. Langey alla ensuite
chez elle, et il fit tant qu'elle envoya sa sœur dire à
l'imprimeur qu'on sursît jusqu'à nouvel ordre. Cette
sœur en arrivant trouve un huissier, mené par un laquais de Langey, qui vient saisir les exemplaires.
Cela fâcha fort la faiseuse de roman, et elle veut y
mettre toute l'histoire du congrès. Cependant elle fut
à M. le chancelier, qui dit : « Je veux voir l'histoire ;
« qu'on m'apporte les exemplaires. » Il l'a lue, et, n'y
trouvant rien d'offensant pour madame de Rohan, il
donna la main-levée. J'ai lu l'ouvrage ; il n'y a pas
grand'chose, et madame de Rohan est bien au-dessous
en toute chose de celle sous le nom de laquelle on a
mis quelques endroits de son histoire. Ce livre est meilleur qu'on n'avoit lieu de l'espérer d'une telle cervelle ; il n'y a encore qu'un volume.

Mais voici une belle histoire de la demoiselle ! L'hiver de 1660, à un bal où elle étoit, il y avoit un garçon appelé La Villedieu ; il porte l'épée. Ce garçon
sortit du bal, et puis revint en disant qu'on n'avoit

---

(1) Tallemant a raconté fort en détail les aventures de la duchesse de
Rohan. (*Voyez* l'Historiette de cette dame au t. 3, p. 56 et suiv.)

jamais voulu lui ouvrir la porte chez lui, et qu'il ne savoit où aller coucher. Notre rimeuse lui offrit son lit, et tout en riant, il va avec elle et demeure à coucher. La mère, je pense, ou le père étoit ici; elle alla coucher avec sa sœur. Ce garçon tombe malade cette nuit-là, et si malade, qu'il fut six semaines avant que de pouvoir être transporté. Elle eut tant de soin de lui durant son grand mal, que, ne croyant pas en réchapper, il pensa être obligé à lui dire qu'il l'épouseroit s'il en revenoit. Il en revint, il coucha avec elle trois mois durant assez publiquement; en voici une preuve : Un jour, entre une et deux, l'été dernier qu'il faisoit assez chaud, elle et lui étoient encore au lit, et sans chemise : une demoiselle de qui je le tiens y alla pour la voir. La Villedieu ne vouloit point qu'on la laissât entrer; elle le voulut, et tout ce que La Villedieu put faire, ce fut de reprendre une chemise. Il prit celle de la demoiselle au lieu de la sienne, et comme il la mettoit, cette femme entre qui remarque quelque chose au-devant, marque infaillible que ce n'étoit point la chemise du cavalier, et elle prit celle de son galant.

Or, La Villedieu s'en est lassé; elle dit que c'est son mari; lui dit que non; elle ne s'en tourmente que médiocrement, et dit : « Pourquoi le contraindre? s'il « ne le veut pas être, qu'il ne le soit pas? » C'est sur cela qu'elle a fait l'élégie qui suit :

> Enfin, cher Clidamis, l'amour vous importune;
> Vous suivez le parti de l'aveugle Fortune....... (1)

(1) *Voyez* les *OEuvres de madame Villedieu*, t. 2, p. 116; Paris, 1720. Cette pièce est la première de ses églogues; nous croyons devoir y renvoyer les lecteurs.

Cette fille fit imprimer tout ce qu'elle avoit fait, où il y a un carrousel de M. le Dauphin qui est joli. Cette fantaisie lui vint à cause d'un petit carrousel que fit le Roi en 1662 (1). Après, elle fit une pièce de théâtre qu'on appela *Manlius*, où Manlius Torquatus ne fait point couper la tête à son fils. Quoi qu'en dise l'abbé d'Aubignac (2), son précepteur, je ne crois pas que cela se puisse soutenir. Cette pièce réussit médiocrement. Une autre, appelée *Nithétis*, réussit encore moins. Or, Corneille dit quelque chose contre *Manlius*, qui choqua cet abbé qui prit feu aussitôt, car il est tout de soufre. Il critique aussitôt les ouvrages de Corneille; on imprime de part et d'autre; pour sa critique, patience, car il en sait plus que personne, mais le diable le poussa de mettre au jour son roman allégorique de la philosophie des Stoïciens. Il est intitulé : *Macarise, reine des îles Fortunées* (3).

Patru lui conseilla de mettre son allégorie à la fin du livre, ou tout au plus succinctement à la marge. L'abbé ne le voulut pas croire, et, persuadé qu'un libraire deviendroit trop riche s'il imprimoit un si précieux ouvrage, il le fit imprimer à ses dépens, c'est-à-dire le premier tome. Or, comme il a en tête de faire une académie, qu'en riant on appelle *l'académie des allégories* (4), il obligea tous les jouvenceaux qui lui

(1) C'est une petite pièce en prose et en vers, imprimée à part en 1662. L'auteur de l'article de mademoiselle Des Jardins, dans la *Biographie universelle*, a dit par erreur que ce *Carrousel* étoit une pièce de théâtre.

(2) François Hedelin, abbé d'Aubignac, né en 1592, mourut en 1673. Il a composé un assez grand nombre d'ouvrages, dont le plus connu est la *Pratique du théâtre*, qu'on ne lit plus depuis long-temps.

(3) Cet ouvrage parut en 1666, en 2 vol. in-8º.

(4) On l'appeloit plutôt l'*Académie des allégoriques*. (Voyez les *M*-

faisoient la cour à lui donner des vers pour mettre au-devant de son livre. Il passa plus outre; Ogier, le prédicateur, ne se put dispenser de lui faire des vers latins; le bonhomme Giry se vit forcé de lui faire un éloge en prose, et Patru aussi, quoi qu'il pût faire pour s'en exempter. La moitié du premier volume est donc employée à ces éloges, et à cette allégorie, qui rebute tout le monde; et, ce qui est de pire, le roman est mal écrit, et la galanterie en est pitoyable. Je sais que, sans les avis de Patru, ce seroit bien peu de chose.

L'abbé d'Aubignac a fait mettre son portrait au-devant du livre avec ces quatre vers, qui apparemment sont de son frère. Il a l'honneur d'en faire aussi mal qu'un autre pour le moins.

> Il a mille vertus, il connoît les beaux-arts,
> Il étouffe l'Envie à ses pieds abattue,
> Et Rome à son mérite, au siècle des Césars,
> Au lieu de cette image eût dressé sa statue (1).

Corneille, ou quelque *Corneillien,* a fait cet autre quatrain pour mettre à la place du premier :

> Il a mille vertus, ce pitoyable auteur,
> Et deux mille secrets pour apprendre à déplaire;
> Quiconque veut s'instruire au grand art de mal faire
> N'a qu'à prendre leçon d'un si rare docteur.

Corneille fit encore le madrigal qui suit :

moires de *Sallengre;* Paris, 1715, t. 1er, p. 315.) On y trouve une lettre curieuse d'un sieur Boscheron, sur l'abbé d'Aubignac.

(1) Il y a au bas du quatrain *Acheman;* c'est quelque nom retourné.

(T.)

ÉPIGRAMME.

Cette foule d'approbateurs,
Qui met à si haut prix ta docte allégorie,
Comme elle a ton œuvre enchérie,
Epouvante les acheteurs.
Tu crois que le papier et l'encre qu'il t'en coûte
De l'immortalité t'ouvrent la grande route,
Et que tant de grands noms (1) feront vivre ton nom;
Mais, n'en déplaise à ta doctrine,
Plus on étaie une maison,
Plus elle est près de sa ruine.

Celle-ci est de Cottin :

Ce roman sans exemple en nos mains est tombé,
Mais j'en trouve l'auteur difficile à connoître;
Si j'en crois ses amis, c'est un savant abbé,
Si j'en crois ses écrits, ce n'est qu'un pauvre prêtre.

Cependant son livre ne se vend point; quand il seroit moins désagréable, il auroit de la peine à en avoir le débit, car les libraires ne sont pas pour lui. Ils disent une plaisante chose : Corneille, dans un in-folio qu'il a fait imprimer depuis cette querelle, s'est fait mettre en taille douce, foulant l'Envie sous ses pieds. Ils disent que cette Envie a le visage de l'abbé d'Aubignac (2). Cependant Corneille, d'assez bonne foi,

(1) Ogier, Giry et Patru. On ne connoît pas les autres. (T.) — Despréaux avoit aussi fait des vers sur la *Macarise*; dans sa lettre à Brossette, du 9 avril 1702, il dit qu'il les porta trop tard à l'abbé d'Aubignac. Il les a insérés dans l'édition de 1701, et depuis, elle a toujours été comprise dans ses œuvres. (*Voyez* le Boileau de M. de Saint-Surin, t. 11, p. 496.)

(2) *Voyez* le Théâtre de Corneille, en deux parties in-folio; Paris,

reconnoît dans de certains discours au-devant de ses pièces les fautes qu'il a faites ; mais j'aimerois mieux qu'il eût tâché de faire disparoître celles qui étoient les plus aisées à corriger. En vérité, il a plus d'avarice que d'ambition, et pourvu qu'il en tire bien de l'argent, il ne se tourmente guère du reste. L'abbé s'opiniâtre, et est si fou que de faire imprimer les autres volumes, à ses dépens s'entend, car quand il le voudroit, je ne crois pas que personne les imprimât pour rien. On dit qu'il pourroit bien apprendre aux fous un nouveau moyen de se ruiner; car il y a plusieurs volumes, et cela coûtera bon. Il fit et fit faire quantité d'épigrammes contre Corneille, qui toutes ne valoient rien; on n'a pas daigné en prendre copie.

Corneille a lu par tout Paris une pièce qu'il n'a pas encore fait jouer. C'est le couronnement d'Othon. Il n'a pris ce sujet que pour faire continuer les gratifications du Roi en son endroit. Car il ne fait préférer Othon par les conjurés à Pison qu'à cause, disent-ils, que Othon gouvernera lui-même, et qu'il y a plaisir à travailler sous un prince qui tienne lui-même le timon [1]; d'ailleurs ce dévot y coule quelques vers pour excuser l'amour du Roi. Il vous va mettre sur le théâtre toute la politique de Tacite, comme il y a mis toutes les déclamations de Lucain. Corneille a

---

chez Louis Billaine, au Palais, 1664. On voit au frontispice le buste de Corneille couronné de lauriers par Melpomène et Thalie. La muse de la tragédie foule à ses pieds l'Envie, à laquelle le graveur a donné des traits masculins. Une renommée, qui sonne à la fois de deux trompettes, est placée au-dessus du buste du poète dont elle proclame la gloire.

[1] *Othon* a été représenté en 1665. Louis XIV avoit pris la direction des affaires en 1661, à la mort du cardinal Mazarin, et il put considé-

trouvé moyen d'avoir une chambre à l'hôtel de Guise. C'est dommage que cet homme n'est moins avare. Il auroit étudié la langue et les autres choses où il pèche. Je lui trouve plus de génie que de jugement.

Voici la seule supportable d'entre ces volumes d'épigrammes que l'abbé d'Aubignac et son *Académie des allégories* ont composées contre Corneille :

> Pauvre ignorant, que tu t'abuses,
> Quand tu nous dis si hardiment
> Que toujours le poète normand
> Avecque lui mène les Muses !
> Il en seroit un foible appui
> S'il falloit qu'il les eût portées,
> Et s'il les traînoit après lui,
> Hélas ! qu'elles seroient crottées !

Quelqu'un des *Corneilliens* a fait celle-ci :

> Qu'ils étoient fous ces vieux stoïques,
> De se piquer d'être apathiques !
> Ils manquoient bien de sens commun.
> Ceux-ci sont d'une autre nature,
> Et comme pourceaux d'Epicure,
> Tous grondent quand on en touche un (1).

rer comme allusion au commencement de son règne ces vers placés dans la bouche d'un courtisan ambitieux du pouvoir :

> Sous un tel souverain nous sommes peu de chose :
> Son soin jamais sur nous tout-à-fait ne repose :
> Sa main seule départ ses libéralités ;
> Son choix seul distribue états et dignités.
> Au timon qu'il embrasse il se fait le seul guide,
> Consulte et résout seul, écoute et seul décide ;
> Et quoique nos emplois puissent faire de bruit,
> Sitôt qu'il nous veut perdre, un coup-d'œil nous détruit.
>   (OTHON, *acte* 2e, *scène* 4e.)

(1) Le Roman de l'abbé d'Aubignac et de la philosophie des stoïciens.

(T.)

Les épigrammes qui suivent sont de Richelet :

<blockquote>
Hédelin, c'est à tort que tu te plains de moi;
    N'ai-je pas loué ton ouvrage?
    Pouvois-je plus faire pour toi,
    Que de rendre un faux témoignage (1)?
</blockquote>

<blockquote>
Je me voulois venger de l'aveugle cynique (2)
    Qui toujours égratigne et pique,
    Et mord comme un chien enragé;
Mais il n'est pas besoin que je le satyrise,
    Il fait imprimer *Macarise*,
    Ne suis-je pas assez vengé?
</blockquote>

<blockquote>
Du critique Hédelin le savoir est extrême;
C'est un rare génie, un merveilleux esprit!
Cent fois confidemment il me l'a dit luy-mesme,
Et le grand Pelletier (3) l'a mille fois escrit.
</blockquote>

D'une autre façon.

<blockquote>
Le célèbre Hédelin est un homme d'esprit;
Il fait de beaux romans, on les lit, on les aime;
Cent fois confidemment il me l'a dit luy-mesme,
Et le grand Pelletier l'a mille fois escrit.
</blockquote>

Pour revenir à mademoiselle Des Jardins, au temps de l'entreprise de Gigery (en 1664), sachant que Villedieu devoit passer à Avignon pour y aller, elle se fit

---

(1) Richelet est un des approbateurs de l'ouvrage de l'abbé. (T.) Ces quatre vers de Richelet se trouvent partout.

(2) Il ne voit quasi-goutte. (T.)

(3) Pierre du Pelletier, éternel faiseur de mauvais sonnets; il en portoit à tous ceux qui faisoient imprimer quelque chose. Il est l'un des mauvais poètes dont le nom s'est le plus souvent rencontré sous la plume de Despréaux.

donner trente pistoles par avance sur une troisième pièce de théâtre appelée *le Favori, ou la Coquette*, qu'elle avoit donnée à la troupe de Molière. Avec cette somme elle s'en va en poste à Avignon. Je crois qu'elle y a fait bien des gaillardises dont je n'ai aucune connoissance.

Elle revint ici vers Pâques; il fut question de faire jouer sa pièce : une comédienne et elle se pensèrent décoiffer; elle querella Molière de ce qu'il mettoit dans ses affiches : *Le Favori, de mademoiselle Des Jardins,* et qu'elle étoit bien *madame* pour lui, qu'elle s'appeloit *madame de Villedieu,* car elle a bien changé d'avis sur cela ; Molière lui répondit doucement qu'il avoit annoncé sa pièce sous le nom de mademoiselle Des Jardins; que de l'annoncer sous le nom de madame de Villedieu, cela feroit du galimatias, qu'il la prioit pour cette fois de trouver bon qu'il l'appelât madame de Villedieu partout, hormis sur le théâtre et dans ses affiches [1].

[1] *Le Favori,* tragi-comédie de mademoiselle Des Jardins, fut représenté sur le théâtre du Palais-Royal, au commencement du mois de juin 1665, et le 13 du même mois cette pièce fut jouée à Versailles. C'est ce qu'on voit dans une lettre de Robinet, continuateur de Loret :

> Dessus la scène du milieu,
> La troupe plaisante et comique,
> Qu'on peut nommer *Moliérique,*
> Dont le théâtre est si chéri,
> Représente *le Favori,*
> Pièce divertissante et belle,
> D'une fameuse demoiselle
> Que l'on met au rang des neuf sœurs,
> Pour ses poétiques douceurs, etc.
>
> (*Histoire du Théâtre-François,* t. 9, p. 358.)

Madame de Villedieu adressa au duc de Saint-Aignan une descrip-

Un jour qu'il la fut voir dans sa chambre garnie, une femme qui étoit encore au lit dit d'un ton assez haut : « Est-il possible que M. de Molière ne me re-« connoisse point ? » Il s'approche entre les rideaux : « Il seroit difficile, madame, que je vous reconnusse, » répondit-il. Elle les fait tous lever et ouvrir toutes les fenêtres ; il la reconnoissoit encore moins : « Sans doute, ajouta-t-il, c'est la coiffure de nuit qui « en est cause. — Allez, lui dit-elle, vous êtes un in-« grat ; quand vous jouiez à Narbonne, on n'alloit à « votre théâtre que pour me voir (1). »

tion en vers de la fête de Versailles ; elle y rend justice à Molière :

> Ce Térence du temps que l'univers admire,
> Dont la fine morale instruit en faisant rire, etc.
>
> (*OEuvres de madame de Villedieu*, t. 1er, p. 409.)

(1) Nous laissons à d'autres le soin d'expliquer ce passage ; le temps amènera peut-être d'autres renseignements sur madame de Villedieu et sur son existence romanesque. Il résulteroit de ces lignes de Tallemant qu'elle auroit joué la comédie à Narbonne, dans la troupe de Molière.

FIN DES MÉMOIRES DE TALLEMANT.

VIES

DE M. COSTAR

ET

DE LOUIS PAUQUET.

OBSERVATIONS
PRÉLIMINAIRES.

L'auteur de la *Vie de Costar* n'est pas connu. On sait seulement qu'il étoit ecclésiastique, et qu'en cette qualité il a été attaché à la cathédrale du Mans. Il écrivoit très-négligemment, mais à une époque où notre langue n'étoit point fixée. Arrivé au Mans, en 1652, il se mit en pension chez Costar, et il continua ce genre de vie jusqu'à la mort de ce dernier, arrivée le 13 mai 1660. Ainsi, ce qu'il raconte, il l'a recueilli dans les entretiens de Costar, ou il en a été le témoin. Il s'étoit même si bien concilié son estime, que Costar lui en a donné une grande marque en lui confiant l'exécution de ses dernières volontés.

Cet ecclésiastique a aussi connu l'abbé Pauquet, secrétaire de Costar. Il a souvent gémi de ses désordres, mais ses efforts n'ont pu retirer de la crapule cet homme incorrigible.

Les deux relations que nous publions ont été écrites à la prière de Ménage. Né à Angers en 1613, Ménage avoit environ vingt ans quand Costar arriva dans cette ville, à la suite de M. de Rueil, qui venoit d'en être nommé évêque. Ménage dut alors connoître

Costar, mais il ne se lia particulièrement avec lui qu'assez long-temps après (1).

Tallemant des Réaux a consacré à Costar un chapitre de ses *Historiettes*. Habile à saisir les ridicules, il en fait un portrait qui doit être ressemblant ; mais il le peint en homme qui vit au centre de l'agitation et voit les choses d'un point élevé, tandis que notre biographe, retiré au fond de sa province, n'ayant sous les yeux que peu d'objets de comparaison, voit dans Costar un homme d'un mérite singulier; à cet égard il le croit sur parole et devient son écho; mais si sous ce rapport il s'est montré trop favorable, il le juge avec sévérité sous d'autres qui sont plus importants. Il nous semble avoir bien démêlé le fonds de son caractère, et il le présente avec raison comme un homme gonflé d'orgueil, ne respirant que vanité, bas et rampant près de ceux qui peuvent le servir ; faux et presque sans foi, rapportant tout à sa personne, n'aimant que lui, enfin égoïste au-delà de ce que les hommes sont convenus de tolérer.

Que Costar seroit surpris, de quelle indignation ne seroit-il pas transporté, s'il voyoit à quel point s'est évanouie cette réputation qu'il croyoit avoir si bien conquise (2)! On seroit tenté de le comparer à ces

---

(1) Voyez le *Menagiana*; édition de 1715, t. 1er, p. 287. Le *Menagiana* n'est pas ici entièrement d'accord avec l'auteur de la Vie de Costar. (*Voyez* plus bas, p. 249 de ce volume.)

(2) Corbinelli n'a pas dédaigné de faire un long extrait des *lettres de Costar*. (*Extraits de tous les beaux endroits des ouvrages des plus cé-*

plantes parasites qui s'attachent à certains arbres et se nourrissent de leur substance. Ne pouvant atteindre ni Balzac ni Voiture, il se déclare l'admirateur du dernier; il lui fait platement sa cour, et de son flatteur il devient son champion. C'est en rompant des lances pour *le père de l'ingénieuse badinerie* (1) que Costar est parvenu à se glisser à sa suite jusqu'au Temple de Mémoire. Il est ainsi arrivé à la postérité comme par-dessus le marché, et sans les célébrités du temps auxquelles il s'est pour ainsi dire *cramponné*, à peine se souviendroit-on aujourd'hui qu'un certain Costar a laissé quelques volumes qu'on ne lit plus.

Comment, au reste, la tête n'eût-elle pas tourné à un homme aussi prévenu en sa faveur, quand un écrivain de la réputation de Balzac, qui a exercé une si grande influence sur son siècle, lui adressoit des louanges qui n'auroient pu convenir qu'à des auteurs du premier ordre comme Virgile et Horace? On en jugera par ce billet écrit à l'abbé Pauquet, par le solitaire des bords de la Charente :

« Monsieur, vous m'avez donné la vie, tant par les
« grands soins que vous avez rendus à M. Costar, que
« par la bonne nouvelle que vous m'avez fait savoir
« de sa guérison. Dieu veuille qu'elle ait une longue

lèbres auteurs de ce temps, tirés de *Balzac, Voiture*, Costar, *Urfé, Gomberville, Molière, Scudéry, Bergerac*, etc., par le sieur Corbinelli; Amsterdam, 1681, t. 1er, p. 441.)

(1) Expression de Tallemant. (*Mémoires*, t. 2, p. 278.)

« et belle suite, et que la perte que nous avons ap-
« préhendée n'arrive qu'à nos neveux !

> Que je ne sache point que Tircis ait été !
> Cieux, réservez ce jour à la postérité !

« Mais il faut contribuer de votre part à la faveur des
« étoiles : gardez-nous bien, je vous prie, notre trésor,
« et ne vous lassez point d'une sujétion que je vous
« envie. Elle est si noble et si glorieuse, que les
« Muses même et les Grâces voudroient faire ce que
« vous faites. Sans doute elles voudroient toujours
« écrire, si M. Costar leur vouloit toujours dic-
« ter, etc., etc. (1) »

Le *défenseur* de Voiture n'étoit cependant pas de ce petit nombre d'écrivains d'élite, qui, riches de leur propre fonds, puisent dans les richesses d'une imagination féconde, et paient de leur personne. Costar n'avoit rien de commun avec ces esprits vifs, si bien qualifiés de *prime-sautiers* par Montaigne, de la plume desquels les expressions neuves et brillantes jaillissent comme l'étincelle sort du caillou. C'est un homme qui n'a peut-être jamais eu un éclair de naturel, qui dans son esprit, dans son style et dans sa personne, est toujours guindé et compassé ; c'est un savant doué d'une vaste mémoire, et sans cesse courbé sur les livres. Il a lu les anciens et les modernes, il a

---

(1) OEuvres de Balzac, aux *Lettres*, liv. 16. Ce billet est du 1er février 1642.

recueilli dans leurs ouvrages une ample moisson de *lieux communs;* il les a soigneusement entassés, et c'est dans ce *trésor* qu'il va incessamment puiser [1]. Occupé sans relâche de lire, de rapprocher, d'analyser les pensées des autres, tous ses efforts tendent à se les rendre propres, et il finit par se persuader qu'elles sont devenues les siennes. Ses lettres, dont personne n'a vu les premiers jets, car il lui est quelquefois arrivé de les refaire vingt ans après les avoir écrites pour la première fois, sont aussi péniblement travaillées que pourroient l'être de graves discours d'apparat, et pour peu qu'on les lise avec attention, on ne tarde pas à reconnoître qu'elles ne sont composées que de pièces de marqueterie habilement réunies. Otez-en ce que chaque auteur auroit le droit de réclamer, et vous serez étonné de l'indigence de l'érudit.

Aussi, n'est-ce pas comme écrivain qu'il le faut ici considérer, mais comme l'un des personnages d'un siècle où notre langue se formoit, où notre littérature se perfectionnoit. Etroitement lié avec Voiture, Balzac, Ménage et autres célébrités du temps, Costar tient sa place dans l'histoire littéraire du dix-septième siècle, et le récit du biographe anonyme vient servir de com-

[1] On peut juger de sa manière d'écrire par ce passage d'une de ses lettres : « Je m'en vais vous entretenir de la même sorte que je fais « M. de Voiture, et vous faire part de ce que je trouverai de beau dans « mes livres, aux heures que je dérobe à Aristote et à Saint-Thomas » (*Lettre à M. de Seurhomme, chanoine d'Angers,* dans les *Entretiens de Voiture;* Paris, 1654, in-4°, p. 405.)

plément aux *causeries* rapides et spirituelles de Tallemant. La publication des mémoires de ce dernier fera sortir de l'obscurité bien d'autres monuments inconnus ; chaque jour des pièces éparses dans les bibliothèques viennent éclaircir ou développer les récits de l'auteur des *Historiettes*.

Quant à l'abbé Pauquet, on l'appeloit *Monsieur le Prieur*, à cause d'un petit prieuré de cinquante écus de rente qu'il tenoit de la munificence de l'abbé de Lavardin. Il n'en étoit pas moins le secrétaire, l'intendant et le *factotum* de Costar.

Né avec les inclinations les plus viles, une éducation tardive éclaira son esprit sans réformer son cœur, et il conserva toute sa vie l'habitude de la bassesse, du mensonge et de l'ivrognerie.

Costar, que la goutte mettoit presque dans l'impossibilité d'écrire, voulut s'attacher Pauquet comme secrétaire, et, toujours dirigé par son triste égoïsme, il ne craignit pas de frustrer ses parents de ce qu'ils avoient droit d'attendre de lui, pour combler de ses bienfaits un homme qui s'en montroit si peu digne. Costar eut un tort plus grave à se reprocher : il donna à l'abbé Pauquet les moyens de franchir les degrés du sacerdoce, et quoiqu'il connût bien sa bassesse, il lui résigna ses bénéfices, de sorte qu'après la mort de Costar, Pauquet, à la honte du Chapitre, devint chanoine et archidiacre du Mans.

Pauquet mourut le 14 novembre 1673.

La vie du secrétaire trouvoit naturellement sa place

à la suite de celle de Costar ; elle fait partie du même ouvrage ; nous l'avons donc conservée, mais ce n'a pas été sans regrets de faire passer à la postérité un homme qui auroit tant mérité d'en être oublié. "

Le manuscrit qui renferme la Vie de Costar et celle de l'abbé Pauquet a appartenu à M. Monteil, auteur de l'*Histoire des François des divers états aux cinq derniers siècles*. Il est porté dans son catalogue sous le numéro 440. M. Aimé-Martin, qui en a fait l'acquisition, a eu l'obligeance de le mettre à notre disposition. Nous le prions d'en recevoir ici nos remercîmens.

Ce manuscrit est d'une écriture du dix-septième siècle, fort lisible.

MONMERQUÉ.

VIE
DE M. COSTAR.

A M. L'ABBÉ MÉNAGE.

Voici, monsieur, ce que je puis vous dire touchant ce que vous désirez savoir de la naissance et de la vie de M. Costar.

Il reçut l'une et l'autre à Paris, en l'année 1603. Je ne sais pas précisément en quel mois; mais il me semble qu'il m'a dit quelquefois que ce fut en février. Ce que j'ai toujours su plus assurément, sur ce que m'en a dit M. Pauquet, qui avoit vu et connu son père, c'est qu'il étoit fils d'un marchand chapelier qui demeuroit sur le Pont Notre-Dame. J'ai appris de lui-même qu'il avoit eu des sœurs. Je ne sais si elles furent mariées; mais comme il ne m'a jamais parlé d'autre neveu, ni de parents proches, que du fils d'un frère, qui étoit son aîné, il est vraisemblable qu'elles ne le furent point. Ce frère eut une charge de notaire au Châtelet de Paris [1], et il épousa la fille d'un marchand, qui avoit peu de bien, et encore moins de beauté; il n'en eut qu'un fils, qui fut aussi peu favorisé de la nature que de la fortune; en sorte

[1] Jean Coustart, reçu notaire à Paris le 30 avril 1625, en exerça les fonctions jusqu'au 6 novembre 1637. Son étude est maintenant possédée par M. Tourin, notaire, rue de Grenelle-Saint-Germain. (*Registre des mutations des notaires de Paris.*)

que son oncle, qui l'avoit fait venir au Mans, auprès de lui, en l'année 1654, nous disoit souvent, en s'en moquant, qu'il avoit beaucoup *attiré* de sa mère. C'étoit un mot dont il se servoit, en faisant allusion à quelque conte naïf de paysan, qui, pour faire entendre qu'il avoit les inclinations de sa mère, et qu'il étoit fait comme elle, avoit accoutumé d'user de cette expression. Il ajoutoit à cela qu'il ne tenoit rien de son père, qui étoit fort beau de visage, et bien fait en sa taille, jusqu'à ce que, s'étant adonné à l'ivrognerie, il devint si gros et si gras, qu'il perdit toute la grâce qui étoit en sa personne, et qu'il mourut étouffé par le vin. Ce fils ressembla du moins à son père en la passion qu'il eut pour la bonne chère et la crapule ; et son oncle, voyant que c'étoit un petit homme joufflu, qui, à force de boire et de manger, et de ne faire nul exercice, se rendoit de jour en jour plus court et plus rond, que toute son ambition se bornoit à trouver le moyen de satisfaire sa gourmandise, et que son esprit étoit bas et peu éclairé, quoiqu'il sût assez bien la langue latine, et qu'il eût assez bien appris quelques éléments de la théologie, se contenta de le faire pourvoir de la cure de la paroisse de Gesvres, au diocèse du Maine, où il est mort deux ou trois ans après son oncle, de la même sorte que son père étoit mort à Paris.

M. Costar avoit un cousin assez éloigné, encore qu'il s'appelât Coustart, comme lui ; car vous savez, Monsieur, qu'il quitta le nom de *Coustart,* pour celui de *Costar* [1], qu'il trouva d'une prononciation plus

---

[1] Voyez le *Menagiana*, édition de 1715, t. 1ᵉʳ, p. 288.

agréable; et il me semble qu'il m'a dit quelquefois que vous lui fîtes faire ce changement, croyant que le son de ce mot avoit quelque chose de plus doux, qui convenoit mieux à l'élégance et à la politesse qui vous paroissoient en lui. Ce cousin avoit une place dans les gendarmes que commandoit alors M. le maréchal d'Albret, dont il trouva le moyen de se faire particulièrement connoître et estimer, et le maréchal, lui voyant de l'intelligence, l'attacha à son service. Il avoit des enfants, et ayant su que son cousin étoit devenu un gros bénéficier, et qu'il étoit dans le monde en estime de bel-esprit, il s'avisa de lui écrire, et de le faire ressouvenir de leur parenté. Et parce qu'il lui apprit qu'il étoit bien auprès du maréchal d'Albret, M. Costar fut bien aise de lier quelque commerce avec lui, pour avoir, par son moyen, accès auprès d'une personne de cette qualité et de cette considération, ne le jugeant pas inutile à sa réputation, qu'il prenoit un extrême soin d'étendre, voyant qu'elle lui produisoit beaucoup de bien (1). Il écrivit donc plusieurs lettres à ce cousin, entre lesquelles est celle que vous avez lue dans son second volume. Il l'y honore de la qualité de *capitaine appointé* (2), qu'il ne reçut cependant jamais du Roi, ni du maréchal d'Albret, et il lui parle du changement de son nom, qu'il lui veut persuader que les imprimeurs ont fait, quoiqu'il y eût plus de vingt ans qu'il l'avoit ainsi ajusté à une plus

---

(1) Trait de caractère de Costar. Il ne reconnoît son cousin que dans l'espérance qu'il pourra l'aider à augmenter son crédit et sa fortune.

(2) L'officier *appointé* étoit celui qui recevoit du Roi une pension ou une gratification annuelle au-delà de sa solde.

douce prononciation (1). Il en voulut faire une autre en celui de son cousin qui fût honorable à celui-ci et qui lui ôtât la peine que lui pouvoit faire une altération de nom, qui, à le bien prendre, démarquoit leur consanguinité; il y ajouta un *de* au-devant, comme si *Coustart* eût été une seigneurie en ce gendarme. Il en usa en cela plus sérieusement, sans doute, que ne fit le maréchal d'Effiat à l'égard de M. Mulot, docteur de Sorbonne, que M. le cardinal de Richelieu avoit eu autrefois auprès de lui, pour s'en servir dans la répétition de ses leçons de théologie, et qu'il tenoit encore au nombre de ses domestiques, mais qui, étant d'une humeur prompte et bourrue, où se mêloit beaucoup d'esprit vif et d'imagination plaisante, lui servoit plus alors à le faire rire qu'à toute autre chose. Ce maréchal, qui en prenoit aussi son divertissement, l'ayant un matin trouvé chez son Eminence, lui dit : « Bonjour, monsieur *de* Mulot; » et M. Mulot, qui vit aussitôt qu'il lui faisoit une plaisanterie, et qu'il se railloit de lui par ce *de* placé devant son nom, lui repartit brusquement: « Bonjour, monsieur Fiat. — Je ne

---

(1) Dans cette lettre, adressée à *M. Coustart, capitaine appointé de cavalerie dans la compagnie des gendarmes du Roi,* Costar, après avoir fait faire *un compliment respectueux et passionné* au maréchal d'Albret, ajoute : « Mais je suis un obscur et inutile provincial que l'on con-
« noît que par un nom qui fait quelque bruit depuis quelque temps dans
« la Galerie du Palais; encore l'a-t-on changé, comme vous voyez, et
« les imprimeurs, sans que je le susse, en ont retranché un *u*. Je ne me
« suis aperçu de cette faute que lorsqu'elle étoit sans remède, et j'ai
« pensé qu'il falloit souffrir ce changement avec patience. Au pis aller,
« mon cher cousin, dites si vous voulez que je m'appelois *Coustar,*
« quand on disoit *chouse*, et qu'on m'a appelé *Costar*, quand *chose* est
« revenu à la mode, etc. » (*Lettres de M. Costar*, 2ᵉ partie; Paris, 1659, in-4°, p. 62.)

« m'appelle pas *Fiat,* lui dit le maréchal. — Ni moi *de*
« Mulot, lui répliqua le docteur; et sachez, continua-t-il
« en colère, que quiconque ajoutera une syllabe à mon
« nom, j'en retrancherai une du sien; » et sans autre
discours il passa son chemin (1). M. Coustart fut plus
modéré que M. Mulot, et ne sut nul mauvais gré à son
cousin du don de cette syllabe. Ce présent d'une syllabe
et celui de la qualité de *capitaine appointé* sont assurément les deux seuls qu'il en ait jamais reçus.

Un gentilhomme de Picardie, nommé Du Moulin,
qui avoit une charge de gentilhomme ordinaire chez
la Reine-mère, devint son cousin, en épousant la fille
d'un marchand de drap de soie, ou de laine. Ce gentilhomme ne se mit point en peine de connoître son
allié, M. Costar. Il y avoit même quelques années
qu'il étoit mort, quand son fils aîné, qui vit que les affaires de sa maison étoient dans un état fort médiocre,
en sorte que le bien le plus considérable qu'il eût
reçu de la succession de son père étoit sa charge d'ordinaire que la Reine-mère avoit eu la bonté de lui
conserver, et que sa mère, qui possédoit la principale
portion du bien, ne s'en vouloit pas dessaisir, et étoit
en âge d'en jouir long-temps, s'avisa, sur le bruit que
faisoit dans le monde la réputation de M. Costar, dont
il savoit que sa mère étoit cousine, de venir au Mans,
en 1654, afin de voir s'il pourroit tirer quelque
avantage de la visite qu'il feroit à son cousin, et de
l'honneur qu'il auroit de s'en faire reconnoître pour
parent. Comme il se présenta à lui en bon équipage et

---

(1) Tallemant raconte la même anecdote avec quelques différences, dans l'article de Bois-Robert. (Voyez ses *Mémoires*, t. 2, p. 148.)

avec la qualité de gentilhomme, et que d'ailleurs il avoit un honorable emploi dans la maison de la Reine, M. Costar le reçut très-bien, et il le retint un mois entier avec lui, et d'autant que ce jeune homme étoit bien fait, qu'il ne manquoit pas d'esprit, qu'il avoit une forte passion de s'élever, et, ce qui lui fut encore de plus grand relief, qu'il ne lui demanda rien; il l'aima fort, voulut l'appeler son neveu, et ne songea plus à son cousin Coustart, qui ne le vint point voir, et en qui il ne trouvoit pas les mêmes avantages d'honneur et d'établissement.

Ainsi, lorsque M. Du Moulin, qu'il commença d'appeler Du Moslin, changeant en *s* l'*u* qui donnoit une image moins noble, et qui faisoit à son oreille un son plus rude, fut retourné à la cour, pour y servir pendant son quartier, ils établirent ensemble un grand commerce de lettres, qui fut d'autant plus échauffé, que ce jeune gentilhomme, naturellement officieux et appliqué à faire tout ce qui pouvoit lui être utile, se chargeoit des lettres que M. Costar écrivoit à des personnes qui avoient un rang considérable auprès du Roi, dans le parlement ou dans les affaires, qu'il les leur rendoit soigneusement, et qu'après les leur avoir rendues, il lui faisoit tenir leurs réponses, et lui mandoit force choses qui flattoient ses intérêts ou sa vanité. De manière que ce gentilhomme, qui étoit plein de bon sens, croyant en avoir désormais assez fait, en rentrant dans les bonnes grâces de son cousin qui étoit devenu son oncle, pour se croire en état de l'obliger honnêtement à se charger de son frère cadet, il le témoigna en lui écrivant qu'il avoit envie de l'envoyer étudier au Mans, et parce qu'il lui en coûteroit moins, et parce que cet enfant auroit l'avantage d'être élevé auprès de lui, où il se rendroit savant et habile, si M. Costar vouloit bien seulement le regarder de bon œil, et donner quelque ordre à son éducation, dans le dessein qu'il avoit de le faire d'église.

M. Costar lui répondit qu'il louoit et approuvoit son dessein, et qu'il pouvoit envoyer son jeune frère quand bon lui sembleroit. L'enfant vint et fut bien reçu; mais M. Costar ne s'en chargea point, et il fit entendre à son neveu Du Moslin, qu'étant logé dans l'évêché avec M. du Mans, durant une grande partie de l'année, il ne pouvoit avoir son jeune frère auprès de lui. Il le mit néanmoins en pension aux Pères de l'Oratoire, sans entrer que pour une année dans le paiement de la pension; et cela beaucoup moins par sa propre inclination que par celle de M. Pauquet, son domestique, qui le gouvernoit entièrement, et qui, n'ayant nulle noblesse d'âme, ni rien de réglé dans l'esprit, le faisoit entrer dans l'appréhension de s'incommoder, et le rendoit, selon ses caprices, prodigue, libéral ou avare. Il est certain qu'il ne lui laissoit faire que rarement quelque dépense honnête, si ce n'étoit pour donner des dîners, auxquels M. Pauquet consentoit volontiers, parce qu'il y buvoit long-temps et à son gré.

Ce fut quatre ou cinq ans avant sa mort. M. Du Moslin, cependant, comme un homme de bon entendement, ne se rebuta point pour n'avoir pas eu tout le succès qu'il avoit espéré de cette première tentative; il dissimula sagement le ressentiment qu'il en eut, et continua toujours à rendre ses offices à cet oncle-cousin, à le louer et à lui faire même quelques petits présents d'oranges de Portugal, de bigarrades, dans la saison, et d'autres menues denrées propres à la bonne chère, et qu'il savoit lui être agréables. M. Du Moslin forma le dessein de vendre sa charge d'ordinaire chez la Reine-mère, et d'en acheter une d'écuyer de la nouvelle Reine, lorsqu'on commença à vendre les charges de sa maison, long-temps avant le mariage du Roi. Mais, pour pouvoir faire ce changement de charge avec plus de facilité et d'avantage, il communiqua auparavant sa pensée à M. Costar, qui l'approuva et en écrivit à M. le cardinal Mazarin, qui estimoit ses lettres, et lui avoit donné des marques du désir qu'il avoit de l'obliger. En effet, en faveur de cette recommandation, M. Du Moslin eut non-seulement l'agrément, mais encore une remise de deux ou trois mille livres sur le prix de la charge.

Avec cela, M. Costar se donna un très-grand soin de le faire connoître et de le faire valoir à tous ses amis, tant de la cour que de la ville; c'est tout le fruit que M. Du Moslin tira de l'amitié de cet oncle, et des soins qu'il prit de lui plaire en toutes choses.

Depuis la mort de M. Costar, M. Du Moslin, qui étoit plein de courage, et, comme je viens de vous le dire, plein d'ambition de s'élever par les voies de l'honneur, passa en Candie, dans la troupe de plusieurs autres braves aventuriers qui s'engagèrent à ce voyage, sous la conduite de M. le duc de Beaufort, pour y aller défendre les Vénitiens contre les Turcs, leurs ennemis, et pour satisfaire à la passion généreuse qu'ils avoient de se couvrir de gloire, et d'augmenter celle de leur patrie; mais il n'y fut pas plus heureux que le capitaine qu'il avoit suivi; il y fut tué comme lui en combattant avec toute sorte de résolution et de valeur.

C'est là, monsieur, ce que je sais de la naissance de M. Costar; voici ce que j'ai vu et ce que j'ai appris de plus particulier de sa vie.

Il étoit, comme vous savez, monsieur, d'une taille assez haute, fort agréable et fort dégagée. Il avoit le visage rond, et de vives et belles couleurs y paroissoient toujours, dans sa santé; mais il avoit la vue fort courte, et ce défaut ayant commencé à sa naissance, il ne fit que s'augmenter, et devenir presque extrême par l'âge; ses dents étoient mal arrangées, et plus jaunes que blanches; ses cheveux étoient d'un châtain fort brun, et se frisoient naturellement, et tout son air avoit quelque chose de propre et d'élégant qui auroit extrêmement plu, et qui l'auroit rendu très-aimable, s'il n'y eût point eu aussi en tout cela de l'affectation et de la contrainte; l'une et l'autre se trouvoient même en son entretien, où, quoiqu'il parlât très-éloquemment, et que ce qu'il disoit ne fût pas vide de pensées subtiles, raisonnables et surprenantes, par tout ce qu'elles avoient de nouveauté et de justesse, d'ingénieux et de savant, il y avoit néanmoins toujours je ne sais quoi de trop peiné, qui en ôtoit la grâce, en faisant voir qu'il avoit trop d'application à mettre en ordre ce qu'il disoit, et trop de soin de l'embellir et de l'orner. Ce fut cela même qui obligea un jour M. Scarron, dont l'esprit étoit vif et tout rempli de naïves grâces, qui ne connoissoient aucune étude et qui agissoient partout librement, de dire de lui à l'oreille de quelqu'un de ses amis, dans une conversation où ils étoient ensemble : « Bon Dieu! que j'aimerois
« bien mieux qu'il dît sans y prendre garde, *mangy*
« pour *mangea*, et qu'il donnât des soufflets à Ron-

« sard, que de parler toujours si bien et si juste (1) ! »
Et il vouloit qu'on lui donnât le même avis que Martial avoit autrefois donné à Mathon.

Omnia vis bellè, Matho, dicere : dic aliquando
Et benè : dic neutrum : dic aliquando malè (2).

Ce M. Scarron que je vous allègue ici, monsieur, est celui-là même qui a été si particulièrement de votre connoissance, et que tant de sortes d'écrits, donnés continuellement au public durant sa vie, ont rendu si fameux et si admirable, surtout à ceux qui considèrent que l'enjouement incomparable dont ils sont remplis, que l'esprit vif et brillant qu'on y voit éclater de tous côtés, et l'imagination féconde et inépuisable qui le met au-dessus de tous les poètes à qui l'on a donné le nom de *burlesques*, sont d'un homme dont le corps étoit tout perclus. Une étrange paralysie l'avoit réduit en cet état, où il n'avoit rien de libre que la bouche et les mains ; cette maladie lui étoit si cruelle, qu'elle lui faisoit chaque jour et chaque nuit presque continuellement ressentir de grandes douleurs, qui le privoient tellement du sommeil, qu'afin d'en avoir autant

(1) Ce passage a été cité à l'article de *Costar*. (Tom. 4, p. 90.)
(2) Costar adressoit aux autres le reproche qu'il méritoit tout le premier, et il citoit ce même texte de Martial : « Ces Messieurs, dit-il, s'ac-
« coutument à rêver profondément, et à ne souffrir pas qu'il leur
« échappe un seul mot dans les discours les plus familiers et les plus
« communs, qu'ils n'aient pesé au trébuchet, qu'ils n'aient limé, qu'ils
« n'aient ajusté, qu'ils n'aient fait au tour, et c'est ce défaut impor-
« tun et odieux que Martial reproche à un beau parleur de son siècle,
« dont il se moque en ces termes : *Si tu veux dire toutes choses avec*
« *élégance, crois-moi, prends soin de dire quelquefois bien, n'évite pas*
« *de dire quelquefois mal, et ne dis quelquefois ni bien ni mal.* » (*Lettre de Costar*, adressée à Bautru, p. 123 du premier volume des Lettres.)

qu'il lui étoit absolument nécessaire pour ne pas mourir, il falloit qu'il eût recours à l'opium.

Vous avez su, monsieur, que plusieurs personnes, qui, selon la mauvaise et l'ordinaire coutume du monde, aiment mieux croire le mal que penser le bien, et qui se plaisent toujours à juger désavantageusement de leur prochain, disoient que cet étrange accident étoit la malheureuse suite de quelque débauche, et qu'une maladie si incurable ne pouvoit avoir d'autre cause.

Cela me donne occasion, monsieur, de vous faire ici en passant le récit d'une chose remarquable, et qu'il m'a dite plusieurs fois dans toute l'ingénuité et la franchise dont son esprit et son cœur étoient capables. Vous pouvez l'avoir ignorée, ou elle peut être sortie de votre mémoire, quelque admirable qu'elle soit, puisqu'il est constant qu'il n'y en a point qui ne laisse rien échapper, et qui ne soit sujette à éprouver quelque perte.

C'est, monsieur, qu'il tomba dans une fièvre continue, qui fut suivie d'un violent rhumatisme. Il commençoit à se guérir de ces deux grandes maladies, et fatigué du chagrin et de l'ennui d'avoir été long-temps retenu dans sa chambre, il crut sans peine ceux qui étoient auprès de lui, qui lui disoient qu'un peu d'exercice dissiperoit le reste de l'humeur qui l'incommodoit encore, et serviroit à lui faire recouvrer ses forces. Il s'en alla, s'appuyant sur un bâton, entendre la messe à Saint-Jean-en-Grève ; il n'étoit pas logé loin de cette église, et passant par le marché qui en est proche, il y rencontra un jeune médecin qu'il connoissoit et qui étoit domestique de l'illustre madame la marquise de Sablé (1); elle en avoit toujours quelqu'un à ses gages, et elle s'imaginoit, comme quantité d'autres personnes de qualité, qui ont trop d'attache à la vie, que c'étoit une garde assurée contre toutes les attaques de la mort.

Après qu'ils se furent salués, et que cet empoisonneur, de volonté, ou plus vraisemblablement par ignorance, eût appris du pauvre convalescent ce qui l'avoit mis dans l'état de foiblesse où il le voyoit, il lui promit qu'il lui enverroit, le lendemain matin, une médecine toute prête à prendre, et il l'assura qu'elle achèveroit de le guérir si promptement et si entièrement, que deux jours après il se trouveroit dans une parfaite santé. Il fut véritable en ce qui étoit de l'envoi du breuvage qu'il appeloit *médecine*, mais il fut très-faux en ce qui étoit de l'effet heureux dont il l'avoit assuré, car, dans le temps qu'il lui avoit marqué pour la guérison qu'elle devoit opérer, elle lui brûla les nerfs, et il sentit une si terrible contraction, que jamais homme n'a été plus estropié ni plus contrefait que M. Scarron, non pas même le malheureux Thésée, dont un poète a dit :

Sedet, æternumque sedebit
Infelix Theseus (2).

Car il passa le reste de ses jours, qui fut encore long, dans une chaise, où il étoit sans mouvement, et d'où il lui étoit impossible de sortir, que sur les bras d'un valet qui l'y mettoit le matin et l'en ôtoit le soir,

(1) Voyez dans les *Mémoires de Tallemant* l'article de madame de Sablé, tom. 2, pag. 320.
(2) Virg., Æneid., liv. 6, v. 616.

pour le porter dans son lit. Ce cruel et fâcheux état n'empêchoit pas qu'il ne fût tous les jours dans la compagnie d'une infinité de gens de qualité et de mérite, qui le venoient visiter, et qu'il entretenoit avec une gaîté qui surprenoit par tout ce qu'elle avoit d'enjoué, de délicat, de subtil, de fin et de nouveau en chaque chose dont on pouvoit lui parler, et qui étoit néanmoins souvent interrompue par quelque cri que lui faisoient jeter ses douleurs vives et piquantes, mais qui recommençoit au moment que les douleurs finissoient, ou perdoient de leur violence.

Il n'est pas question, monsieur, en ce que vous désirez de moi, que je vous fasse l'histoire de M. Scarron, vous ne voulez apprendre que ce que je sais de celle de M. Costar; ainsi, pour continuer après cette digression, je vous dirai qu'en quelque compagnie qu'il se trouvât, il faisoit paroître une grande douceur qui lui étoit naturelle, mais qui, le portant à une complaisance qui tomboit souvent dans l'excès, n'étoit pas estimée des personnes de bon goût, et qui veulent avec justice que les hommes d'entendement conservent toujours leur honneur, en soutenant, sans blesser en rien l'honnêteté, leurs sentiments avec plus de vigueur et de courage. Comme il n'est néanmoins colère que de gens doux, quand il se voyoit contredit par ceux qu'il ne craignoit point, et qui avoient quelque dépendance de lui, et particulièrement par ses domestiques, il s'irritoit extrêmement, et il ne leur cédoit point, du moins sur-le-champ. Il passoit même à quelque espèce de fureur, qui auroit été cruelle et sans pitié dans le temps de sa durée, si elle eût été soutenue d'autorité et de puissance. Il est vrai que cette durée n'étoit pas longue; mais quelque courte qu'elle fût, elle agissoit si violemment, que sa santé en demeuroit presque toujours altérée.

Il étoit né avec beaucoup d'esprit, et il avoit la mémoire excellente, on peut même dire très-extraordinaire, car dès sa première jeunesse il apprit par cœur, comme en se jouant, une grande partie des meilleurs poètes grecs et latins, qu'il entendoit avec une égale facilité; et, parce que cette mémoire étoit forte, il n'en oublia rien durant toute sa vie, ou du moins il les rapprenoit parfaitement, en les relisant une ou deux fois. Il posséda de la même façon ce qu'il y avoit de plus fin et de plus remarquable dans les orateurs de l'une et de l'autre langue; de sorte qu'il se trouvoit le maître de toutes leurs richesses, et qu'il en disposoit à son plaisir, et selon le mouvement d'une imagination agissante, prompte et éclairée des plus nettes lumières de l'art.

Cet avantage d'une singulière mémoire lui avoit donné dans la suite une entière connaissance de la langue italienne, quoique M. de Voiture, dans une de ses lettres, qui est la trentième de leurs *Entretiens*, lui ait dit : « Je ne fus pas plus étonné quand j'entendis « les religieuses de Loudun parler latin que je l'ai « été de vous voir dire tant d'italien. En vérité, vous « l'alléguez comme si vous l'entendiez; mais j'espère « que je serai vengé à vous l'entendre prononcer; car, « pour l'ordinaire, l'italien appris en Poitou n'a pas « l'accent extrêmement romain, et quelque chose que « vous y puissiez faire, *sapies Poitanitatem* (1). » Il

---

(1) Allusion au reproche que faisoit Pollion à Tite-Live, de sentir *sa Patavinité* (*Padoue, sa ville natale*).

avoit également pénétré assez avant dans ce que les auteurs espagnols ont de meilleur. Ce fut sans doute cette rare mémoire qui, secondant la passion dont il se trouvoit épris pour les belles-lettres, l'obligea de s'y attacher particulièrement, et lui donna lieu d'y faire des progrès surprenants. De sorte que dans le collége il surpassa tous ceux de son âge, et étudiant en Sorbonne, où il acquit le degré de bachelier, il fit ses *paranymphes* (1) avec tant d'éloquence et de grâce, et d'une manière si nouvelle et si peu connue jusqu'alors parmi des gens qui n'avoient fait profession que d'une doctrine simple et dépouillée de tous ornements, que ceux qui s'y trouvèrent en furent étonnés, et conçurent une si haute estime de la beauté de son esprit, que la plupart la lui conservèrent toute leur vie, et parlèrent souvent de l'éclat de cette action; car il est vrai que j'en ai vu quelques-uns, qui, passant par cette ville (2), plus de trente ans après, lui sont venus faire visite, et lui ont témoigné qu'ils avoient gardé dans leur souvenir l'idée qu'ils avoient prise de son mérite en cette occasion. Il y eut quantité d'évêques qui y assistèrent, et entre autres messire Claude de Rueil, qui étoit déjà nommé à l'évêché de Bayonne, et qui connoissoit M. Costar, parce que son père, qui étoit son marchand, le lui avoit déjà présenté, que M. Costar lui avoit même dédié des thèses, et qu'il l'avoit encore prié de venir entendre ses *paranymphes* et de les honorer de sa présence. Il fut épris des rares qualités qui

---

(1) *Paranymphes*; c'étoient des discours qui se prononçoient en théologie à la fin de chaque licence. (*Dict. de Trévoux.*)

(2) Le Mans.

paroissoient en ce jeune homme, qu'il voyoit universellement loué d'un génie qui passoit le commun, et d'une éloquence qui étoit non-seulement au-dessus de son âge, mais qui n'avoit point encore paru en Sorbonne avec tant d'agrément, de délicatesse et de force. Cela fit que ce prélat le demanda à son père. M. Costar m'a conté que M. de Rueil ne fut pas la seule des personnes de qualité qui l'entendirent, qui voulut l'attacher à son service, et que M. le premier président de Verdun (1), qui avoit été présent à l'action, eut le même desir, tant il fut touché de ce qu'il y fit paroître d'esprit, et de l'applaudissement qu'il lui vit recevoir; mais que son père, connoissant M. de Rueil plus particulièrement que les autres, lui donna la préférence.

M. Costar faisoit alors le cours de philosophie, ayant le désir d'être de la maison de Sorbonne ; mais il quitta volontiers les leçons qu'il faisoit, et même le dessein de se faire docteur, pour aller auprès de ce nouveau patron. La vie de la cour lui plut beaucoup davantage que celle du collége, M. de Bayonne le traitant avec toute sorte de douceur et de considération. Peu de temps après, ce prélat alla prendre possession de son évêché, et il le mena avec lui. Ils y demeurèrent jusqu'à ce que l'évêché d'Angers venant à vaquer, le Roi voulut bien en gratifier M. de Rueil, à la prière du maréchal d'Effiat, son cousin germain, qui désiroit qu'il fût moins éloigné de la cour.

Aussitôt que M. de Rueil fut nommé à l'évêché

---

(1) Nicolas de Verdun, premier président du Parlement de Paris, avoit succédé à Achille de Harlay. Il mourut le 16 mars 1627.

d'Angers, il s'en revint à Paris, où M. Costar, qui étoit entièrement attaché à son service en la seule qualité d'homme de lettres, le suivit. Ils y passèrent quelque temps en attendant les bulles de l'évêché d'Angers ; et lorsque le prélat les eut reçues, il s'en alla à Angers prendre possession de son nouveau bénéfice. Il y mena M. Costar, car ils étoient devenus inséparables, et l'étroite liaison qui s'étoit faite entre eux étoit encore en toute sa force et toute remplie du zèle qu'une mutuelle estime avoit fait naître (1).

Il y avoit peu de mois qu'ils étoient à Angers, lorsqu'il vaqua une prébende dans l'église Saint-Martin, qui est une des églises collégiales de la ville, et ce fut la première occasion qui se présenta à M. l'évêque d'Angers de faire du bien à un domestique qu'il aimoit beaucoup. Il le pourvut de cette prébende, en l'assurant que ce n'étoit qu'en attendant qu'il eût des moyens de lui donner des témoignages plus avantageux de son estime et de son amitié.

Ce fut sans doute, monsieur, fort proche de ce temps-là que vous commençâtes à le connoître, et à faire beaucoup de liaison avec lui, étant tous deux également touchés du désir de vous rendre savants, et de devenir, par cette noble voie, aussi illustres que vous avez fait, en suivant constamment les généreux mouvements de votre louable ambition ; ainsi je n'ai

---

(1) L'abbé de Marolles fit, en 1633, un voyage à Angers. « Je fus, « dit-il, visiter M. de Rueil, évêque d'Angers, prélat civil, obligeant « et de bonne mine, qui avoit près de lui M. Costar, homme de belles-« lettres et d'un esprit agréable, que j'avois connu à Paris, avec estime, « dès le temps que nous demeurions dans l'Université. » (*Mémoires de Marolles*; Paris, 1656, in-fol., p. 95.)

rien à vous dire d'un temps que vous avez en quelque sorte entièrement passé avec lui. Vous avez pu parfaitement savoir l'inclination qu'il eut en ce même temps-là pour quelques dames, et je m'assure que vous n'avez pas ignoré que son patron ne fut pas bien aise du favorable traitement qu'on lui fit penser qu'il pouvoit recevoir dans sa maison, et chez madame la comtesse de V..... (1). En sorte que, soit par ce motif, ou pour toute autre chose, il trouva à redire dans la conduite d'un jeune homme qui se laissoit prendre aux appâts du plaisir, et qui prenoit peut-être imprudemment trop de confiance dans la bienveillance qu'il lui avoit fait paroître, et il eut moins d'affection pour M. Costar qu'il en avoit auparavant. Cette disgrâce fut visible en ce que le prélat laissa passer plusieurs occasions sans lui donner aucune marque de sa bonne volonté, et qu'il obligea cependant des personnes qui lui dévoient être moins chères.

Ce procédé déplut fort à M. Costar, qui n'avoit alors que le petit revenu de sa prébende de Saint-Martin, avec de légers appointements qu'il tiroit de l'évêque, son patron. Néanmoins, comme c'étoit un esprit timide, il jugea, conformément à son naturel, que le plus sage et le meilleur pour lui étoit de prendre patience. Il tâcha de conjurer, par une application plus particulière aux choses de son devoir, ce qu'il y avoit de rigueur et de sévérité dans la façon d'agir de celui à qui il s'étoit donné, et auprès duquel il avoit déjà passé un temps considérable, qui se seroit trouvé perdu s'il s'en étoit plaint et s'il l'eût quitté. Mais ces

(1) Ce nom n'est indiqué dans le manuscrit que par cette lettre initiale.

soins, qui n'avoient pas été pris dans les temps ni selon les règles de la prudence, qui prévoit le mal pour l'éviter, étoient inutiles. Il avoit affaire à un maître qui, à la manière de ceux qui se trouvent élevés au-dessus des autres par leur bonne fortune, aiment le plus souvent mieux suivre les mouvements ingrats et intéressés de leur colère, que d'écouter les généreux conseils d'une reconnoissance bienfaisante, qui est ce que Martial a si bien exprimé dans ces deux vers :

> *Irasci tantùm felices nostis amici,*
> *Non bellè facitis, sed juvat hoc facere.*

De sorte que M. Costar auroit désespéré de tout et enfin tout quitté, et il ne se servoit plus que d'une profonde dissimulation pour couvrir l'état fâcheux auquel il se trouvoit réduit, lorsqu'un vieux chanoine de l'église cathédrale d'Angers, appelé Pommier, qui se sentit arriver à la fin de sa vie par une maladie lente, s'avisa d'envoyer quérir un banquier, auquel il fit passer l'acte d'une démission pure et simple de son canonicat en faveur de M. Costar, entre les mains du pape ou en celles de l'ordinaire. Ce vieux chanoine fut porté à lui faire ce bien en ce que, n'ayant point de parents capables de lui succéder, il voyoit ce jeune homme tout rempli d'amour et de passion pour l'étude, et que d'ailleurs, par des mouvements d'un esprit sage et honnête, il s'approchoit de lui, et prenoit le soin de lui plaire et de le divertir.

La démission fut présentée à M. d'Angers, et il ne put s'empêcher de l'admettre, d'autant plus que le résignant, qui avoit connu ce prélat dès le collége, et qui avoit toujours eu pour lui toute sorte de respect et de zèle, lui avoit dit plusieurs fois, en lui parlant de M. Costar, qu'il avoit un jeune homme auprès de lui qu'il désiroit faire son successeur, et qu'il lui destinoit sa prébende; qu'il le prioit pour cela de lui envoyer un notaire quand il seroit bien malade; mais que ce ne fût tout juste que quand il seroit bien malade, afin que, sans la laisser vaquer, il eût la satisfaction d'en disposer lui-même pour une personne qu'il savoit lui être fort agréable. M. d'Angers avoit seulement répondu en souriant, et disant qu'il lui étoit obligé de vouloir disposer de son bien en sa considération. Ce prélat eut une seconde raison de recevoir cette démission, c'est qu'en faisant à son domestique un bien qu'il ne pouvoit lui refuser, il se réserva la disposition de la prébende de Saint-Martin, dont il le fit démettre, et qu'il eut par ce moyen lieu d'en obliger un de ses amis.

C'étoit la coutume de cet évêque de ne combler jamais ses amis ni ses serviteurs de bienfaits, mais de les répandre seulement sur eux comme goutte à goutte. Je m'assure qu'il n'a pas été l'auteur de cette conduite, et qu'elle a été inventée et suivie long-temps avant lui par ceux qui donnent plus à un faux ménagement de leurs intérêts mal entendus qu'à une libéralité sage et bien avisée, et qui cherchent, pour ainsi dire, à s'acheter des amis à bon marché, par de légers et d'uniques présents. Cependant il est vrai que la plupart des hommes ne croient pas qu'on les ait considérés selon leur valeur, quand on ne leur donne que des marques d'une affection trop ménagère ou trop avare. Ainsi ceux qui se font un grand nombre de médiocres amis, attachés par de faibles liens, ne doivent pas s'étonner si à peine s'en trouve-t-il un seul, dans cette foule de gens à qui ils ont fait quelque bien, qui se sente redevable jusqu'à se croire engagé à les servir avec quelque sorte de zèle et d'ardeur, ce qui est un devoir auquel ceux qui ont reçu de grandes et signalées faveurs ne peuvent manquer sans honte et sans se déclarer ingrats, c'est-à-dire sans se précipiter dans la plus insigne de toutes les infamies.

M. Costar, étant ainsi pourvu d'un canonicat dans l'église d'Angers, en prit possession le lendemain, septième juin 1630, du consentement de son résignant, qui en fut si content qu'il donna lui-même dans sa chambre un régal, selon la coutume de ce temps-là. C'était une collation qu'on appeloit *la recherche* (1), où étoient invités les confrères qu'on avoit visités et priés de se trouver à la prise de possession. Le bonhomme mourut deux jours après.

Ce bénéfice, que M. Costar ne tint point de la libéralité ni de la bienveillance de M. d'Angers, ne laissa pas de les mieux remettre ensemble, en ce qu'il guérit l'impatience où étoit M. Costar d'avoir de quoi subsister, que son honneur s'y trouva à couvert sous une apparence de bienfait, et qu'il regarda ce qu'il recevoit, quelque peu qu'il y eût de la part de son patron, comme un sceau de leur réconciliation, et comme un engagement à lui faire de plus grands biens, parce qu'étant naturel de haïr ceux qu'on a offensés (2), il l'est de même d'aimer et d'obliger par de nouvelles

---

(1) C'étoit apparemment à l'imitation de ce qui se pratique dans les établissements par mariage.

(2) Application du proverbe italien : *Chi offende non perdona.*

grâces ceux qu'on a commencé de favoriser en quelque chose.

Ce lui fut donc une bonne fortune, et comme les bonnes fortunes, ainsi que les mauvaises, sont souvent jointes, et comme enchaînées les unes avec les autres, il s'en présenta bientôt une seconde encore plus favorable, en ce qu'elle donna quelque augmentation à ce moyen de subsister.

On lui vint faire une proposition avantageuse de permuter sa prébende de Saint-Maurice d'Angers avec la prévôté d'Anjou, qui est une dignité considérable de l'église de Saint-Martin de Tours. Elle a la présentation de plusieurs cures dans le diocèse d'Angers, et une juridiction à La Flèche, dont la charge de sénéchal a été vendue autrefois jusqu'à trois et quatre mille livres. Le revenu ordinaire de ce bénéfice, qui a beaucoup augmenté depuis, étoit alors de douze à treize cents livres. M. Costar accepta très-volontiers cette proposition, parce que non-seulement cette dignité le rendoit un peu plus riche, mais elle l'obligeoit à moins de résidence, et lui donnoit ainsi plus de temps pour agir à son gré. Il ne crut néanmoins pas en avoir assez, tandis qu'il auroit un bénéfice qui requerroit quelque résidence que ce fût, et il fut si heureux en cela, qu'à peine fut-il en possession de la prévôté d'Anjou, qu'il trouva l'occasion de s'en défaire pour les prieurés de Chambellay et du Genetay, dans le diocèse d'Angers. De ces deux prieurés, il eut, peu de mois après, celui du Mesnil, proche Château-Gontier, et il eut tant de bonheur en toutes ces permutations qu'il y gagna toujours.

Néanmoins en cette dernière il s'engagea, outre les

deux prieurés qu'il donnoit, à fournir un bénéfice de cent livres, dans six mois, à son co-permutant, ou à celui qu'il lui nommeroit dans ce même temps de six mois, demeurant obligé, jusqu'à l'entière exécution de son traité, de payer une pension de pareille somme de cent livres. Ces sortes de traités, en matière de bénéfices, étoient ce que l'on appeloit *les traités et concordats triangulaires d'Anjou.*

Celui avec lequel il permuta mourut avant les six mois expirés, mais ce ne fut pas au profit de M. Costar; car il résigna en mourant son droit pour la chapelle qu'il lui devoit fournir, à un neveu qui, après avoir laissé passer plusieurs années sans rien demander à M. Costar, s'avisa, en 1648 ou 1649, de lui faire sa demande, et de le poursuivre pour le paiement des arrérages de la pension, et pour l'obliger à lui fournir le bénéfice qu'il avoit promis dans le traité fait avec l'oncle.

M. Costar crut avoir prescrit contre la demande de sa partie, et M. Pauquet, qui étoit aussi bien son consultant et l'intendant de ses affaires que son gentilhomme de belles-lettres et que son secrétaire, l'engagea à s'en défendre. Prenant la conduite de ce procès, M. Pauquet employa tous les moyens que lui purent fournir les procureurs et les avocats, faux suppôts de la justice et véritables amis de la chicane, qui veulent toujours que le palais soit rempli de plaideurs. Mais quelques-uns de ses juges, gens d'intégrité et de bon sens, voulurent bien, dans l'estime et l'affection qu'ils avoient pour M. Costar, ne lui rien dissimuler de leurs pensées, et lui faire connoître que c'étoit plaider contre sa propre cédule, et qu'il se feroit condamner aux dépens, s'il s'opiniâtroit à soutenir cette mauvaise cause. Cet avis, donné sincèrement, obligea M. Costar à proposer, par l'entremise d'un ami commun, un accommodement qui fut accepté; de sorte qu'il se tira à bon marché de ce mauvais pas, et il en fut quitte pour la moitié de dix années de pension qui étoient échues, et pour le bénéfice de cent livres, qu'il étoit obligé de donner pour la faire cesser. Il n'avoit pas ce bénéfice, il l'emprunta d'un fort honnête homme de ses amis, nommé Des Charmes, chanoine de Saint-Julien d'Angers, qui voulut bien le secourir en ce besoin pressant. Cet ami eut cependant bien de la peine à se faire rendre par M. Pauquet, après la mort de M. Costar, ce qu'il avoit prêté, quoique ce fût particulièrement M. Pauquet qui l'eût porté à lui faire ce plaisir, afin de se tirer de la honte d'avoir donné le conseil d'une injuste défense, et quoiqu'il se vît en état d'acquitter facilement cette dette; car il se trouvoit revêtu de plusieurs chapelles qu'il avoit retirées des cures dont il s'étoit défait, pour se mettre en droit de posséder sa prébende et son archidiaconé, conformément à un arrêt du parlement qui déclaroit ces bénéfices incompatibles avec une cure.

Il est constant qu'on ne peut avoir une plus forte attache à l'étude que celle qu'avoit M. Costar; mais, comme il ne laissoit pas de mêler quelques autres plaisirs à celui qu'il y prenoit, il n'auroit pu trouver assez de loisir pour y faire tous les progrès qu'il désiroit, s'il ne s'y fût fait aider de la main d'un autre. C'est ce qui fit qu'il eut toujours auprès de lui un homme qui entendoit la langue latine, et qui, sachant bien écrire, copioit ce qu'il composoit, ou qui travailloit à extraire des livres ce qu'il y marquoit pour s'en faire des lieux communs. Ce fut pour cela que M. Pauquet entra à son service, à la place d'un autre, qui le quitta pour se marier, en l'année 1630.

Vous vous souvenez bien, monsieur, que les lieux communs de M. Costar étoient un extrait de divers passages d'auteurs latins, grecs, italiens ou espagnols; il les traduisoit d'ordinaire avec toute la justesse et l'élégance dont il étoit capable. Il pénétroit fort avant dans leur sens, et le développoit avec toute la grâce qu'il y pouvoit donner. Vous savez aussi qu'il rapportoit sur chaque lieu ce qui y étoit conforme, ou ce qui y étoit contraire dans les autres auteurs, et qu'il mettoit ensemble beaucoup de matières propres à lui fournir ce qui lui étoit nécessaire pour discourir agréablement sur chaque sujet. Il y trouvoit de quoi ouvrir son esprit, échauffer son imagination, et faire voir qu'il étoit rempli de plusieurs connoissances.

C'est ainsi qu'il travailla sur Horace, sur Tacite et sur quantité d'autres auteurs, qui tiennent le premier rang dans la république des belles-lettres. Il s'attacha de la même sorte à lire la plupart des Pères de l'Église, et à faire une ample moisson dans les fertiles champs de l'Écriture. Cet exercice, qui n'eut presque point de relâche, auquel il joignoit la composition de quelques sermons qu'il prêcha avec beaucoup de succès à Angers, lui donna, dès le commencement de sa vie, beaucoup de savoir et une grande éloquence, et il n'avoit pas moins de facilité pour produire en peu de temps, que d'agrément et de force pour plaire et pour charmer.

Parmi les auteurs de notre langue, qu'il lut tous

avec application, celui qu'il estima le plus fut M. de Balzac. Il m'a souvent dit que c'étoit un homme éloquent qui lui avoit fait naître l'envie de bien écrire ; mais que, l'ayant trouvé d'un génie plus fort, plus élevé et plus rempli de feu que le sien, il avoit prudemment considéré qu'il ne devoit pas s'efforcer de l'imiter, ni dans ses pensées, ni dans son style ; qu'il n'avoit cependant pas laissé d'y prendre un caractère conforme à son esprit, moins élevé, mais plus doux que celui de M. de Balzac, et qui, n'étant pas moins orné, paroissoit plus naturel et plus facile. Je suis persuadé, monsieur, qu'il eut en cela beaucoup de raison, et que cette sage conduite obtint tout le succès qu'elle méritoit.

Cette éloquence que M. Costar prit le soin d'acquérir lui mérita aussi l'estime de plusieurs honnêtes gens de grande réputation dans les sciences et dans les belles-lettres, qui l'aimèrent et voulurent bien le faire valoir. Car vous savez, monsieur, qu'il n'y a point d'esprit qui ait tant de lumières, et dont l'éclat soit si brillant et si vif, qu'il puisse se faire voir d'abord également à toutes sortes de personnes, et qui n'ait besoin, pour faire connoître ses beautés et leur donner du prix, d'heureuses matières, de favorables occasions, et surtout des bonnes grâces et de la recommandation de quelque homme de crédit qui le soutienne et qui l'appuie (1). Vous fûtes, monsieur, un des premiers qui lui rendîtes ces bons offices, et ce fut d'autant plus

---

(1) *Neque enim cuiquam tam clarum statim ingenium est, ut possit emergere, nisi illi materia, occasio, fautor etiam commendatorque contingat.* (*Pline le Jeune*, liv. 6, épitre 23, à *Triarius*.)

(*Note de l'auteur.*)

heureusement pour lui que, vous étant déjà donné de grandes entrées dans le monde par les agréments et les charmes de votre rare savoir, vous vous trouvâtes en état de parler du mérite de M. Costar en toutes sortes de lieux, et de faire facilement croire tout ce qu'il vous plut de dire en sa faveur.

M. de Voiture contribua aussi beaucoup à le faire connoître. Sans m'arrêter à parler d'un mérite aussi éclatant que celui de ce père des grâces, des gentillesses et de toute sorte d'élégances (1), je vous dirai seulement, monsieur, que, passant par Angers, où il rendit une visite à M. l'évêque, il trouva M. Costar auprès de ce prélat, et que ce qu'il remarqua en lui d'esprit et de savoir fit non-seulement leur connoissance, mais encore entre eux une étroite liaison d'amitié et de commerce de lettres.

Il entra de la même sorte dans la familiarité de M. de Cospean, excellent prédicateur, qui fut évêque de Nantes, et ensuite de Lisieux (2), et qui, par son rare mérite, se fit fort considérer de M. le cardinal de Richelieu. Comme il avoit un bel esprit, une humeur bienfaisante et pleine de zèle pour ce qu'il aimoit, il ne manqua pas de dire à Son Eminence tout le bien possible de son ami M. Costar, et de le louer comme une personne qui n'étoit pas du commun, qui pouvoit être utile à son service, et qu'il ne jugeoit pas indigne d'avoir quelque part en ses bonnes grâces. Il sut enfin si

---

(1) « Voiture, dit Tallemant, est le père de l'ingénieuse badinerie, « mais il n'y faut chercher que cela. » (*Mémoires de Tallemant*, t. 2, p. 278.)

(2) Philippe de Cospean, évêque de Lisieux. (Voyez son article dans *Tallemant*, t. 2, p. 338.)

bien le faire valoir à cette Éminence que, dans un voyage que fit M. d'Angers à Paris, où il amena M. Costar, M. de Cospean obtint de M. le cardinal qu'il prêchât à Ruel en sa présence. Son sermon plut fort à ce grand ministre, qui se piquoit d'un goût fin et délicat en ces sortes d'ouvrages, avec plus de raison sans doute qu'en ceux de la poésie, où il se croyoit injustement un souverain juge, s'il en faut croire ceux qui l'ont approché, et qui avoient les lumières nécessaires pour s'apercevoir qu'il s'y connoissoit peu. D'après les louanges que Son Éminence donna en cette occasion à M. Costar, et sur ce qu'Elle entra même dans le détail du discours, et voulut bien dire ce qu'Elle y avoit remarqué de moins fort, et ce qu'Elle y eût désiré pour plus grande perfection, M. de Nantes se persuada qu'Elle n'auroit pas désagréable qu'il lui demandât pour ce prédicateur une abbaye qu'on disoit vacante. M. de Nantes ne se trompa pas; Son Éminence lui promit en effet de la demander au Roi pour M. Costar, ce qui étoit la lui donner Elle-même, ce ministre disposant entièrement de ces sortes de biens; mais il se trouva, malheureusement pour M. Costar, que cette abbaye étoit régulière, et ainsi cette bonne volonté lui fut inutile.

M. l'évêque d'Angers, qui reconnut dans ce voyage que M. le maréchal d'Effiat étoit occupé d'une infinité d'autres soins que de celui de penser à lui faire une plus grande et plus riche fortune, prit la résolution de se retirer tout-à-fait dans son évêché, et de ne revenir plus à Paris que quand des occasions importantes l'y appelleroient. Exécutant cette résolution, il ramena M. Costar à Angers avec lui, lui disant de M. le maré-

chal d'Effiat : « Mon ami, il *m'eutrapelise*, sauvons-
« nous des artifices de la cour, et allons nous mettre
« en repos. » Ce bon évêque se jouoit sur l'histoire de
l'*Eutrapel* d'Horace, qui faisoit son plaisir de remplir
de fausses espérances ceux qui l'approchoient, et qui
ajoutoient foi à ses trompeuses promesses (1).

M. Costar le suivit à Angers, et, toujours rempli de
sa forte passion pour l'étude, il s'y attacha entièrement. Il sut quelque temps après, que M. de Cospean,
qui étoit devenu évêque de Lizieux, étoit mort (2), et
cette nouvelle lui fit renoncer à l'ambition qu'avoit
fait naître dans son cœur l'appui qu'il s'étoit promis
de trouver en ce prélat pour sa fortune. Il ne songeoit donc plus qu'à vivre doucement et tranquillement parmi ses livres, lorsque M. Godeau et M. Chapelain donnèrent au public chacun une ode à la louange
de M. le cardinal de Richelieu, de qui ils avoient reçu
des bienfaits. Le premier avoit été pourvu par sa fa=

(1) Voici le passage d'Horace :

.... Eutrapelus, cuicumque nocere volebat
Vestimenta dabat pretiosa. Beatus enim jam
Cum pulchris tunicis sumet nova consilia et spes;
Dormiet in lucem; scorto postponet honestum
Officium ; nummos alienos pascet; ad imum
Thrax erit, aut olitoris aget mercede caballum.

(*Horat. Epist.*, lib. 1, 18.)

« Quand Eutrapelus vouloit rendre un mauvais service à quelqu'un,
« il lui donnoit de beaux habits. — Quand cet homme, disoit-il, se verra
« brillant, dans l'abondance, il changera d'idées, prendra un autre
« train ; il dormira la grasse matinée, oubliera ses devoirs, se livrera
« au plaisir; il empruntera à usure, et finira par être gladiateur, ou va-
« let de jardinier. » (*Traduction de Le Batteux.*)

(2) M. de Cospean mourut le 8 mai 1646.

veur de l'évêché de Grasse, et le second avoit été mis au nombre de ses pensionnaires pour six cents livres, et il se promettoit beaucoup d'avantage de la bienveillance que lui témoignoit ce puissant ministre, qui cependant croyoit que cette maxime étoit sage et vraie : *Alendos non saginandos esse poëtas* (1).

On lui envoya à Angers des exemplaires de ces deux poèmes, et il s'avisa de faire des *Observations* sur ce qu'il y trouva à redire (2). Il eut bonne opinion de son ouvrage, et touché de l'amour des grâces qu'il crut y avoir répandues par tout ce que l'ironie, qui étoit, aussi bien qu'à Socrate, sa figure favorite, a de plus piquant et de plus délicat, et la critique savante et ingénieuse de plus subtil et de plus judicieux, il ne put s'empêcher de communiquer son travail à un ancien ami qu'il avoit à Paris. Cet ami, qui s'appeloit de Lessau (3), et qui se fit depuis Jésuite, lui fut peu fidèle; car encore qu'il lui eût fort recommandé de ne le point faire voir, il fut si épris de ses beautés, qu'il ne put se contenir dans la joie qu'elles lui causèrent, et qu'il se crut obligé d'en faire part à quelques personnes qui lui étoient chères. De cette sorte, avant que d'en renvoyer l'original à l'auteur, il en fut fait des copies, dont quelqu'une fut lue de M. de Grasse et de M. Chapelain. Ils furent extrêmement

---

(1) *Nourrissez les poètes, ne les engraissez pas.*

(2) Costar avoit trente-huit ans quand il fit cette *jeunesse*. (*Mémoires de Tallemant*, t. 4, p. 87.)

(3) Cet ami n'est pas nommé dans les lettres de Costar. Les lettres de Voiture, de Balzac, de Maynard seroient aujourd'hui des Mémoires littéraires importants si on n'en avoit pas effacé presque tous les noms propres. On doit moins le regretter pour les lettres de Costar, qui méritent peu de confiance, ayant pour la plupart été écrites après coup.

fâchés de voir leurs odes, qui avoient auparavant été admirées, perdre leur réputation par quantité de fautes que M. Costar y faisoit judicieusement remarquer. Dans le ressentiment qu'ils en conçurent, ils employèrent divers moyens pour intéresser plusieurs de leurs amis dans l'outrage qu'ils prétendirent avoir reçu, et entre autres M. Arnauld d'Andilly, qui étoit le protecteur particulier de M. Chapelain, et qui aimoit M. de Grasse [1].

Je puis vous dire en passant, monsieur, que M. Chapelain étoit un poète purement de la façon de M. d'Andilly, qui l'avoit engendré, pour ainsi dire, et qui lui avoit donné la hardiesse de faire des vers, malgré le Parnasse, et contre la volonté du Dieu que la fable en a fait le maître. Cela signifie, à quitter la figure pour la simple expression, que personne ne s'engagea dans la poésie avec moins de génie et de naturel que celui-là. Il ne fut guère plus propre à écrire en quelque genre que ce fût, comme il est aisé de le montrer par quelques misérables traductions qu'il avoit données au public, avant d'être connu de cet excellent homme, et par quelques vers, où il n'avoit fait paroître ni rime ni raison, ni agréables mesures, ni façons de parler élégantes; mais la bonne fortune, qui lui fit plus de faveur que de justice, voulut enfin qu'il fût connu de M. d'Andilly, qui le prit, je ne sais comment ni pourquoi, en affection, se chargea du soin d'éclairer son entendement, ne dédaigna pas de l'instruire dans l'art de la poésie, et voulut bien le

---

[1] Les *Observations* de Costar sur les deux odes n'ont pas été imprimées. Il paroît qu'elles étoient ridicules et malveillantes. (Voyez les *Mémoires de Tallemant*, t. 4, p. 85.)

produire à l'hôtel de Longueville. Non content de lui avoir fait tout ce bien, il lui inspira l'ambition, et lui fit naître le courage d'entreprendre un poème héroïque, à la gloire du comte de Dunois, le plus fameux héros de cette grande et illustre maison (1). Je ne vous

(1) C'est en effet ce qui fit la fortune de Chapelain. (Voyez les *Mémoires de Tallemant*, t. 2, p. 402.) Arnauld d'Andilly avoit trop de goût pour avoir jamais admiré *la Pucelle*. Dans une lettre du 31 août 1654, en renvoyant à Chapelain les cinq derniers livres de ce poème, il lui donne de sages conseils, qu'il termine par cette observation : « Si vous jugez les choses que je vous mande raisonnables, je vous con-« jure de les suivre, et surtout de vous défaire de cette mauvaise honte « qui, de peur de déplaire à M. de Longueville, vous feroit négliger « votre propre réputation, et vous précipiteroit à publier un ouvrage « qui assurément ne réussiroit pas, et, courageux comme vous êtes, « vous feroit mourir de regret de n'avoir pas cru des amis aussi désin-« téressés, aussi fidèles et aussi passionnés pour votre réputation que « nous le sommes, dont il ne faut pas de meilleure preuve que cette in-« croyable liberté avec laquelle je vous parle, et qui ne pourroit être « telle si elle ne procédoit d'un cœur qui est tout à vous. » Le 2 septembre 1654, Chapelain répondit à M. d'Andilly ; il le remercioit du soin avec lequel il avoit examiné son ouvrage avec M. Lemaistre. « Ce « bienfait, dit-il, ne sauroit produire que de bons effets, et le principal « est qu'il a déjà mortifié et rabattu la vanité que les injustes louanges « de mes amis avoient jetée en mon âme, comme si j'eusse été en ma-« tière de poésie quelque personne considérable, et qu'en me décou-« vrant ce grand nombre de fautes il m'a découvert ma petitesse ou plu-« tôt mon néant. Sur quoi je ne vous nierai pas que l'effroi dont votre « lettre m'a rempli, en me menaçant de la perte de ma réputation, si « je ne suivois de point en point ce qu'elle m'ordonne, a ébranlé mon « âme de telle sorte qu'au lieu de m'exciter il m'a découragé et a mis « mon esprit en état que si j'étois maître de l'ouvrage, il ne verroit jamais le jour..... Mais comme il est d'une nécessité absolue que l'ou-« vrage paroisse bientôt, et qu'il n'en paroisse pas moins que douze li-« vres, ce que je ferai sera d'avoir une application aussi forte que je « l'ai eue jusqu'ici pour suivre le plus près qu'il me sera possible vos « bons et charitables avis....... ne laissant de ce qui est condamné que « ce qu'on ne pourra ôter sans renverser l'édifice, ou que ce dont je « serai fortement persuadé par les principes de l'art, qui est bon et

dirai rien du succès de cette entreprise, et combien elle passa ses forces. Il est assez marqué par cette épigramme que fit un nommé de Linières (1) dans le temps qu'on annonça que ce poème étoit sous la presse :

> On nous promet de Chapelain,
> Ce rare et fameux écrivain,
> Une merveilleuse *Pucelle*;
> Sa cabale en dit force bien ;
> Depuis vingt ans on parle d'elle ;
> Dans six mois on n'en dira rien.

« soutenable près des intelligences. Il me semble que je me puis con-
« server ce droit en une chose qui est mienne, que je n'ai pas conçue,
« disposée et exécutée au hasard, et dont aussi bien je ne mériterois au-
« cun gré du public, ni n'aurois aucune satisfaction en moi-même, si
« aux points essentiels elle avoit réussi par l'industrie d'autrui, et que
« je n'y eusse contribué que mon nom et ma plume..... Quant à vous
« envoyer les douze livres lorsque que les aurai corrigés, je doute si je
« le devrai, ou si je le pourrai faire ; ce seroit abuser trop de votre
« bonté et de votre temps que de vous souffrir rengager à une si longue
« et si ennuyeuse tâche, et remanier tant d'ulcères, si je ne les avois
« pas guéris. D'un autre côté, ayant joui de mon reste à cette correc-
« tion, et n'y pouvant rien faire davantage, il seroit inutile de se tour-
« menter à la vouloir rendre plus exacte, et........ étant pressé comme
« je le suis....... bien qu'il s'y pût faire encore quelque chose après ce
« que j'y ferai entre ci et la publication de l'ouvrage, il seroit impos-
« sible d'en prendre le loisir, et il faudroit le remettre à une seconde
« impression..... Si vous l'ordonnez néanmoins absolument, il s'y fau-
« dra résoudre, et cependant demander à Dieu, ou la force pour le
« mettre en état que vous n'y trouviez guère à redire, ou la patience et
« l'humilité nécessaire pour endurer sans murmure ce qu'il permettra
« qui en arrive, dans la vue que je suis homme comme les autres, et que
« l'infirmité humaine paroît tant en tout ce que font même les plus ex-
« cellents, qu'il ne sera pas étrange que l'on rencontre des défauts aux
« choses qui seront parties de moi, qui suis des plus imparfaits et du
« plus bas étage, etc. » (*Lettres autographes d'Arnauld d'Andilly et de Chapelain*, cabinet de M. Monmerqué.)

(1) François Payot de Linières (ou *Lignières*), poëte satirique, mort en 1704.

Cette prophétie fut accomplie, et chacun sait que ce succès ne pouvoit être plus mauvais pour son honneur; mais il fut plus heureux pour sa fortune, parce que M. le duc de Longueville, qui étoit bienfaisant et libéral, lui donna, dès le commencement de son haut et téméraire dessein, une pension de deux mille livres, qui fut encore augmentée, après qu'il eut mis au jour son ouvrage, et qui lui fut payée jusqu'à sa mort. Tant il est vrai que les plus mauvais auteurs ne sont pas toujours les plus malheureux, et qu'il y a un art d'aveugler les jugements, et de les surprendre par des préoccupations dont ils ne se peuvent défaire dans la suite, sans compter qu'il faut demeurer d'accord que Martial a été éclairé des plus pures lumières de la raison, quand il a dit que les livres, aussi bien que toutes les autres choses du monde, avoient leur bonne et mauvaise fortune :

. . . . . Et habent sua fata libelli.

Mais revenons aux *Observations* de M. Costar sur les deux odes. C'est à leur sujet qu'il écrivit à M. Du Châtelet, maître des requêtes, sa 219e lettre, pour lui témoigner la joie qu'il avoit reçue des assurances qu'il lui donnoit qu'il n'avoit pas perdu les bonnes grâces de M. d'Andilly, et par laquelle il s'excuse, comme il peut, d'avoir fait ces remarques, qu'il appelle : *de misérables papiers qui n'avoient été faits que pour un seul, et qui ayant passé par tant de mains, et après avoir bien couru le monde, étoient venus tomber dans les siennes* (1).

(1) Quelques passages de cette lettre ne seront pas déplacés ici.

Ce ne fut pas assez à M. l'évêque de Grasse, et à M. Chapelain d'avoir excité contre lui la colère de toutes les personnes de considération qui avoient de l'estime pour eux. Ils firent encore en sorte qu'ils approchèrent M. le cardinal de Richelieu, et comme ils n'ignoroient pas que ce ministre étoit fort jaloux de sa gloire et de sa renommée, qu'on peut dire qu'il aimoit éperduement, ils lui firent entendre que ces *Observations* n'en vouloient pas seulement à leurs poésies, mais qu'elles attaquoient sa conduite et tendoient à la décrier, et que c'étoit dans cette injuste et

« Vous me mandez que je n'ai pas perdu les bonnes grâces de M. d'An-
« dilly; vous pouvez juger, après tout ce que je vous ai toujours dit de
« lui, que ce n'a été sans émotion que j'ai reçu cette bonne nouvelle....
« C'est un homme extraordinaire, et qui est adoré partout où il est
« connu.... Ayez la bonté, Monsieur, de l'assurer de mon obéissance....
« et de lui témoigner le regret extrême que j'ai que ces misérables
« papiers qui n'avoient été faits que pour un seul, aient passé par tant de
« mains, et qu'après avoir bien couru ils soient venus tomber dans les
« siennes. Vous savez les précautions dont je me servis pour empêcher
« cette disgrâce que je n'ai pu éviter ; vous savez les serments que je
« tirai de M. (*de Lessau*) de ne les montrer à personne, et la résistance
« que j'apportai aux supplications qu'il me faisoit d'y consentir..... Il
« n'y a personne qui souffre avec moins de répugnance les réputations
« injustes. Quand il est question de blâmer et de reprendre, c'est un
« personnage que je laisse faire aux autres..... J'ai horreur de m'enri-
« chir des dépouilles et de m'élever sur des ruines.... Et cependant....
« je cours fortune de voir mes intentions mal interprétées, et d'être con-
« vaincu de malignité et d'envie...... Pour le moins, Monsieur, tâchez
« d'obtenir de M. d'Andilly qu'il désabuse M. l'abbé de Saint-Nicolas
« (*Henri Arnauld, depuis évêque d'Angers*), et qu'il le prie de ne
« commencer point à juger de mon esprit ni de mon humeur, par le dis-
« cours qu'on lui a montré. C'est une marque de réprobation de n'être
« pas au goût d'une personne qui l'a excellent comme lui, et d'être haï
« d'un homme qui aime tant les bonnes choses, etc. » (*Lettres de M. Costar;* Paris, 1658, in-4°, p. 583.)

insolente témérité de jeune homme étourdi ou méchant, qu'il avoit particulièrement osé alléguer contre Son Eminence ce vers de Catulle :

O sœclum insipiens et inficetum!

M. le cardinal ne les eut pas plus tôt entendus parler de cette sorte qu'il prit feu, et commanda à quelqu'un des siens, qui étoit propre à cet office, d'envoyer arrêter M. Costar, et de le faire conduire à la Bastille.

M. Du Châtelet, qui sut que cet ordre avoit été donné, avoit, heureusement pour M. Costar, lu les Observations sur les deux odes, et il en connoissoit toute l'innocence, en ce qu'on avoit prétendu qui regardoit Son Eminence. Il vit l'artificieuse malice avec laquelle les deux poètes l'avoient voulu rendre criminel, et faire de leur querelle particulière celle d'un premier ministre, en qui l'intérêt public se trouvoit joint, pour ne point souffrir qu'on l'attaquât par des libelles qui le pussent offenser, et blesser le moins du monde la gloire qu'il s'étoit acquise en servant utilement l'Etat. Ainsi, il se crut obligé d'aller trouver Son Eminence pour la retirer de l'erreur où on l'avoit jetée. Et comme il étoit plein de feu et de courage, qu'il étoit aimé de cette Éminence, et qu'il avoit toute sorte d'accès auprès d'Elle, il lui eut bientôt fait reconnoître, en lui montrant l'endroit de ces Observations où le vers de Catulle étoit allégué, qu'il n'étoit point vrai que l'auteur eût voulu rien faire concevoir, ni contre son jugement pour les ouvrages d'esprit, ni contre son ministère dans la conduite de l'Etat. Ce maître des requêtes étant extrêmement enjoué, et une imagination vive lui fournissant quantité de pensées plaisantes et ingénieuses, il mit M. le cardinal en bonne humeur, et le fit rire de plusieurs fautes qui étoient reprises avec esprit et d'une manière plaisante; il lui dit que M. Costar étoit, à son sens, l'homme du royaume sur lequel il devoit plutôt jeter les yeux pour faire répondre aux satires que le sieur abbé de Saint-Germain (1), aumônier de la Reine-mère, Marie de Médicis, avoit osé écrire et faire imprimer contre Son Eminence.

M. le cardinal fut touché de l'ouverture que M. Du Châtelet lui donnoit pour repousser à son avantage les railleries et les injures de cet abbé de Saint-Germain, qu'il supportoit avec une extrême peine; car il n'y a jamais eu de grand homme qui ait été plus sensible que ce cardinal aux traits de la satire, et qui ait souffert plus impatiemment, et l'on peut dire même avec plus de foiblesse, qu'on blâmât ses actions. Ce fut dans cet esprit qu'il témoigna à ce maître des requêtes qu'il lui savoit bon gré de l'avis qu'il lui donnoit, qui avoit en un moment éteint sa colère et rempli son imagination d'une extrême joie. Afin que cette proposition eût tout l'effet qu'il désiroit, il lui commanda de passer par Angers, dans un voyage qu'il devoit faire en Bretagne, et de porter à M. Costar tous les livres de Saint-Germain, avec quelques Mémoires

(1) Matthieu de Morgues, sieur de Saint-Germain, aumônier de la reine Marie de Médicis, avoit d'abord été écrivain aux gages du cardinal de Richelieu; il demeura fidèle à sa maîtresse, et publia beaucoup de pièces réunies dans le *Recueil de diverses pièces pour la défense de la Reine-mère et de Louis* XIII; Anvers, 1637 et 1643, 2 vol. in-fol.

qu'il fit dresser. Il voulut aussi qu'il lui recommandât d'employer tout ce qu'il avoit d'esprit à renverser généralement tout ce qui étoit dans ces livres, et à les bien tourner en ridicule, et que, du reste, il s'assurât qu'il ne manqueroit pas de récompense.

M. Du Châtelet s'acquitta fort bien de cette commission, et M. Costar commença dès-lors à étudier les matières, et à mettre ensemble tout ce qu'il jugea nécessaire pour ce grand dessein. C'est de cet amas même qu'il avoit fait, pour se mettre en état d'obéir aux ordres précis du cardinal, qu'il parle à M. Du Châtelet, dans sa lettre deux cent treizième du premier volume (1), le lui ayant voulu faire voir avant que de lui donner aucune forme. Ce travail parut fort beau, fort riche, et chaque pièce judicieusement choisie, à Son Eminence et à M. du Châtelet, qui le lui présenta et qui étoit lui-même un bel esprit fort entendu en ce genre d'écrire, comme il l'avoit fait paroître par la prose rimée qu'il fit en faveur de Son Eminence, sur la *Journée des Dupes* (2), par une fort plaisante satire

---

(1) C'est dans la lettre deux cent dix-huitième. « Je vous envoie, écrit-« il à M. Du Châtelet, ce petit travail que j'ai entrepris par votre or-« dre. Je l'ai fait avec grand soin, mais je n'ai point donné de temps à « le polir, et vous n'y trouverez aucune sorte d'ornement, etc. » (*Lettres de Costar*, première partie, p. 581.)

(2) Cette prose satirique, dirigée contre MM. de Marillac, a été jointe au *Journal du cardinal de Richelieu*. On l'attribuoit à Du Châtelet, et c'est sur ce motif que le maréchal se fonda pour récuser ce maître des requêtes. « Quant à Chastelet, disoit-il, j'ai horreur de le voir assis « parmi une si honorable compagnie, sur ces fleurs de lys, et qu'il ait « pouvoir et main-levée sur ma vie et sur mon honneur, quand bien je « n'aurois autre chose à lui reprocher que cette infâme prose, dont il est « l'auteur, où s'étant moqué de Dieu et de l'Eglise, ayant injurié les « cendres d'un personnage d'éminente qualité et sainteté de vie (*le car-*

en vers françois contre M. de Laffemas, lieutenant civil à Paris, et par plusieurs autres pièces de cette sorte.

Mais il n'est pas ici question de parler de ces choses, il nous suffit de dire que, sur la réponse qu'il fit à M. Costar, pour l'encourager à mettre en œuvre tous les matériaux, si bien triés et mis à part avec tant de choix, M. Costar y travailla soigneusement et avec toute l'ardeur que demandoit une chose qui lui paroissoit de si grande conséquence pour sa fortune et pour son honneur.

Mais comme la construction de cet édifice étoit de longue haleine, elle étoit encore peu avancée, lorsque la nouvelle qui lui vint de la mort de M. le cardinal fut un vent impétueux qui renversa ce qui étoit déjà élevé, et qui anéantit, pour ainsi dire, toute l'entreprise.

Il connut fort bien quelle perte lui étoit cette mort d'un homme aussi puissant, qui auroit pu l'élever à

« dinal de Bérulle), de qui la mémoire est en l'éternité, offensé les vi-
« vants..... il ne faut pas s'étonner s'il a calomnié impudemment M. de
« Marillac, mon frère, et m'a rangé au nombre des *pendarts :*

Frater plus fur quàm Barrabas,
Cujus manu rapiebas,
Suspendetur antè turbas.

« dignes paroles de sa rage et de sa passion, etc. » On n'eut pas égard à cette récusation, et Du Châtelet seroit resté juge du maréchal si, sur une requête présentée par la famille, Du Châtelet n'avoit pas été mandé *pour être ouï*, et conduit prisonnier au château de Tours. Ainsi Tallemant s'est trompé quand il a dit (t. 2, p. 3) que Châtelet avoit opiné dans le procès, et qu'il étoit disposé à revenir sur son avis. (*Relation du procès du maréchal de Marillac*, dans le *Journal du cardinal de Richelieu*.)

une heureuse et éclatante fortune; mais parce qu'il n'aimoit pas le travail dans le temps de sa jeunesse, et surtout celui qui étoit de commande et qui le pressoit d'agir de suite et de le préférer à ses plaisirs, il s'en consola fort vite, à ce qu'il m'a dit souvent, sur ce que ce changement lui donnoit une liberté plus grande de faire ce qu'il vouloit, et de suivre sans contrainte son inclination.

Il revint bientôt après à Paris avec M. d'Angers, son patron, dont il étoit très-mal satisfait, en ce qu'il n'en recevoit aucune marque utile d'amitié, pas même la moindre démonstration de bienveillance; en sorte qu'il fit dessein de le quitter dans ce voyage. Cependant il ne savoit par où se prendre à lui demander son congé, parce qu'il craignoit de ne trouver pas un autre patron qui lui fût plus commode, et qu'il voyoit bien qu'il n'avoit pas assez de revenu pour en vivre facilement sans l'aide d'autrui. Se trouvant dans cet embarras, M. l'abbé de Lavardin (1) l'en tira.

Cet abbé qu'il connoissoit étoit un jeune homme plein d'honneur et de la vertueuse ambition qui porte les gens de sa haute naissance à se vouloir élever aux évêchés, quand ils ont embrassé la profession ecclésiastique. Il avoit pris la résolution, pour s'en rendre digne et capable d'en bien soutenir le faix, de se retirer durant quelques années dans son abbaye de Saint-Liguières, proche de Niort, en Poitou, avec une personne savante, propre à l'appliquer à l'étude et à lui donner ce qui lui manquoit de connoissances dans la

---

(1) Philibert Emmanuel de Beaumanoir, abbé de Lavardin, depuis évêque du Mans et commandeur des ordres du Roi. Il mourut en 1671.

théologie. Il cherchoit avec soin cette personne, et il la demanda à M. Costar, qu'il crut fort capable de la lui bien choisir.

M. Costar, qui n'étoit pas encore assez fortifié dans l'envie de quitter son patron, se trouva embarrassé de cette commission. Il la reçut néanmoins, et il donna à M. l'abbé de Lavardin un nommé Guérin de La Pinelière, qui, comme vous savez, monsieur, étoit d'Angers, et, sans être fort savant, aimoit les livres, et pouvoit enseigner les autres en étudiant. C'étoit un jeune homme qui avoit quelque talent pour la poésie, et il avoit fait imprimer la *Médée* de Sénèque, traduite en vers françois [1]. Il entra au service de M. l'abbé de Lavardin; mais il tomba malade dès qu'il y fut entré, et il mourut à Paris, trois semaines après, pendant un voyage que cet abbé étoit allé faire dans le pays du Maine. Cet accident donna sujet à M. Costar d'écrire à M. l'abbé de Lavardin; mais ce qui est à savoir, pour la pure vérité de l'histoire, c'est que la lettre soixante-douzième de son premier volume, qu'il lui adresse au sujet de la mort de ce domestique, n'est point celle qu'il lui écrivit en ce temps-là, et qu'elle a été faite dans la maison épiscopale du Mans, tout de nouveau, vingt ans après, sur la première que j'ai vue, et qui n'étoit qu'un fort petit billet. Cette dernière lettre fut ajustée *au théâtre* [2], seulement pour faire valoir son éloquence et y employer les passages de

---

[1] L'abbé Goujet n'a pas connu cette traduction. (Voyez la *Bibliothèque françoise*; Paris, 1742, t. 6, p. 183.)

[2] Expression singulière. Elle paroît signifier que cette lettre fut ainsi refaite pour paroître plus convenablement sur le *théâtre* de la publicité.

M. de Malherbe, de Salluste et de Pline, qu'il tiroit de ses lieux communs, pour se faire plus d'honneur et surprendre davantage ses lecteurs par la multitude des choses qu'il leur exposoit, et qui montroient beaucoup de mémoire, de lecture et d'imagination, ainsi que beaucoup d'esprit et de justesse pour s'en servir à propos (1).

M. l'abbé de Lavardin revint à Paris presque dans le même temps, et M. Costar, pour remplir la place de ce M. de La Pinelière, lui proposa M. Vaillant, docteur en théologie de la maison de Navarre, qui étoit un prédicateur de réputation et un fort honnête homme. Il avoit pris les mesures nécessaires auprès de ce docteur, qui lui témoignoit regarder cet emploi comme la plus grande faveur qu'il pût attendre de sa bonne fortune; et M. l'abbé de Lavardin l'ayant reçu de la main de M. Costar, et l'assurant qu'il auroit pour lui toute sorte de considération, il sembloit se disposer à exécuter ce dont ils étoient convenus. Il arriva néanmoins que M. l'abbé de Lavardin, étant sur le point de partir pour sa retraite, s'aperçut que M. Vaillant ne s'approchoit plus de lui comme il avoit fait d'abord, et qu'il ne lui faisoit plus paroître sa première ardeur à vouloir le suivre. Il en parla à M. Costar, qui chercha ce docteur, et, l'ayant rencontré avec peine, l'obligea de lui répondre sincèrement et de lui avouer, en toute ingénuité, qu'il ne pouvoit se résoudre à quitter Paris; et parce que

(1) Costar est bien peint ici. Refaire une lettre vingt ans après l'avoir écrite, convertir un simple billet en une épître hérissée de citations, c'est bien là le caractère de ce lourd pédantisme dont Costar ne cessoit pas de s'envelopper. On lit cette lettre ridicule à la page 185 de la première partie des Lettres de Costar.

M. Costar lui demanda quels plaisirs et quels charmes pouvoient y attacher un homme de sa condition et de son peu de biens, il lui répondit : « Hé! pour combien « comptez-vous la Samaritaine? » M. Costar changea depuis ces mots, croyant les rendre plus intelligibles en ceux qui sont dans sa lettre : « Hé! pour combien « comptez-vous la promenade du Pont-Neuf (1)? » M. Vaillant vouloit faire entendre que la vue de la Samaritaine et la promenade sur le Pont-Neuf étoient capables de lui donner plus de satisfaction qu'il n'en pouvoit retirer du séjour qu'il feroit en province. Ce fut à cette occasion que M. Costar écrivit à M. l'abbé de Lavardin le billet dont il a fait depuis la lettre soixante-treizième de son premier volume, et qui est à peu près ce qu'il écrivit alors (2). Il s'étoit enfin déterminé à se servir de cette occasion pour ne retourner plus en Anjou avec M. d'Angers, qui ne se radou-

---

(1) Costar étoit trop étranger au naturel pour pardonner à cette saillie ce qu'elle avoit de familier ; il en a fait disparoître toute la vivacité en la traduisant. (Voyez ses *Lettres*, p. 193.)

(2) Costar s'offrit à M. de Lavardin par la même lettre dans laquelle il lui annonçoit que M. Vaillant ne pouvoit consentir à s'éloigner de la *Samaritaine*. Cette partie de sa lettre est trop singulière pour n'être pas rapportée ici. « Je suis tellement épris de la beauté de votre ame, lui dit-
« il, que je sens bien que c'est pour toujours, et quoique la solitude où
« vous allez vous confiner me paroisse très-fâcheuse, votre absence me
« seroit encore plus insupportable.

« *Si tibi mens eadem, si nostri mutua cura est,*
« *In quocumque loco Roma duobus erit.*

« *Roma*, Monsieur, c'est-à-dire le Cours, les Tuileries et les belles
« ruelles du quartier Saint-Paul et du faubourg Saint-Germain. » (*Lettres de Costar*, p. 195 de la première partie.)

cissoit point pour lui, et pour se donner un nouveau patron qui fût plus touché de son mérite, et plus porté à lui faire du bien.

Il s'offrit donc lui-même à M. l'abbé de Lavardin, qui reçut son offre avec une extrême joie, et vint la lui témoigner lui-même au logis de M. l'évêque d'Angers; et, comme il n'ignoroit pas qu'il avoit une grande passion de quitter cet évêque, qui, de son côté, n'étoit pas fâché de se séparer de ce domestique, pour qui il n'avoit plus qu'une fort médiocre affection, il le pria de se résoudre à prendre bientôt son congé, afin que les délais ne lui fissent rien perdre du temps destiné à la retraite où il se vouloit confiner avec lui, pour satisfaire à l'ardeur qu'il avoit de se rendre savant.

M. Costar, qui avoit pris résolument son parti dès le moment qu'il avoit témoigné à M. l'abbé de Lavardin le désir de s'engager à son service, fit diligemment ce que ce nouveau patron lui demandoit, et dans la conjoncture l'affaire fut aisée. M. d'Angers et lui se quittèrent comme ils le désiroient; ils accompagnèrent leur commune satisfaction de beaucoup de paroles d'honnêteté réciproque, et tout cela se fit si bien qu'ils furent mieux en se séparant que lorsqu'ils demeuroient ensemble, et qu'ils s'aimèrent depuis plus tendrement qu'ils n'avoient jamais fait.

M. l'abbé de Lavardin partit de Paris avec M. Costar pour se rendre en son abbaye de Saint-Liguières; et, y étant arrivés, M. Costar lui fit lire d'abord les meilleurs auteurs de la langue latine, afin que cette lecture lui servît d'un solide fondement pour l'intelligence des Pères de l'Église, non-seulement en ce qui étoit de leurs expressions, mais en ce qui regardoit leur esprit et la force de leurs raisonnements. Cette méthode judicieuse eut l'heureux succès qu'il s'en étoit promis, car elle rendit ce jeune abbé capable de pénétrer fort avant dans le sens des docteurs de l'Église, et d'y puiser le savoir qui lui étoit nécessaire pour instruire les autres.

Leur exercice ne fut pas seulement de lire avec une grande et continuelle assiduité l'Écriture et les saints auteurs qui ont développé ce qu'elle a d'obscur et de difficile; M. l'abbé de Lavardin s'occupa encore, sous les avis et la conduite de son guide, à composer plusieurs sermons (1). Il s'acquit par là l'habitude d'écrire avec facilité, justesse et élégance; et ce qui est considérable dans un jeune homme, et fait voir la passion ardente qu'il avoit pour le bien, c'est que cet exercice, si vertueux et si louable, dura cinq années, sans être interrompu qu'un mois ou deux tout au plus, sur la fin, que cet abbé fut obligé de faire un voyage dans la province du Maine, pendant lequel M. Costar en fit un autre à Balzac, pour y voir le *Divin Parleur* (2), qui avoit rendu le nom de ce lieu si

---

(1) Costar ne parvint pas à faire de l'abbé de Lavardin un sujet bien distingué. Pour une pauvre fois qu'il voulut prêcher, il demeura court, ce qui fit dire à madame de Sablé, à la vue de son portrait : « Mon Dieu, « qu'il lui ressemble! on diroit qu'il prêche. » (*Menagiana*. Voyez aussi les *Mémoires de Tallemant*, t. 4, p. 86.)

(2) Expression employée par Maynard dans ces vers sur le portrait de Balzac :

C'est ce *divin parleur* dont le fameux mérite
A treuvé chez les roys plus d'honneur que d'appuy.
Bien que depuis vingt ans tout le monde l'imite,
Il n'est point de mortel qui parle comme luy.

(OEuvres de *Maynard*; Paris, 1646, in-4°, p. 206.)

célèbre, qu'il pouvoit le disputer aux plus renommés de l'ancienne Grèce et de la Rome d'Auguste. Il y passa quelque temps avec cet homme illustre, qui, au jugement de tous les beaux-esprits, avoit mérité dans son siècle le rare et glorieux titre d'*unico eloquente*. Il y a plusieurs lettres, dans les deux volumes de M. Costar et dans ses *Entretiens* (1), qui font assez connoître ce qui se passa en cet agréable lieu, entre deux personnes d'esprit, comme ils étoient, et qui avoient une très-grande satisfaction de se voir ensemble, et de se pouvoir entretenir à leur aise de mille choses qui regardoient leurs études et leurs propres ouvrages, aussi bien que les livres de différents auteurs en diverses langues. Ainsi, monsieur, il n'est point de besoin que je m'arrête à vous en faire le récit, ni que je vous raconte quels furent les autres plaisirs dont ils jouirent ensemble, et surtout ceux de la bonne chère ; car vous savez que M. de Balzac n'étoit

(1) On lit le récit du voyage de Costar à Balzac, dans les *Entretiens de M. de Voiture et de M. Costar*. (Paris, 1654, in-4°, p. 245 et suiv.) Il est contenu dans une lettre marquée au coin de l'affectation, comme presque tout ce qu'a écrit Costar. « Ce fut là, dit-il, que je dis
« un soir à M. Balzac que, comme les financiers avoient bâti tout à l'en-
« tour de Chilly, du temps de M. le mareschal d'Effiat, il falloit que les
« beaux-esprits bâtissent à l'entour de Balzac, et particulièrement vous,
« M. Chapelain et moi, etc. » (Pag. 247.)

Voiture lui répondit : « Ce que vous dites de bâtir autour de Balzac,
« comme autour de Chilly, m'a semblé fort bon, et seroit en vérité bien
« à propos ; mais nous autres beaux-esprits, nous ne sommes pas grands
« édificateurs.... Au moins M. de Gombauld, M. de L'Estoile et moi,
« avons résolu de ne point bâtir que quand le temps reviendra que les
« pierres se mettent d'elles-mêmes les unes sur les autres au son de la
« lyre. Je ne sais si c'est qu'Apollon se soit dégoûté de ce métier-là,
« depuis qu'il fut mal payé des murailles de Troie, mais il me semble
« que ses favoris ne s'y adonnent point, etc. » (*Ibid.*, p. 288.)

pas moins estimé, *magister cœnandi quàm dicendi*, et que les potages qu'il avoit pris le soin de faire faire à son cuisinier avoient aussi bien leur réputation que ses lettres et ses autres écrits.

Au bout de cinq ans, M. l'abbé de Lavardin revint à Paris pour y faire sa cour à la Reine et à M. le cardinal Mazarin, à qui cette princesse avoit confié toute la conduite de sa régence, pour tâcher de s'y faire paroître digne de l'épiscopat, où il aspiroit comme à une chose très-digne de la noble et sainte ambition que Dieu lui avoit inspirée pour son service.

M. Costar y suivit son nouveau patron, qui lui continua toujours la considération qu'il avoit eue pour lui dans la solitude de leur retraite. Ils vécurent ensemble à leur ordinaire, ce domestique en ayant deux autres à ses gages pour le servir, M. Pauquet et le petit Nau, qui étoit le laquais de M. Costar, et dont il a parlé en plusieurs lettres de ses *Entretiens*. En cet état, M. Costar n'avoit autre chose à faire que de voir ce qu'il y avoit dans la ville de gens recommandables pour la beauté de leur esprit, et pour leurs rares connoissances dans les belles-lettres ou dans les sciences. Il s'acquit aussi l'entrée chez plusieurs personnes de grande qualité, qu'il vit de temps en temps, et dont il se fit estimer.

Il passa trois ou quatre ans de cette sorte; mais M. l'abbé de Lavardin, qui voyoit que la bonne fortune ne se pressoit pas de l'honorer de ses faveurs, que les espérances avantageuses qu'il en avoit conçues ne paroissoient pas prêtes d'arriver à une heureuse fin, et que cependant elles l'avoient engagé dans une dépense qui pourroit l'incommoder, s'il s'opiniâtroit à la soutenir plus long-temps, résolut avec prudence de quitter Paris, et de se retirer dans le Maine, chez madame la marquise de Lavardin, sa belle-sœur, pour ne revenir que de temps en temps à la cour, avec peu de train. Ainsi il s'en alla à Malicorne, où il mena M. Costar.

Il n'y avoit que peu de mois qu'ils étoient en cet agréable lieu, qui est une demeure pleine d'enchantements, par sa situation et par tous les embellissements que madame de Lavardin y a ajoutés; ils s'y occupoient presque toujours à étudier, et ils y prenoient peu d'autres divertissements, quand M. de La Ferté, évêque du Mans, qui avoit succédé à Charles de Beaumanoir, quatrième fils du maréchal de Lavardin, vint à mourir dans la ville du Mans, après avoir possédé cet évêché, seulement pendant dix ans.

M. l'abbé de Lavardin en sut aussitôt la nouvelle, et il se rendit promptement à la cour, pour y demander cet évêché. Vous savez, monsieur, les difficultés qu'il rencontra dans cette affaire, et que la tempête et l'orage dont il fut battu tombèrent en partie sur M. Costar (1). Il se les étoit attirés par un air et des manières d'agir qui paroissoient plus d'un homme du monde que d'un ecclésiastique, et même par quelques paroles, où, quoiqu'il n'y eût rien qui pût blesser la religion, il paroissoit néanmoins plus de liberté qu'il n'étoit bienséant à sa profession. En un mot, de quelque façon que ce soit, il donna lieu à ses ennemis de lui nuire, et aux envieux de son patron, d'en tirer des

---

(1) M. Vincent avoit fort mauvaise opinion de Costar; il l'accusoit de faire profession d'impiété et d'athéisme. (*Mémoires de Tallemant*, t. 4, p. 92.)

conséquences désavantageuses au dessein qu'il avoit de s'élever à l'épiscopat ; en sorte que M. Costar fut obligé de sortir de Malicorne, et de se retirer à La Flèche, pour paroître en quelque façon avoir quitté M. l'abbé de Lavardin, qu'on pressoit de l'éloigner de sa personne, et conjurer ainsi la malice de ceux qui, pour le persécuter avec plus de force, faisoient armes de tout, et blâmoient la conduite de ce domestique (1).

Lorsque M. l'abbé de Lavardin eut triomphé de la calomnie de ses ennemis cachés et découverts, M. Costar revint à Malicorne, son innocence n'ayant pas été moins reconnue que celle de son patron. Il est vrai qu'elle n'avoit pas été si fortement attaquée, et qu'elle ne l'avoit même été que pour détruire avec plus de facilité et d'artifice celle de ce patron, à qui on en vouloit particulièrement, pour venger une injure ridicule et imaginaire. Celui qui prétendoit qu'il la lui avoit faite, auroit eu honte de se plaindre, comme

---

(1) L'évêque du Mans laissa la plus mauvaise réputation. M. Desmaizeaux, dans la *Vie de Saint-Evremont*, dit que M. de Gondrin, archevêque de Sens, et quelques autres personnes qui avoient eu des liaisons particulières avec M. de Lavardin, le dénoncèrent après sa mort, et que, sur leur témoignage, on réordonna sous condition quelques prêtres qui avoient reçu de lui les ordres, et entre autres le célèbre Mascaron. M. Desmaizeaux dit qu'il tenoit ces particularités de Le Vassor, dont le témoignage sur ces matières est fort suspect. Il vaut mieux suivre l'opinion de M. de La Croze, cité par l'annotateur de Saint-Evremont. « Philibert-Emmanuel de Lavardin, dit-il, se recon« nut à la mort, et détesta sa vie et ses impiétés passées. Ce fut même « sur la déposition qu'il fit alors qu'il n'avoit jamais eu l'intention, en « administrant les sacrements de son Eglise, que plusieurs prêtres qui « avoient reçu les ordres de lui se firent réordonner. » (*OEuvres de Saint-Evremont*; 1753, t. 1er, p. 31 et 32.)

il en avoit eu de l'accuser, puisqu'il ne le faisoit qu'en cachette, et en abusant d'une confiance injuste et mal ordonnée, que des gens aveuglés par ses adroites persuasions prenoient inconsidérément en ce qu'il leur disoit; car il est vrai qu'il les supplioit de ne le point nommer, et de se donner même bien garde que l'on pût découvrir qu'il les faisoit agir.

M. Costar se réunit ainsi à M. l'abbé de Lavardin, pourvu de l'évêché du Mans, qui n'en eut pas plus tôt pris possession, qu'il lui donna dans la maison épiscopale un appartement commode, loin de tout bruit et dans une vue pure et agréable qui étoit seule capable de le délasser de la fatigue qu'il trouvoit dans le travail d'une étude presque continuelle. Ayant reçu cet appartement comme un lieu où il jugeoit bien qu'il passeroit le reste de ses jours, il le fit ajuster et embellir de lambris et de peintures, qui l'ont rendu jusqu'à présent le plus agréable logement qui soit dans le grand et irrégulier bâtiment dont se compose cette maison épiscopale.

Cette même année en laquelle M. de Lavardin prit possession de son évêché du Mans, l'air se trouva si corrompu dans la ville, qu'il y causa une espèce de maladie contagieuse. Elle avoit commencé par donner la mort à l'évêque, elle n'épargna pas les chanoines dont elle emporta un grand nombre, entre lesquels celui qui étoit pourvu de la dignité d'archidiacre de Sablé, se rencontra des premiers. M. de Lavardin, qui ne faisoit que d'entrer dans son épiscopat, et qui néanmoins avoit déjà eu le moyen de remplir le serment de fidélité et de satisfaire à l'indult, pourvut M. Costar de la prébende et de l'archidiaconé; mais il l'obligea en même temps, quoique avec assez de peine, de résigner son prieuré du Mesnil au frère de M. le marquis de Jarzay (1), suivant en cela l'exemple du premier ministre, M. le cardinal Mazarin. Il s'y crut en ce rencontre d'autant mieux fondé, que Son Eminence venoit de l'obliger de donner l'abbaye de Saint-Liguières, dans les portes de Niort, à M. Cohon, évêque de Nîmes, au même temps qu'il lui fit expédier le brevet du Roi pour l'évêché du Mans. Il savoit d'ailleurs, de M. Costar lui-même, que M. de Rueil, évêque d'Angers, en avoit toujours usé de cette sorte dans la distribution de ses grâces. Ce qui fit résoudre plus volontiers M. Costar à subir cette loi, ce furent les assurances que M. du Mans lui donna, que les bénéfices qu'il lui venoit de conférer n'étoient pas le seul bien qu'il lui vouloit faire, et que son dessein n'étoit pas de suivre en d'autres occasions cette conduite qui ne pouvoit donner que des marques de peu d'affection; mais que la reconnoissance, où l'engageoit l'amitié que M. le marquis de Jarzay lui avoit fait paroître, dans la plus importante affaire de sa vie, dont il venoit de sortir glorieusement, malgré la calomnie de ses injustes et furieux ennemis, vouloit absolument qu'il fît ce qu'il désiroit de lui. En effet, comme cet évêque, en vrai gentilhomme, qui avoit un cœur formé du très-noble sang d'une infinité de héros, et rempli de vertus, étoit toujours véritable en ses promesses, et que les chanoines du Mans, aussi bien que presque tous les autres du royaume, avoient en ce temps-là le pri-

---

(1) René du Plessis de la Roche-Pichemer, comte de *Jarzé* ou Jarzay. C'est celui qui fit semblant d'être amoureux de la reine Anne d'Autriche, et qui passa de longues années dans l'exil.

vilége de posséder des cures, il lui donna celle de Niort, en cette province du Maine, qui lui valut, toutes charges faites, un bon vicaire entretenu libéralement et les décimes payés, cinq cents écus portés jusque dan sa chambre.

De cette sorte, il se trouva fort accommodé, parce que, outre le revenu de ces bénéfices, il étoit non-seulement logé, mais encore nourri aux dépens de M. du Mans, avec deux personnes à son service, sans compter un cheval que son évêque lui avoit donné, et qu'il lui entretenoit.

Se voyant au milieu de tout ce bien, il crut qu'il devoit travailler à se l'assurer et même à l'accroître; il jugea que le plus sûr moyen étoit de se rendre utile et nécessaire à son patron. Il lui offrit de se charger de l'instruction du seul fils qu'eût laissé M. le marquis de Lavardin, qui avoit été tué au siége de Gravelines (1). C'étoit alors un enfant de sept à huit ans, qui faisoit déjà paroître qu'il étoit né avec beaucoup d'esprit. Cette offre fut acceptée avec une grande joie par l'oncle, qui avoit une extrême passion de bien faire élever celui qui devoit être l'appui, le soutien et l'honneur de sa maison, et madame la marquise de Lavardin n'en eut pas moins de joie, étant toute remplie de zèle pour les avantages de son fils, et pour la gloire de cette maison, dont elle avoit déjà commencé efficacement à remettre en bon état les affaires, aupa-

---

(1) Henri de Beaumanoir, marquis de Lavardin, maréchal-de-camp, fut tué d'un coup de mousquet au siége de Gravelines, au mois de juin 1644. Il laissa de Marguerite-Renée de Rostaing, qu'il avoit épousée le 10 mars 1642, un fils qui a été ambassadeur à Rome en 1687.

ravant en mauvais ordre, et presque entièrement ruinées.

Il commença donc ainsi à donner une grande partie de ses soins à ce jeune enfant. Aidé en cela du travail de M. Pauquet, et comme il savoit parfaitement choisir les choses propres à lui ouvrir l'entendement, en lui exerçant la mémoire, il lui fit faire en peu de temps des progrès étonnants ; il le fit admirer de tous ceux qui l'entendirent, et M. du Mans et madame la marquise de Lavardin furent si contents des succès du disciple, que le prélat ayant dessein de passer quelques mois chaque année à Paris, donna une seconde cure à M. Costar, dont il tira cinq cents livres de pension. M. Pauquet fut pourvu d'une autre en proximité de la ville, qui lui valoit huit cents livres : le tout pour suppléer à ses absences pendant lesquelles il ne nourrissoit plus M. Costar ; ce qui n'empêcha pas que madame la marquise de Lavardin ne lui payât, durant ce temps, une pension considérable pour la nourriture de son fils et d'un valet de chambre.

Les soins qu'il prenoit de cet enfant étoient fort exacts et très-assidus, mais ils n'empêchoient point ses études particulières, d'autant qu'ils avoient leurs heures réglées, et que n'allant guère que les fêtes et les dimanches à l'église, à cause de la difficulté de marcher que lui causoient ses gouttes, il avoit encore assez de temps, surtout ayant pris auprès de lui un lecteur, qui ne le quittoit point, et qui, pour suppléer à l'extrême défaut de sa vue, qui étoit devenue tout-à-fait basse, lui lisoit les livres où il cherchoit ce qu'il pensoit lui pouvoir être de quelque service. Il les lui faisoit marquer d'un crayon, afin que M. Pauquet n'eût plus qu'à lui en faire l'extrait, en le distribuant dans les lieux que chaque chose concernoit; j'entends selon son génie, car vous savez, monsieur, qu'en ce qui est de ces lieux communs (1), chacun a son ordre qui lui est propre et qui répond à son imagination, en sorte que ce qui est excellent pour l'un, et ce qui lui sert d'une mémoire artificielle, et comme l'a dit Montagne, *d'une mémoire de papier*, ne fait qu'embarrasser un autre, et lui est un champ stérile, où son esprit ne fait que languir, sans y rien trouver qui puisse lui donner une bonne et agréable nourriture et le mettre en état de produire.

Il faut, monsieur, que je vous dise de quelle manière cet éloquent homme travailloit à la composition de quelque ouvrage que ce fût. Il se mettoit dans un coin de sa chambre, après avoir donné ordre à ses gens de n'y laisser entrer personne et de ne le point venir interrompre. Il y demeuroit assis dans une profonde méditation, comme immobile, plus ou moins long-temps, selon que ce qu'il faisoit étoit plus ou moins long et pénible; lorsqu'il avoit, en se recueillant ainsi, fini ce qu'il s'étoit proposé, il le dictoit à l'instant à M. Pauquet. S'il se rencontroit que M. Pauquet fût occupé à des choses plus pressées, ou qu'il ne fût pas au logis, ce qui arrivoit rarement, par le soin qu'il

---

(1) Cet usage de rassembler des lieux communs, qui nous semble aujourd'hui avec raison, si ridicule, étoit pratiqué par les savants du dix-septième siècle, qui l'avoient emprunté du siècle de l'érudition. On lit dans Balzac : « Je ne commence qu'à entrer en belle humeur, et enta-
« mer mes *lieux communs;* mais le mal est que je ne suis pas maître de
« mes heures, etc. » (*OEuvres de Balzac*, neuvième dissertation, ch. 3, t. 2, p. 626.)

avoit de le retenir auprès de lui, il différoit tant qu'il vouloit à dicter ce qu'il avoit donné en garde à sa mémoire, en le composant sans l'écrire, et elle le lui conservoit en entier pendant un ou deux jours, et même jusqu'à quatre ou cinq, sans qu'il s'y perdît, ou qu'il s'y dérangeât le moindre mot.

De sorte, monsieur, qu'on peut dire qu'il étoit véritablement en cela et en toute autre chose, comme Hortensius, de qui Sénèque a dit : *Hortensius ea quæ secum commentatus est sine scripto, verbis iisdem reddebat;* et ce que je vous dirai encore, monsieur, en cet endroit, pour vous faire mieux connoître ce que j'ai remarqué de lui, c'est qu'il avoit autant d'esprit que de mémoire; ce qui paroissoit évidemment en ce qu'il faisoit tout ce qu'il vouloit des choses qu'il avoit mises dans sa mémoire, et qu'elles étoient là, comme dans une terre fertile, qui faisoit produire le centuple à chaque grain de la semence qu'elle avoit reçue; ainsi l'on peut assurer qu'il étoit savant, suivant cette règle du même Senèque : *Meminisse est rem commissam memoriæ custodire, at contra scire est sua facere quæque, nec ab exemplari pendere et toties ad magistrum respicere.* Cela est aisé à remarquer et à reconnoître dans ses livres, où il a employé plusieurs passages d'auteurs différents, si ingénieusement et avec tant de justesse et de nouveauté dans ses pensées, qu'on peut assurer que tous ces biens lui sont propres, et qu'il les a plutôt reçus de la nature que de l'étude et de l'art.

Toutes les fois qu'il avoit à travailler sur des sujets auxquels il devoit donner beaucoup du sien, et qu'il vouloit appuyer de l'autorité des auteurs célèbres, pour leur donner plus de force, il se faisoit écrire sur une espèce de liste, dont la feuille pliée faisoit deux colonnes, tous les passages qu'il avoit dessein d'employer dans sa composition. Il se les faisoit ensuite lire une ou deux fois, et il les savoit après si bien, qu'en composant il n'avoit besoin que d'en entrevoir seulement les premiers mots, quelque longs que fussent les passages pour s'en servir et en faire la plus juste application. Il mettoit ensemble de cette manière, tantôt une page, tantôt deux ou trois, et quelquefois jusqu'à cinq ou six, qu'il dictoit après à son loisir, sans être obligé d'en charger sa mémoire, qui les lui gardoit tant qu'il vouloit, sans en rien perdre.

Cette merveilleuse facilité de mémoire faisoit qu'il ne souffroit que bien peu, dans ses études, du défaut de sa vue qui n'avoit jamais été forte, mais qui se trouva notablement affoiblie, à l'âge de quarante ans, par sa très-grande application à la lecture.

Ce qui l'incommodoit bien davantage, c'étoit la goutte qu'il avoit, pour ainsi dire, trouvée dans la succession de son père, et qui l'avoit attaqué dès l'âge de dix-neuf à vingt ans. Mais comme cette maladie est une déesse qui hait les pauvres, ainsi que le dit un poète grec dans l'Anthologie, lorsque sa fortune devint meilleure, et qu'avec plus d'âge il eut aussi plus de bien, elle le visita plus souvent, ne se passant point d'année qu'il ne l'eût au moins trois fois. Elle lui causoit toujours la fièvre, mais elle n'étoit que médiocrement douloureuse. Elle commençoit d'ordinaire par les mains, qu'elle lui avoit remplies de *nodus* et presque entièrement estropiées ; de là elle tomboit sur les pieds, et elle se répandoit ensuite presque généralement sur toutes les parties de son corps, ou à la fois, ou successivement, sans qu'elle épargnât même le nez, les lèvres et les paupières. En cet état il falloit que M. Pauquet, et les dernières années de sa vie, un valet de chambre assez fort pour cela, le levât, le couchât et le tournât dans son lit, sur ses bras, comme il auroit fait un enfant, parce qu'il se trouvoit sans force, et qu'il ne pouvoit s'aider en aucune manière.

Si cette maladie étoit fâcheuse et importune, elle étoit aussi la seule qui osât l'attaquer. Elle ne laissa pas de lui faire un jour courir grand risque de mourir soudainement, ce qui arriva de cette sorte : elle le prit à Angers, et le médecin lui ayant ordonné de se faire saigner à cause de la fièvre qu'elle lui donnoit, il fit appeler pour cela le plus habile et le plus fameux chirurgien de la ville et de toute la province, nommé Maussion. Ce chirurgien prit si peu garde à ce qu'il faisoit, par une négligence qui est assez ordinaire aux plus excellens ouvriers, qu'il lui piqua l'artère; mais il fut si heureux que son sang, qui sortoit impétueusement, fut arrêté dans le moment par l'habileté du chirurgien qui, sans s'étonner, ni effrayer le malade, mit promptement un double sur l'ouverture avec une compresse, et fit la ligature bien ferme, défendant qu'on la défît jusqu'à ce qu'il fût revenu. Le lendemain, il revint comme il l'avoit dit; mais ayant encore jugé à propos de le laisser en cet état autres vingt-quatre heures, la cicatrice se trouva faite au bout de ce temps, et il en fut quitte pour un anévrisme qui se forma, et qu'il porta le reste de ses jours, sans incommodité notable.

Je lui ai souvent ouï dire qu'au sortir de cette

goutte, et lorsque la fluxion s'étoit entièrement écoulée, il sentoit que son cerveau étoit parfaitement dégagé, que son imagination étoit plus nette, plus pure, plus libre et plus vive qu'auparavant, et qu'elle faisoit agir plus aisément et plus fortement ce qu'il avoit d'esprit. De sorte qu'en ce temps-là il se trouvoit plus épris qu'à son ordinaire du désir d'étudier, et de mettre en œuvre les matières qu'il avoit amassées. En effet, ce fut au sortir d'un violent accès de sa goutte, qui lui avoit duré près d'un mois, qu'il entreprit cet ouvrage, qui, de tous ceux qu'il avoit faits jusqu'alors, eut l'avantage d'être mis le premier sous la presse, qui s'est trouvé son chef-d'œuvre, et a eu une éclatante réputation : la *Défense des OEuvres de M. de Voiture* (1).

Vous vous souvenez, monsieur, que ce fut vous qui, passant par Le Mans pour retourner à Paris, d'un voyage que vous aviez fait à Angers, voulûtes bien vous charger de cet ouvrage, pour le mettre entre les mains de M. Conrart, et que ce dernier convint avec M. de Pinchesne, neveu de M. de Voiture, qu'il le donneroit à l'imprimeur, qu'il auroit le soin de l'impression, et qu'il feroit paroître par une épître liminaire que c'étoit lui-même qui, pour assurer davantage la gloire des écrits de son oncle, mettoit au jour cette *Défense* (2). Ils se servirent de ce détour, afin d'em-

(1) Cet ouvrage parut en 1653.
(2) Ménage s'accorde entièrement avec le biographe de Costar. Voici ce qu'on lit dans le *Menagiana* : « Après avoir obligé M. de Girac à
« écrire en latin contre les lettres de Voiture, M. de Balzac engagea
« aussi M. Costar à prendre la défense de Voiture et à écrire contre
« M. de Girac ; c'étoit pour s'attirer des louanges de l'un et de l'autre
« côté. Je passois par Le Mans pour revenir à Paris, dans le temps que

pêcher que M. de Balzac ne se plaignît de M. Costar, et ne lui reprochât d'avoir rendu public, pour lui déplaire, un ouvrage qu'il lui assuroit n'avoir fait que pour lui être envoyé en particulier (1); car la vérité est que M. de Balzac, qui, sans doute, avoit été touché de quelque jalousie en voyant l'applaudissement universel qu'avoient reçu les ouvrages de M. de Voiture, qui sembloient en quelque sorte avoir obscurci l'éclat des siens, ne pensoit pas que M. Costar prît la chose avec tant de chaleur et qu'il la poussât si loin; d'autant plus qu'étant amis, et lui envoyant quelques observations que M. de Girac avoit faites en latin, sur les

« la Défense fut achevée. M. Costar m'en donna deux exemplaires, l'un
« pour être envoyé à M. de Pinchesne, neveu de M. de Voiture, et
« l'autre à M. Conrart. Il me dit qu'il se soumettroit volontiers à tous
« les changements qu'on y voudroit faire, soit qu'on voulût y ajouter ou
« retrancher. Une des copies fut communiquée à M. de Balzac, qui en-
« voya des corrections. Cependant l'ouvrage s'imprima, et parce que
« ses corrections arrivèrent dans le temps que l'impression fut achevée,
« on lui manda qu'elles étoient venues trop tard, et le livre parut tel
« qu'il étoit, dont il eut quelque chagrin. » (*Menagiana*, éd. de 1715,
t. 1er, p. 309.)

(1) Balzac prit fort mal cette publication. Il écrivit à Conrart : « Je
« ne comprends point ce qu'a fait le neveu de M. de Voiture, sans en par-
« ler à personne, sans vous en donner avis, sans savoir si Le Mans et An-
« goulesme le trouveroient bon...... Quel droit a-t-il de publier un ou-
« vrage composé par Costar et adressé à Balzac? Et qui lui a dit que
« Balzac n'usera point du pouvoir que Costar lui donne de changer, de
« rayer ce qu'il lui plaira de cet ouvrage, et de supprimer mesme l'ou-
« vrage, si bon lui semble?.... Vous pouvez penser que je ne suis en-
« vieux ni de la gloire de M. de Voiture, ni de celle de M. Costar, ni de
« celle de votre très-humble serviteur, qui trouve, comme vous dites,
« son panégyrique dans la *Défense* de son ami.... L'impression d'un ex-
« cellent livre ne doit pas être un larcin, ne doit pas être une action de
« surprise, une action de ténèbres et de nuit. Il faut donc avant toutes
« choses avoir des nouvelles de M. Costar....., etc. » (*Lettre* du 16 juin
1653; *OEuvres de Balzac*, t. 1er, p. 976.)

OEuvres de M. de Voiture, il lui avoit simplement demandé ce qu'il jugeoit de ce petit travail d'un homme qui étoit de ses amis et qu'il croyoit de bon sens. Quoiqu'il le priât depuis, par une seconde lettre, de lui faire réponse là-dessus, ce fut toutefois sans l'en presser et sans lui faire aucune instance, qu'il lui demanda son sentiment. Ainsi, tout ce qu'a dit M. Costar au commencement de cette *Défense* de l'ardeur que M. de Balzac avoit apportée à l'obliger de répondre à l'écrit de M. de Girac, n'est qu'un jeu qu'il s'est donné, une fiction sans fondement solide, une raillerie cachée sous les apparences d'une entière obéissance, qui ne songeoit qu'à satisfaire à l'estime qu'elle avoit pour un homme aussi illustre que l'étoit M. de Balzac, et avec lequel il avoit depuis long-temps contracté une entière amitié. Il la fit cependant céder, en cette occasion, au plaisir de se servir d'une ironie agréable, qui pût rendre son éloquence plus vive et plus piquante, et lui acquérir plus d'approbateurs et de réputation.

Vous avez mieux su que moi, monsieur, vous qui êtes dans le grand monde, le bruit qu'y fit ce petit livre, et combien il fut généralement admiré; mais est-il venu à votre connoissance que M. Rose (1), qui étoit le premier secrétaire de M. le cardinal Mazarin, fut un de ceux qui furent le plus épris de ses beautés, et que l'ayant fait lire à Son Eminence, Elle en fut aussi tou-

---

(1) Toussaint Rose, secrétaire de Mazarin, ensuite secrétaire particulier de Louis XIV, dont il avoit *la main*, président à la Chambre des comptes de Paris, et membre de l'Académie françoise, parce que cette compagnie lui dut l'honneur de haranguer le Roi, mourut en 1701.

chée si vivement, et de celles de l'esprit qui les avoit produites, qu'Elle commanda à M. Colbert, qui étoit alors son intendant et le principal ministre de sa maison, de le mettre au nombre des hommes extraordinaires dans les sciences et dans les belles-lettres, à qui Elle donnoit pension. Cet intendant de la maison de Son Eminence exécuta promptement cet ordre, et envoya à M. Costar une lettre de change de cinq cents écus, qui fut acquittée par le receveur des tailles de l'élection du Mans, pour le premier paiement de cette pension.

Le billet d'avis que lui écrivit M. Colbert ne contenoit que peu de mots, et ne lui faisoit point entendre d'où ni comment lui venoient ce bien et la lettre de change qui y étoit jointe. M. Costar n'en eut pas moins de joie que d'étonnement. Il ne se contenta pas d'en faire son remercîment à M. le cardinal Mazarin, par la lettre qui commence son premier volume; il fit aussi une lettre à M. Colbert, par laquelle il lui témoigna qu'il ne lui étoit pas seulement obligé de l'avis qu'il lui avoit donné, et du soin qu'il avoit pris de lui envoyer la lettre de change; mais il lui rendit encore mille très-humbles grâces de ses bons offices auprès de Son Eminence, croyant lui devoir le bienfait dont Elle venoit de l'honorer. M. Costar agit en cela, dans l'opinion qu'il eut qu'encore que M. Colbert et lui ne se fussent point connus auparavant, il étoit arrivé heureusement pour sa bonne fortune, que ce premier ministre de celui qui l'étoit de tout le royaume avoit été touché du mérite de son livre, et que c'étoit ce qui l'avoit porté à le faire valoir auprès de son patron, qu'il savoit avoir de l'affection pour les gens habiles et savants, et aimer à les favoriser en répandant sur eux ses libéralités (1).

Cependant M. Colbert ne voulut point s'acquérir à faux titre ce mérite auprès de M. Costar, et pour le tirer de son erreur, il l'assura qu'il n'avoit nulle part au bien que M. le cardinal avoit voulu lui faire; et, soit qu'il ne sût pas en effet qui avoit porté Son Emi-

(1) On lit dans le *Menagiana*: « La *Défense de M. de Voiture* lui « acquit (*à Costar*) une grande réputation, parce qu'on la trouvoit « mieux écrite que les lettres de M. de Balzac et que celles de Voiture, « de qui il prenoit le parti. Cela fut cause que M. le cardinal Mazarin lui « fit écrire par M. Colbert qu'il lui donnoit une pension de cinq cents « écus, et le chargeoit de lui dresser un rôle des personnes de lettres. « J'y travaillai pendant trois mois, parce qu'il s'en rapporta à moi, qui « avois plus d'habitude que lui à Paris, et plus de connoissance de « ceux qui étoient dans les provinces. Cela ne produisit rien pour lors; « mais M. Colbert, quelques années après, fit des libéralités non-seule- « lement aux personnes de lettres de France, mais encore aux étran- « gers. » (*Menagiana*, éd. de 1715, t. 1er, p. 290.) Il est singulier que l'auteur de la Vie de Costar ne parle pas de cette circonstance. On a imprimé dans la *Continuation des Mémoires de littérature et d'histoire* (par le père Desmoletz, Paris, 1726; t. 2, 2e partie, p. 317) un *Mémoire des gens de lettres célèbres de France, par M. Costar*. Cet ouvrage paroît avoir été fait avec Ménage. Si ce dernier y a eu part, il n'y a pas fait preuve de modestie, car voici comment il y est placé : « Les plus savants en beaucoup de choses et les plus universels sont : « *Bignon*, avocat général.... etc. *Ménage. On lui feroit injustice si on « ne le mettoit pas immédiatement après cet excellent homme, car il est « un second prodige de science.* » (Page 332.) Costar n'est pas même nommé dans cette nomenclature. On a de Chapelain un *Mémoire de quelques gens de lettres vivants en 1662*, imprimé en 1726 dans les *Mémoires du P. Desmoletz*, t. 2, première partie, p. 21, et dans les *Mélanges de littérature tirés des lettres de Chapelain*, p. 181. La Société des Bibliophiles françois a publié en 1826 les *Gratifications faites par Louis XIV aux savants et hommes de lettres depuis 1664 jusqu'en 1679*. Ces dons ont été faits par les mains de Colbert, d'après les renseignements qui se trouvoient dans les deux Mémoires que l'on vient de citer.

nence à cette libéralité, ou qu'il ne voulût pas se donner la peine de lui en conter l'histoire, il se passa beaucoup de temps avant que M. Costar découvrît celui qui étoit la première cause de cette bonne fortune; mais enfin, M. de Pinchesne, qui étoit connu de M. Rose, et qui le voyoit quelquefois, ayant su de lui-même qu'il avoit mis la *Défense* des ouvrages de son oncle entre les mains de Son Eminence, après lui avoir fait naître l'envie de la lire, par les louanges qu'il lui avoit données, lui manda comment la chose s'étoit passée, et le bonheur qu'il avoit eu de plaire à cet honnête homme. Il ajouta à ce récit que M. Rose étoit un très-bel esprit, qui avoit un goût fin et délicat, pour connoître, en ces sortes de productions, ce qu'il y avoit de bon et de mauvais, d'extraordinaire et de commun, d'exquis et de médiocre, et que, sans être touché de cette basse et maligne envie, qui est le vice auquel la plupart des gens d'esprit sont le plus sujets, il avoit bien voulu lui rendre toutes sortes de justice, et faire valoir le plus obligeamment du monde son travail. M. Costar apprit toutes ces choses avec bien de la joie : dès ce temps-là il commença d'écrire à M. Rose (1); et comme celui-ci étoit fort sensible au mérite des beaux esprits, fort honnête et fort obligeant, ils lièrent ensemble une correspondance assez étroite.

Mais M. Costar, qui fut bientôt informé de ce que pouvoit M. Colbert auprès de M. le cardinal Mazarin, et combien ses rares qualités l'en faisoient considérer, s'attacha à lui faire sa cour plus particulière-

---

(1) *Voyez* la lettre 68ᵉ de Costar, p. 172 de la 1ʳᵉ partie de ses *Lettres*.

ment qu'à tout autre, n'ignorant pas qu'en matière de bien conduire ses intérêts et de les avancer, celui qui est le plus capable de les soutenir et d'en procurer le succès doit recevoir les premiers hommages (1).

Dans cette même conjoncture, M. le cardinal voulut que l'on fît des réponses à quelques écrits qui avoient été publiés en faveur de M. le cardinal de Retz, détenu prisonnier au bois de Vincennes; il jugea que M. Costar étoit l'écrivain le plus habile qu'il pût employer pour travailler sur ce sujet, et il chargea M. Colbert de lui en écrire et de lui envoyer les mémoires qui lui étoient nécessaires. Aussitôt qu'il les eut reçus, il s'acquitta de cette commission fort vite et parfaitement bien; en sorte qu'on lui témoigna qu'on étoit tout-à-fait content de son ouvrage. Cela lui donna moyen de lier plus de commerce avec M. Colbert, qui lui fit toujours paroître tant d'estime et d'affection, en l'assurant de la bienveillance de Son Eminence, qu'il ne douta plus qu'il n'eût toute la faveur qu'il pouvoit désirer dans les bonnes grâces du premier ministre de l'Etat; et comme il est naturel à l'homme, et surtout aux poètes et aux orateurs, de prendre aisément de l'orgueil, il en conçut une telle opinion de lui-même qu'il ne crut plus pouvoir retenir avec justice, à l'ombre de son cabinet, aucune ligne de tout ce qu'il avoit jamais écrit et de ce qu'il écriroit à l'avenir. Cette pensée, dont il remplit son imagination, fit naître dans son cœur un si violent amour pour l'impression, que rien ne fut capable de l'éteindre que

(1) L'aveu est naïf. Les fades éloges dont regorgent les lettres de Costar étoient en raison des services qu'il pouvoit attendre de ceux auxquels il les adressoit.

la mort. Il me disoit à ce sujet ces deux vers d'une épigramme de Martial qu'il s'appliquoit à lui-même :

Post me victuræ, per me quoque vivere cartæ
Incipiant; cineri gloria sera venit.

Ce fut ce qui l'obligea à faire paroître par la voie de l'impression ses *Entretiens* avec M. de Voiture, avec M. de Balzac, et avec un chanoine d'Angers nommé Seurhomme [1], qui n'eurent pas le même succès que la *Défense*, parce qu'ils ne parurent pas aux savants assez remplis de doctrine, et que ceux qui n'avoient qu'un médiocre savoir ne les prirent que pour des lieux communs qui ne pouvoient pas être d'une grande utilité, quoiqu'ils fussent élégamment écrits et mis ensemble avec beaucoup d'esprit; ils les jugèrent plus propres à des écoliers qui sortoient de leurs classes, et qui commençoient à entrer dans le monde, pour leur faire naître ou pour leur conserver quelque amour pour les lettres, qu'aux personnes qui y étoient déjà entrées, et s'étoient acquis de plus solides connoissances. M. de Balzac même, qui étoit entré dans cette sorte d'Entretiens avec lui, et qui les avoit regardés dans le temps seulement comme un jeu de la mémoire et de la facilité de se servir des choses qu'on y avoit mises, n'approuvoit pas non plus ce genre d'écrire, surtout pour le tirer du commerce particulier d'un petit nombre de gens à qui il plaît, pour le donner au public, qui n'en a que faire, et à qui il ne peut être que d'un médiocre divertissement. Cet illustre

[1] Il étoit chanoine de l'église d'Angers et chancelier de l'Université de cette ville. (*Lettres de Costar,* p. 637.)

s'en est expliqué en ces termes, dans une de ses lettres, en parlant à M. Conrart : « Vous connoissez
« M. Sarazin, c'est pourquoi je ne vous fais point son
« éloge ; mais, puisque vous voulez savoir ce que c'est
« que notre commerce, je vous envoie les lettres que
« j'ai reçues de lui, la dernière desquelles est un grand
« discours à la façon de M. Voiture et de M. Costar,
« quand ils traitoient ensemble de leurs communes
« études. Je ne désapprouve pas le bon ménage du
« latin dans certaines compositions françoises ; mais,
« à vous dire le vrai, cette profusion ne me plaît pas,
« et si ce n'est pédanterie, c'est quelque chose qui lui
« ressemble (1). »

Cependant M. Costar, préoccupé du mérite de ces sortes de lettres, toutes farcies de passages d'auteurs de différentes langues, s'étoit mis en tête qu'elles charmeroient les lecteurs, et qu'elles leur donneroient une merveilleuse opinion de son esprit, de sa mémoire et de sa grande lecture, aussi bien que de l'adresse et du choix judicieux avec lesquels il avoit mis ensemble tant de choses diverses, qu'il appeloit curieuses et rares ; et parce qu'il ne crut pas qu'il y en eût suffisamment pour fournir un juste volume, il s'avisa d'y joindre des billets qu'il fit exprès sous son nom et sous celui de M. de Voiture, qui n'étoit plus vivant (2), comme s'ils eussent servi auparavant à leur commerce, et qu'ils se fussent trouvés parmi ses autres papiers, dans une recherche particulière qu'il en avoit faite pour le bien du public.

---

(1) Lettre à Conrart, du 3 mars 1653. (*OEuvres de Balzac*, t. 1er, p. 967.)

(2) Ainsi voilà Costar déclaré faussaire par son apologiste !

Aussitôt qu'il eut fait distribuer ce livre à ceux à qui il crut devoir le donner, il s'appliqua à composer la *Suite de la Défense de M. de Voiture;* et comme ce qu'il avoit d'esprit étoit vif et facile, et que sa mémoire et les magasins qu'il avoit faits dans ses extraits tenoient à sa disposition toutes sortes de matériaux, il y employa fort peu de temps.

Cet ouvrage, monsieur, vous fut adressé, et si je ne me trompe, il vous en envoya la copie pour la revoir et pour la mettre entre les mains de l'imprimeur.

L'*Apologie*, qui fut faite avec une pareille promptitude, fut, de même que les autres livres qui l'avoient précédée, présentée à Paris, par quelques-uns de ses intimes amis, à toutes les personnes qu'il pensoit ne lui être pas inutiles pour sa réputation et pour sa fortune, particulièrement par M. son neveu Du Moslin à M. Fouquet, qui lui témoigna par beaucoup d'accueil qu'il estimoit parfaitement son oncle. Le neveu ne manqua pas de rendre bon compte à M. Costar de la charge qu'il lui avoit donnée de voir ce ministre bienfaisant et généreux, et il lui manda qu'il avoit lieu d'espérer considérablement des bonnes grâces d'un homme qui étoit aussi libéral, et qui prenoit autant de plaisir à obliger les gens d'esprit.

Ces bonnes nouvelles, et les avis que des amis lui donnèrent que, s'il pouvoit obtenir des lettres d'historiographe du Roi, il seroit sans doute assez heureux pour se faire payer des gages attachés à cette charge, firent qu'il ne s'endormit pas dans une affaire si importante, et, par la vertu de ses lettres, il obtint de M. le garde-des-sceaux Molé qu'il lui scellât celles d'historiographe.

Ayant mis la chose en ce point, et ne restant, pour la conduire à l'heureuse fin qu'il souhaitoit que d'avoir la faveur de M. le surintendant, pour se faire coucher sur l'état, il s'adressa en cette occasion à M. le duc de Bournonville, qu'il savoit avoir pris beaucoup d'affection pour lui, et il le pria d'employer en sa considération le crédit qu'il avoit auprès de M. le surintendant. Ne se contentant pas encore des bons offices qu'il s'assuroit que M. le duc de Bournonville lui rendroit, il écrivit directement à M. Fouquet (1) avec le plus d'éloquence, de charmes et d'adresse qu'il put; et afin de ne rien négliger dans une affaire qu'il avoit à cœur, il eut aussi recours à M. de Pellisson, qui a toujours été un des hommes qui aiment le plus à obliger toutes sortes de personnes, et qui d'ailleurs, ayant conçu pour lui une estime non commune, se portoit à le servir avec beaucoup de zèle.

Il parvint ainsi par ses journées, et par la peine et le soin qu'il en prit, à se faire mettre sur l'état pour être payé des gages de douze cents écus attribués à sa charge, et il les toucha non-seulement tandis qu'il vécut, mais même jusqu'après sa mort; car lorsqu'elle arriva, le terme de ces gages étant échu, M. de Pellisson voulut bien prendre le soin de le faire toucher à M. Pauquet.

M. Costar avoit les lettres adressées à quantité de personnes de qualités, en leur faisant présenter ce qu'il avoit fait imprimer de ses ouvrages. Il avoit sa

---

(1) En envoyant l'*Apologie* au surintendant Fouquet, Costar ne manqua pas de dire qu'*on avoit fait imprimer ce petit travail sans attendre son consentement.* Il n'y a pas de ruses de charlatan que Costar n'ait mises en usage. (Voyez ses *Lettres*, p. 71.)

lettre de remercîment à M. le cardinal Mazarin, sur la pension qu'il lui avoit donnée de cinq cents écus, ainsi que d'autres écrites long-temps auparavant; il se mit à les revoir, à les rajuster et à les embellir. Il en fit encore d'autres exprès, et en assez grand nombre, comme sont particulièrement celles où il a employé force passages d'auteurs, dont il avoit fait l'amas dès le moment que, par l'ordre de M. le cardinal de Richelieu, il avoit voulu se mettre en état d'écrire contre Saint-Germain. Il en fit diverses adressées à des personnes de considération, à qui il crut faire de l'honneur et rendre leur mémoire immortelle, se persuadant que ce leur seroit des lettres de recommandation pour tous les siècles à venir. Entre celles-là sont particulièrement celles qu'il a adressées à M. l'abbé de Lavardin, à madame la marquise de Lavardin, belle-sœur, et à madame la comtesse de Tessé, sœur de ce prélat; en un mot, il fit son premier volume (1) de toutes ces lettres adressées aux personnes les plus qualifiées.

Vous ignorez moins que moi, monsieur, qu'on jugea diversement de ce volume de lettres, et qu'elles n'eurent pas le bonheur de plaire également à toutes sortes d'esprits; mais avez-vous su que, se disposant l'année d'après à en donner un second volume, quelques-uns de ses amis de Paris lui voulurent faire entendre, aussi bien que vous, que le premier volume

---

(1) Imprimé à Paris, chez Augustin Courbé, 1657, in-4°. Il ne porte pas d'indication de *premier* volume, ni de *première* partie. Les deux volumes des Lettres de Costar sont devenus fort rares. Nous ne les avons trouvés qu'à la Bibliothèque du Roi.

suffisoit? Ils lui insinuoient avec délicatesse qu'il ne devoit point faire paroître ce second volume ; qu'il y avoit une satiété des meilleures et des plus excellentes choses pour le public, qui étoit fort sujet au dégoût de ce qui ne lui étoit plus rare, et qu'il venoit à posséder avec trop d'abondance ; enfin, que ce public avoit eu l'injustice de ne pas donner au premier volume toute l'approbation qu'il auroit méritée. M. Costar se moqua de leur avis, comme s'ils eussent été envieux et jaloux de sa gloire. M. du Mans même et madame de Lavardin lui voulurent faire considérer que les livres comme les hommes avoient leur Fortune; que lorsqu'ils sortoient en trop grand nombre des mains d'un auteur, elle s'en trouvoit importunée et leur tournoit souvent le dos, pour les laisser impitoyablement périr dans la poussière de la boutique du libraire. Et ce prélat et cette dame, remplis de bon sens, connoissant très-bien que les premières lettres n'avoient été que très-médiocrement reçues, voyoient clairement que les secondes ne pourroient avoir qu'un mauvais succès, ce qui les obligea de lui alléguer là-dessus les sentiments particuliers de quelques personnes qu'il connoissoit lui-même pour être de bon goût et de beaucoup de jugement. Tout cela ne fit que blanchir contre la résolution qu'il avoit prise ; il les repoussa même rudement, et il me dit, après qu'ils furent sortis de la chambre, qu'ils ne s'y connoissoient point, ou qu'ils s'arrêtoient au mauvais jugement de quelques gens véritablement du monde, mais sans capacité, et qui n'avoient rien du goût fin et délicat de la meilleure et de la plus exquise cour, à laquelle il étoit assuré que ce qu'il faisoit avoit le bonheur de plaire.

J'avois dessein de lui faire connoître que j'étois de l'opinion du prélat et de la dame; mais je vis évidemment par ce discours, plein de dépit et d'aigreur, que ce que je pourrois lui dire à ce sujet ne seroit pas capable de le faire revenir de son entêtement, et ne feroit que redoubler sa colère. En effet, comme l'estime qu'on a de soi-même, quand l'orgueil l'a produite, s'oppose avec force et opiniâtreté à ce qui la combat, tout ce qu'on lui put dire ne fit que le presser davantage de publier son second volume de lettres; et, s'il eût vécu plus long-temps, il n'y a point de doute qu'il n'eût toujours fait de ces sortes de présents au public. Il pouvoit lui en être d'autant plus libéral, qu'outre la merveilleuse facilité avec laquelle il composoit, il étoit encore extrêmement aidé dans ses études par un jeune homme natif de Saint-Calais, en cette province du Maine, qui s'appelle Depoix, qui est plein d'esprit, et qui lui lisoit tout ce qu'il vouloit, sans prendre jamais un mot pour l'autre, d'une voix nette et claire, et qui faisoit paroître qu'il entendoit fort bien ce qu'il lisoit avec tant de grâce; mais, quoique ce jeune homme le servît très-utilement dans cet emploi, M. Pauquet étoit toujours celui sur lequel il s'appuyoit particulièrement, et qui lui rendoit les plus grands et les plus importants secours dans toutes ses écritures, dont il avoit besoin de conserver jusqu'aux moindres lignes et aux moindres syllabes. Elles méritoient aussi sans doute qu'on en eût ce soin; car elles lui avoient été si utiles, qu'elles lui avoient produit dix mille livres de rente; elles lui avoient donné pour près de douze mille francs de vaisselle d'argent, et pour une somme considérable d'autres meubles, qui lui pouvoient servir et pour le nécessaire et pour le plaisant (1).

C'est ce qui l'obligea de songer à trouver les moyens de faire voir à ce domestique qu'il étoit sensible aux marques qu'il lui donnoit de son zèle infatigable. En effet, il ne laissa pas de le faire son légataire universel, quoiqu'il reconnût en lui un notable défaut, qui étoit une passion invincible et ardente pour le vin. Il le retenoit néanmoins en quelque sorte, et apportoit quelque modération à cette passion, en ne lui permettant que le moins qu'il se pouvoit de se dérober à sa vue, pour lui ôter l'occasion de s'enivrer, qu'il ne manquoit jamais de saisir de quelque façon qu'elle se pût présenter. M. Costar, cependant, n'avoit point de propres, et il n'auroit pu lui donner que la moitié de ses meubles, l'autre moitié demeurant nécessairement, selon la coutume du Maine, pour tenir lieu de propres à l'héritier; mais, pour y obvier, il chargea M. Pauquet de lui acheter quelque petit fonds pour son neveu Coustart, le curé de Gesvres, afin de se mettre en liberté de disposer de toute autre chose à sa fantaisie. Cette commission étoit trop avantageuse à M. Pauquet pour qu'il ne s'en acquittât pas avec diligence, et, en peu de temps, il trouva ce petit fonds dans la paroisse de Saussay, dont il étoit curé. Il coûta quatorze ou quinze cents livres, ce qui fut sans doute la somme à laquelle il eut de sa vie le moins de regret, par le grand profit qui lui en revenoit. Il pensa d'ailleurs qu'il rachèteroit un jour ce bien pour moins

---

(1) Ceci fait souvenir de Philippe Desportes, dont un seul sonnet fut payé par Henri III d'une riche abbaye. Ce passage de la *Vie de Costar* a déjà été cité, t. 4, p. 91.

de moitié du juste prix, du neveu qui étoit homme à se contenter de peu d'argent comptant, et incapable de savoir la valeur de la chose, et d'oser la lui refuser pour ce qu'il lui en offriroit.

De sorte que M. Costar se voyant ainsi libre de disposer de tous ses meubles, il donna généralement à M. Pauquet tout ce qui lui en pourroit appartenir lors de son décès, ce qu'il fit par un testament passé devant un notaire, le neuvième jour du mois de juin 1659, à la charge d'acquitter certains services qu'il ordonna être faits en plusieurs églises de la ville, outre ceux qu'on fait d'ordinaire dans l'église cathédrale, pour les chanoines et dignités qu'on y enterre, aux dépens de leur succession, et de donner à ses autres domestiques certaines récompenses de leurs services, qui étoient spécifiées par ce même testament dont il me fit l'exécuteur.

Pour ne point entrer dans le détail de toute cette disposition testamentaire, qui ne pourroit que vous être ennuyeuse, je vous dirai seulement qu'elle montoit à une somme assez considérable. Celle de toutes les églises qui y eut plus de part fut l'église paroissiale de Niort, dont il étoit curé. Comme il en avoit reçu beaucoup de bien, il se crut obligé de lui donner plus de marques de sa reconnoissance.

Ce fut M. Pauquet qui lui fit faire toutes ces choses et qui en ordonna comme il voulut. Il ne disposa pas néanmoins si absolument de ce qui regardoit le valet de chambre, qui s'appeloit Dugué, et qui s'étoit attaché avec beaucoup d'assiduité et de zèle au service de son maître, après l'avoir servi dès son bas âge comme laquais. Il s'étoit encore depuis beaucoup fait aimer de son maître, par les secours importans qu'il lui avoit continuellement donnés dans sa goutte et dans toutes ses autres incommodités. M. Costar lui donna tous ses habits et le linge de sa garde-robe, sans y comprendre les surplis, rochets, aumusses et autres habits d'église; cette réserve d'habits d'église fait voir que dès ce temps-là M. Pauquet lui avoit donné la pensée de le faire son successeur. Il voulut de même que ce valet de chambre eût cinq cents livres, outre ce qui lui pourroit être dû de gages lors de son décès.

En ce qui étoit de son neveu Coustart, qu'on appeloit d'ordinaire M. Du Coudray, quoique M. Costar n'eût pas beaucoup d'estime pour lui, il ne laissoit pas d'avoir quelque inclination naturelle qui le portoit à ne le pas abandonner entièrement, et à lui faire quelque bien. Ainsi il obligea M. Pauquet, son donataire universel, à lui faire part de la somme de deux mille livres payables six mois après son décès; et il laissa trois cents livres à son lecteur, avec un habit de deuil.

Lorsqu'il disposa ainsi de ce qu'il possédoit de meubles, pour sa dernière volonté, il se portoit si bien que, dans l'amour tendre qu'il avoit pour la vie, il auroit aisément pensé comme le pape Paul III, qu'il se pourroit faire que Dieu commenceroit par lui à donner l'immortalité aux hommes, ou du moins qu'il le réserveroit après la fin de tous les siècles, pour faire l'épitaphe du monde, malgré ses gouttes qui l'attaquoient souvent, et qui l'obligeoient de dire en riant que la plus ordinaire de ses occupations étoit de se défaire et de se refaire; car quand elles l'avoient quitté il reprenoit l'embonpoint que la fièvre lui avoit ôté. Comme il étoit sanguin et qu'il avoit la peau délicate, son teint, d'ordinaire assez vif, revenoit facilement, et il sentoit du plaisir de se voir ainsi remis, ayant toute sa vie été fort aise de paroître beau, et mis quelque soin à joindre l'art de l'ajustement aux grâces de la nature. Cependant, son principal artifice étoit la bonne chère qu'il entretenoit par un excellent cuisinier à ses gages, depuis que M. du Mans étoit retourné à Paris, et qu'il faisoit sa dépense.

Il étoit grand mangeur comme presque tous les goutteux, mais il buvoit peu de vin. Il régaloit volontiers, par des repas aussi délicats qu'opulens, les personnes de qualité et de mérite qui, passant par le Mans, lui faisoient l'honneur de le visiter. Vous savez, monsieur, comment il vous reçut un jour, qu'après vous être entretenus, en gens pleins de savoir et de grandes connoissances dans les belles-lettres, ce que vous aviez fait l'un et l'autre sur les vers de Malherbe, vous en ayant donné l'occasion. Un de nos archidiacres [1] qu'il avoit invité pour vous faire compagnie, et qui avoit été présent à votre conversation, sans avoir pu y prendre part, nous dit agréablement, quand on fut près de se mettre à table, qu'afin de pouvoir se vanter d'avoir parlé latin avec les doctes, il alloit dire le *Benedicite*, et que l'ayant commencé et récité jusqu'à la moitié, il ne put achever, et il se trouva qu'il l'avoit oublié. Cet événement ne fut pas moins plaisant qu'il nous parut singulier dans une personne de beaucoup d'esprit, qui ne manquoit pas de mémoire, et qui savoit fort bien la langue latine, dans laquelle il faisoit avec facilité des vers médiocres, et dont le talent étoit d'être

---

[1] M. Lair. (Note écrite anciennement sur le manuscrit.) Ménage appelle cet ecclésiastique M. Du Loir.

bon goguenard de province; mais enfin, sa mémoire, qu'il n'avoit pas exercée sur le *Benedicite*, s'en vengea et lui joua ce mauvais tour en bonne compagnie (1).

Ces repas, monsieur, outre l'abondance et la délicatesse que sa bourse et l'habileté de son cuisinier y pouvoient fournir, avoient tout l'ornement que le beau linge et un riche buffet garni de toutes sortes de vaisselles d'argent y pouvoient donner. Comme il étoit homme d'affectation et tout composé, tout y étoit dans un arrangement qu'on ne pouvoit troubler sans lui faire beaucoup de peine; et afin de faire voir que rien ne lui manquoit, il se plaisoit à faire entrer dans les services du vin d'Espagne, du rossolis et autres liqueurs, des jambons de Mayence ou de Bayonne, et d'autres choses rares pour le pays du Maine, que ses amis de Paris lui envoyoient en échange de plusieurs gelinotes de Mezeray, que vous avez dit être beaucoup meilleures que l'histoire de ce nom.

S'il contentoit en cela sa vanité qui lui persuadoit que c'étoit faire voir son mérite et la beauté de son es-

---

(1) Ménage raconte ainsi cette anecdote :

« M. Du Loir, official du Mans, n'étoit pas grand latin, mais il étoit
« facétieux. Un jour que j'étois au Mans, chez M. Costar, qui tenoit ta-
« ble ouverte, et qui l'avoit fort bonne et délicate, M. Du Loir s'y
« trouva pour dîner. Nous nous entretînmes fort long-temps de grec et
« de latin, M. Costar et moi, jusqu'à ce qu'on eût servi. M. Du Loir,
« qui n'avoit point eu de part à notre conversation, dit : Messieurs, afin
« qu'on ne dise pas que j'aie été si long-temps sans parler latin, per-
« mettez-moi de dire le *Benedicite*. Sa demande étoit si juste qu'il eut
« toute permission de faire ce qu'il vouloit. Il dit *Benedicite*; nous ré-
« pondîmes *Dominus*; il continua *nos et ea*......; mais la mémoire lui
« ayant manqué, il en demeura là et n'en dit pas davantage. Nous en
« rîmes et nous nous mîmes à table. » (*Menagiana*, Paris, 1715, t. 1ᵉʳ, p. 283.)

prit, que de montrer les fruits qu'ils lui avoient produits, il y trouvoit aussi quelque chose d'agréable en restant long-temps à table au milieu de la liberté et de la joie qui accompagnent un grand repas.

Quand il mangeoit à son ordinaire, sans autre compagnie que celle de son disciple, M. le marquis de Lavardin, de son neveu, de M. Pauquet et de moi, qui étois son pensionnaire, il ne demeuroit qu'une heure à table. Aussitôt qu'il en étoit sorti, s'il avoit quelque visite à faire dans la ville, il montoit à cheval pour y aller, et les dernières années il se faisoit porter dans une chaise propre et élégante qu'il avoit fait venir de Paris. Quand il ne sortoit point, après s'être tenu une heure ou une heure et demie assis, il se promenoit dans la chambre, appuyé sur un bâton, et le plus souvent sur les bras d'un laquais, ou sur ceux de son lecteur ou de M. Pauquet. Après cet exercice, qui étoit grand pour lui, parce qu'il avoit de la peine à marcher, il se mettoit à l'étude, ce qui étoit le plus ordinairement à cinq heures du soir, et il continuoit jusqu'à huit, soit qu'il se fît lire, ou qu'il composât quelque lettre ou tout autre ouvrage qu'il eût entrepris. Il ne travailloit que bien rarement après le souper, et il employoit ce temps-là à entretenir M. de Lavardin sur ses leçons, ou à quelque conversation qu'il lioit avec nous agréablement et avec gaîté jusqu'à dix heures qu'il s'alloit coucher; mais c'étoit particulièrement les matinées qu'il donnoit depuis sept heures jusqu'à onze à la lecture et à la composition de ses ouvrages, ne souffrant que rarement qu'on le vînt interrompre, et refusant pour cela sa porte presque indifféremment à tout le monde. Il nous disoit là-dessus qu'il étoit fâché de ne se pas laisser voir aux personnes qui lui faisoient l'honneur de le venir chercher; mais qu'il l'auroit été encore davantage de quitter son travail dans le temps que son esprit et son imagination le lui rendoient facile, et le mettoient en état de lui donner la beauté et les grâces dont il étoit susceptible.

Depuis onze heures jusqu'à midi, il faisoit répéter à M. le marquis de Lavardin les leçons qu'il lui avoit données à apprendre, et le soir, vers cinq heures, il reprenoit avec lui les mêmes exercices. Voilà ce qui étoit réglé à l'égard de l'instruction qu'il donnoit à cet enfant. Il prenoit outre cela beaucoup d'autres heures pour l'entretenir, comme au sortir du dîner et du souper et en quelques promenades qu'il faisoit avec lui, dans le jardin ou dans la chambre.

Le dernier des ouvrages auquel il s'appliqua fut ce qu'il appeloit son *Tacite*. Il estimoit singulièrement cet auteur, comme plein de force et de vigueur, c'est-à-dire d'esprit, de pénétration, de sens, de jugement et d'une connoissance pure et nette des différentes inclinations des hommes, de l'inégalité qui se trouve dans leurs divers tempéramens, des mouvemens infinis que leur causent leurs intérêts, et enfin du bien et du mal où ils se portent par toutes les passions qui les dominent. Il avoit travaillé pendant presque toute sa vie à bien entendre cet auteur, à pénétrer dans la profondeur du sens qui y est contenu, et à éclairer son entendement des vives et rares lumières qui y brillent. Il s'étoit appliqué avec soin à en traduire les plus beaux endroits, et à faire différentes réflexions sur les matières qui s'y rencontrent.

Il n'eut pas plus tôt donné son second volume de lettres (1), qu'il forma le dessein de revoir tout ce qu'il avoit déjà fait sur les ouvrages de ce grand maître dans l'art de la politique et dans la science de juger des divers esprits des hommes pour les gouverner et les conduire. Il se mit à y travailler tout de nouveau, et à faire des discours savans pour montrer l'importance des sujets qui y sont traités, tant en ce qui regarde la morale que le gouvernement des Etats, et généralement tout ce qui appartient à la vie civile. Il ne se proposoit pas de traduire de suite cet auteur; il vouloit n'en donner que des extraits qu'il auroit joints ensemble par des liaisons agréables, qui en auroient fait un corps entier, et qui l'auroient fait paroître de toute autre manière qu'une simple traduction ou qu'un commentaire; car il n'avoit garde de vouloir marcher sur les traces de quantité d'excellens hommes, qui ont traduit Tacite de tant de manières qu'on ne sait plus lesquels choisir. En effet, quand il est question d'éclairer quelqu'un qui s'attache à lire ces histoires, il se trouve si ébloui des diverses et inégales lumières de leurs traductions et de leurs commentaires, qu'il n'y voit plus goutte. Sa vue naturelle lui auroit plus distinctement fait remarquer chaque chose, s'il avoit voulu s'en servir, sans avoir recours à celle de ces guides ambitieux de montrer leur savoir et leur étonnante lecture.

Il commença ce travail qu'il avoit résolu de dédier à M. le cardinal Mazarin, et dont il prétendoit faire son chef-d'œuvre, dès les premiers jours de l'année

---

(1) Ce volume fut publié en 1659, in-4°. Il porte l'indication de *seconde partie*.

1659, par la traduction de la Vie d'Agricola. Il occupa M. Pauquet à mettre en ordre ce qu'il lui avoit dicté, ou fait copier, et à chercher, dans le grand nombre de ses lieux communs et de ses extraits, ce qui pouvoit servir à son projet. Il se fit lire cependant par son lecteur quantité de nos historiens françois, tant de ceux qui n'ont donné que des Mémoires, que de ceux qui ont écrit des corps d'histoire. Il ajouta à la lecture de ces historiens celle de beaucoup de traités de politique en latin ou en françois, en italien ou en espagnol.

Continuant ce travail interrompu par deux ou trois longs accès de sa goutte, il s'aperçut vers la fin de l'année, que ses jambes s'enfloient le soir, qu'elles ne revenoient plus le matin dans leur premier état, comme elles avoient fait autrefois. Il remarqua que l'impression faite avec le doigt y demeuroit des journées et des nuits entières, et qu'elle ne s'effaçoit qu'avec un si long temps, qu'il étoit aisé de juger que la chaleur naturelle y étoit presque éteinte sous le froid de l'humeur hydropique qui s'en emparoit. Il sentit même quelque difficulté de respirer, qu'on ne nomma *asthme*, non plus que l'enflure des jambes *hydropisie*, que lorsque l'une et l'autre de ces maladies commencèrent à se trouver si bien établies, que tous les remèdes de la médecine n'avoient plus assez de vertu pour les vaincre : ce fut vers la fin du mois de janvier 1660.

Sa goutte le reprit, et il espéra d'abord, suivant l'opinion des médecins et la sienne propre, que ce mal lui serviroit de remède, et que les eaux qui s'étoient amassées dans ses jambes s'évacueroient avec la fluxion de la goutte ; mais cette goutte fut moins forte et moins longue que d'ordinaire, et elle le laissa en plus mauvais état qu'auparavant. Ainsi il se vit obligé de tourner ses espérances du côté du printemps, espérant que cette belle saison ranimeroit sa chaleur naturelle, et que la jeunesse de l'année renouvelleroit en lui les forces que l'âge avoit moins affoiblies que la maladie, et sans se dire à soi-même comme Marot, dans une occasion pareille, avoit dit à François 1er :

> Si je ne puis au printemps arriver,
> Je suis taillé de mourir en yver,
> Et en danger, si en yver je meurs,
> De ne veoir pas les premiers raisins meurs (1).

Il se persuadoit qu'il seconderoit puissamment l'influence d'un air plus doux, en se faisant porter exactement tous les jours dans sa chaise, au défaut de ses jambes, que quelques nodus aux doigts des pieds lui avoient depuis long-temps rendues de peu d'usage. Il prétendoit que le secouement de sa chaise lui seroit un exercice qui, joint aux autres remèdes, pourroit guérir son hydropisie. Quant à son asthme, il le comptoit pour rien, et n'y vouloit seulement pas songer, alléguant plusieurs exemples de gens qui avoient vécu très-vieux avec cette maladie.

Il employoit ces faux raisonnemens à se tromper lui-même : il se laissoit remplir de toutes les vaines espérances de guérison que lui donnoient ceux qui l'approchoient, soit qu'ils lui parlassent de bonne foi, ou pour satisfaire à la complaisance qu'on est particulièrement obligé d'avoir pour les malades.

Tant que le froid de l'hiver dura, il ne sortit point

(1) Marot, *Epître au Roy pour avoir été desrobé*.

de sa chambre, où il se tenoit toujours près d'un bon feu. Il y continua de se faire lire tout ce qui pouvoit servir au dessein de son Tacite. Il en composoit même souvent certains endroits pour lesquels il se voyoit suffisamment de matières amassées.

Aussitôt que les premiers beaux jours parurent, au mois de mars, il sortit de l'évêché dans sa chaise, et alla jouir de leur douceur dans les allées du jardin de M. le marquis de Lavardin, qui est dans un des faubourgs de cette ville, fort peu éloigné de l'évêché. Il ne sortoit point toutefois de sa chaise; il s'y faisoit porter et même secouer à dessein par ses porteurs, que, moyennant une récompense, il obligeoit d'aller une espèce de trot. Il appeloit cette dépense *le prix de sa vie*. Comme nous nous trouvions dans le jardin, M. Pauquet et moi avec le jeune marquis de Lavardin, lorsque les porteurs, pour se reposer, l'avoient mis près du lieu où nous étions, nous nous entretenions avec lui, tantôt sérieusement, tantôt avec enjouement, et cela lui faisoit passer avec grand plaisir tout le temps qu'il y étoit.

Les premiers jours du mois d'avril, il fit fort beau ; l'air se radoucit extraordinairement, et cela fit penser à M. Costar qu'il devoit désormais quitter la demeure de la maison épiscopale qui est sombre, principalement dans les appartemens bas où il s'étoit logé pendant l'absence de M. l'évêque, comme étant plus commodes que le sien, situé tout au haut de la maison. Ainsi il se fit meubler le principal appartement de la maison du jardin dont je viens de vous parler.

Il n'y avoit encore demeuré que pendant trois ou quatre jours, lorsque le dixième de ce même mois d'avril, sur les quatre à cinq heures du matin, il fut violemment attaqué d'un transport au cerveau, qui lui dura une grande heure, et lui fit perdre tellement toute connoissance, qu'il ne se souvint point, quand il en fut revenu, de ce qui s'étoit passé durant tout l'accès, et qu'il ne sut le secours qu'on lui avoit donné, que par le récit qu'on lui en fit. Il reçut ce secours fort à propos, par le hasard qui voulut que son valet de chambre, qui s'étoit levé, l'entendît faire quelque bruit; la garde-robe étant fort proche de sa chambre, cela l'obligea d'y entrer et de s'approcher de son lit; et l'y voyant tombé dans un évanouissement entier, il appela ceux de ses gens qui se trouvèrent les plus proches, et ils s'employèrent tous à faire ce qu'ils crurent le plus propre à le retirer de ce périlleux état.

M. Pauquet n'eut point de part à l'alarme des autres domestiques, ni au secours qu'ils lui donnèrent. Il ne fut éveillé que lorsque son maître, étant dégagé de ce transport au cerveau, l'envoya quérir, par un laquais, à l'extrémité du jardin, où il logeoit dans un petit corps de logis que M. Costar s'étoit fait ajuster sur des écuries, pour son appartement, toutes les fois que M. du Mans venoit demeurer en ce jardin; ce qui avoit donné occasion à celui-là même qui se trouva court de mémoire en son *Benedicite*,(1) de faire sur-le-champ ces deux vers :

Ce Costar si fameux, cet homme sans égal,
N'est donc que d'un étage au-dessus d'un cheval.

M. Pauquet, à qui le laquais dit tout ce qui venoit

(1) M. Lair. (*Voyez* plus haut page 307).

d'arriver à leur maître, le vint promptement trouver; et comme M. Costar, qui l'aimoit fort, venoit d'apprendre le danger où on l'avoit vu, et qu'il en étoit étonné, il s'attendrit extrêmement dès qu'il aperçut ce domestique. Il versa même quelques larmes qui firent aussi pleurer M. Pauquet, et dans ce mutuel sentiment dont ils se trouvèrent fort émus, le malade dit à M. Pauquet que, s'il vouloit, il lui résigneroit tous ses bénéfices, comme il lui avoit déjà assuré son autre bien par le testament fait en sa faveur.

M. Pauquet, bien aise de cette proposition, mais en étant néanmoins surpris, lui répondit, en pleurant autant de joie que de douleur, qu'il ne devoit pas y songer, que son mal ne seroit rien, et qu'il ne le croyoit pas en danger de mourir.

On me vint dire à l'évêché, où j'étois logé, la nouvelle de ce qui étoit arrivé à M. Costar. Il étoit alors sept heures du matin. Je fus le voir le plus tôt que je pus, et en entrant dans la cour du logis du jardin, je rencontrai M. Du Chesné, médecin de grande réputation, qu'il s'est acquise par une très-grande étude, et par une très-longue expérience dans les choses de son art. Il en a fait paroître de considérables effets en toutes sortes d'occasions, non-seulement sur des *âmes viles*(1), à parler selon le monde, mais encore sur celles qui sont de la plus précieuse matière et de la plus grande importance. Comme je vis qu'il sortoit d'auprès du malade, je lui demandai ce qu'il en pensoit : il me répondit, qu'à ne me rien dissimuler, il croyoit

---

(1) C'est le *faciamus experimentum in animâ vili*, dont Molière a fait justice.

qu'il étoit impossible de le guérir, y ayant dans l'asthme et dans l'hydropisie une complication de maux qu'il avoit toujours reconnue plus puissante que les remèdes ; que tout ce qu'il pouvoit faire étoit de lui prolonger de quelque peu sa vie. Il m'ajouta qu'il avoit dit la même chose à M. Pauquet.

Je quittai ce médecin, et je m'en allai dans la chambre du malade, où je trouvai M. Pauquet. Il en sortit aussitôt que j'y fus entré, me laissant seul avec son patron. Et comme je l'ai su depuis, M. Pauquet courut chez un notaire de ses amis, logé dans le voisinage, pour lui faire dresser une procuration *à résigner*, de tous les bénéfices de son maître, qui étoient son archidiaconé, que nous appelons de Sablé, sa chanoinie et sa cure de Niort.

Ce patron me conta cependant l'état auquel il s'étoit trouvé avant qu'il se fît un transport au cerveau. Il me dit qu'il s'étoit éveillé après avoir bien dormi, et que, se sentant extrêmement ému, il avoit tâché d'appeler son valet de chambre ; mais que, dans l'instant même, il s'étoit trouvé saisi d'une foiblesse, et avoit perdu toute connoissance, sans avoir souffert le moindre mal. Il continua de me dire que, revenant de cet état auquel il avoit été insensible, il se trouvoit extrêmement foible et fatigué, et qu'on lui venoit d'assurer qu'il avoit été long-temps sans pouls, et presque sans haleine ; qu'on l'avoit fort tourmenté pour le faire revenir ; que la vapeur qui lui étoit montée au cerveau s'étant enfin dissipée, il avoit envoyé quérir M. Pauquet ; qu'il ne l'avoit pu voir sans être fort touché, et qu'il lui avoit même proposé de lui résigner tous ses bénéfices ; mais que ce pauvre garçon (c'est ainsi qu'il me parla), avoit rejeté cette proposition qui lui donnoit une trop terrible image (1).

Je louai sa bonté et sa reconnoissance pour les anciens et constants services que lui avoit rendus M. Pauquet, et cela ne lui déplut pas; car c'étoit l'homme du monde qui aimoit le plus passionnément les louanges, et qui en donnoit aux autres le plus volontiers. Il en avoit fait une habitude si grande, qu'il louoit le plus souvent sans sujet, et sans apparence de sujet, parce qu'il tenoit pour maxime que le plus puissant et le plus indubitable moyen de gagner les bonnes grâces des hommes, et de s'en attirer l'approbation et les louanges, étoit de leur applaudir en toutes manières, et sans craindre de les trop flatter; d'autant que s'ils refusoient d'abord ces sortes de parfums, par le mouvement d'une véritable et sincère modestie, ce qui étoit rare, ils ne laissoient pas de s'y plaire à la fin, de s'en laisser toucher et de s'en entêter (2).

Cependant cette conduite, dont il avoit fait une si longue habitude qu'elle lui étoit passée en nature, et que j'avois plusieurs fois combattue inutilement, lui étoit fort désavantageuse, en ce que les personnes de bon sens l'en estimoient moins, et le regardoient comme un homme sans jugement, ou prostitué à toutes sortes de flatteries basses et inconsidérées; outre qu'il étoit si doucereux, si ajusté, et si également complaisant, qu'il y en avoit peu qui ne trouvassent sa conversation, où le *non* ne pouvoit trouver place, sans sel et trop

---

(1) Ce bon Pauquet n'en avoit pas moins été chercher le notaire.

(2) Les hommes sont assez sots pour que Costar ait souvent trouvé l'occasion d'appliquer son système, mais le donneur d'encens n'en demeure pas moins l'être le plus méprisé.

languissante, quelque chose qu'il y fît entrer, par sa mémoire ou par son imagination, en sorte qu'on lui pouvoit dire, comme fit un ancien à quelqu'un qui étoit toujours d'accord avec lui : « Répondez-moi une « fois *non*, afin que l'on puisse reconnoître que nous « sommes deux. »

Revenons à ce qu'il me fit voir de bonne volonté pour M. Pauquet : comme je ne le croyois pas si malade qu'il l'étoit, quelques réflexions que j'eusse faites sur ce que m'avoit dit le médecin, et que je présumois que M. Pauquet lui avoit parlé de bonne foi, je l'exhortai à prendre courage et à ne se pas trop alarmer, afin que la gaîté de son esprit et les agréables images qu'il lui fourniroit lui servissent de premier remède. Nous étions sur ce discours, lorsque M. Pauquet m'envoya dire qu'il y avoit quelqu'un dans la cour, qui désiroit me parler. Je sortis, et j'y trouvai M. Pauquet lui-même. Il me demanda d'abord de quoi nous nous entretenions, et lui en ayant fait le récit, je lui dis que je croyois, sur ce que je savois que lui avoit déclaré M. Du Chesné, qu'il avoit tort de ne pas accepter l'offre que lui faisoit son patron de le faire aussi bien son successeur qu'il l'avoit déjà fait son héritier.

Il me répliqua qu'il avoit été surpris de cette proposition; que, dans ce moment-là, il n'avoit pas eu le loisir de penser à ce qu'il devoit faire, et qu'il avoit répondu sans songer à ce qu'il disoit, mais qu'il me prioit de rentrer et de faire mon possible pour entretenir son maître dans la bonne volonté qu'il avoit pour lui; qu'il venoit de donner ordre à son notaire de dresser la procuration *à résigner*, et de la tenir toute prête à signer; que ce notaire la lui apporteroit dans peu de temps, et que je l'obligerois infiniment si je pouvois déterminer M. Costar à la lui passer. Ce fut assez pour me donner dans cette affaire toute l'ardeur nécessaire à la faire réussir, car j'avois pour M. Pauquet une sincère affection. Je ne réfléchis pas alors sur ce procédé où il y avoit plus d'intérêt que de véritable amitié, puisque M. Pauquet n'étoit susceptible que d'une médiocre douleur, qui ne l'empêchoit point de songer tranquillement à ses affaires, dans un temps où il auroit dû avoir devant les yeux la perte d'un homme avec lequel il avoit passé trente années, qui l'avoit sans cesse caressé, et lui avoit déjà fait de grands biens.

Je rentrai dans la chambre du malade, et m'étant assis auprès de son lit, il me dit qu'il se trouvoit de mieux en mieux, et qu'il s'assuroit qu'en la belle saison où l'on entroit, les remèdes de son médecin, et l'exercice qu'il feroit le tireroient entièrement de son hydropisie, qui étoit ce qu'il y avoit de plus périlleux dans sa maladie. Je lui répondis que l'hydropisie seule n'étoit pas extrêmement à craindre, que de même l'asthme sans se guérir, en plusieurs personnes se portoit longues années; mais que ce qui me faisoit de la peine étoit la complication de ces deux maladies, et que bien que je ne le crusse pas dans un extrême et pressant danger, je ne laissois pas de croire qu'il y avoit à craindre; qu'au reste, ayant déjà commencé, par son testament, à disposer de ses meubles en faveur de M. Pauquet, il feroit bien de couronner cette bonne œuvre par la résignation de ses bénéfices, ainsi qu'il en avoit eu la pensée. Il me répliqua que rien ne pressoit, et que M. Pauquet ne le vouloit pas. Je lui repartis qu'on devoit toujours être pressé de faire le bien, quand on le pouvoit faire avec autant de justice; qu'il y auroit d'autant plus de grâce, qu'on ne l'en avoit point sollicité. Au surplus, qu'en cette résignation, par laquelle il donneroit à M. Pauquet une insigne preuve de sa bienveillance, et du soin qu'il prenoit que ses longs services ne demeurassent pas sans récompense, il ne couroit aucun risque de se voir dépouillé, parce que, résignant ses bénéfices à un domestique, dans la maladie où il se trouvoit, s'il en guérissoit, ce résignataire ne prendroit point possession, et qu'ainsi il arriveroit heureusement qu'il auroit donné tout ce qu'il pouvoit donner, sans se dessaisir, et sans qu'il lui en coutât rien ; que, dans le cas que l'on ne devoit pas seulement s'imaginer, où M. Pauquet seroit assez ingrat pour le vouloir déposséder, le *regret*, qui avoit été en cas pareil jugé juste et légitime, lui seroit assuré.

Ces raisons le touchèrent, et, par plusieurs autres que je lui dis encore en faveur de M. Pauquet, que je croyois alors plus honnête homme qu'il ne l'étoit en effet, j'obligeai M. Costar à me répondre qu'il songeroit à ce que je venois de lui dire; qu'il verroit à l'après-dîner ce qu'il auroit à faire, puisqu'il n'y avoit rien d'extrêmement pressé, le départ du courrier pour Paris n'étant qu'au lendemain au soir; qu'il voyoit bien cependant que j'étois un bon homme, plein d'une véritable amitié pour M. Pauquet et pour lui, qu'il m'en étoit obligé, et qu'il m'en remercioit.

Comme nous en étions là, M. Pauquet rentra dans la chambre pour dire à son maître que quelqu'un de ses amis de la ville, qui avoit su ce qui lui étoit arrivé, étoit venu pour en apprendre des nouvelles, et désiroit de le voir, si cela ne l'incommodoit point. Le malade fut bien aise de cette visite. On fit entrer son ami, et je le quittai pour m'en aller à l'église. Il étoit alors neuf heures. Je revins vers les onze heures, et je commençois à m'entretenir avec M. Costar qui s'étoit senti assez fort pour se lever et s'habiller, quand le notaire vint apporter à M. Pauquet la procuration *à résigner.*

M. Pauquet envoya à l'instant même un laquais me dire à l'oreille qu'il me prioit de passer dans la salle, ce que je fis fort vite; et là il me mit entre les mains cette procuration, me priant de ne point perdre de temps et de la faire signer le plus tôt possible. Étant rentré, je ménageai les choses, de sorte que je fis signer l'acte à M. Costar, et je le signai moi-même comme témoin; mais je ne pris pas garde qu'il y avoit deux clauses rapportées dans les marges, que je ne fis ni signer ni parapher. M. Pauquet, à qui j'allai remettre la procuration dans cette salle, où il m'attendoit avec impatience, ne prit pas garde, non plus que moi, à ce qui y manquoit; mais le notaire, à qui il rendit l'acte pour le parfaire en le signant, vit qu'il n'étoit pas revêtu de toute la forme nécessaire, il le lui redonna, afin qu'il y fît ajouter ce qui y manquoit. M. Pauquet s'adressa encore à moi pour cela, me priant d'achever ce que j'avois commencé. Ce fut ce qui me donna le plus de peine, car, outre que les nodus de la goutte ôtoient à M. Costar la liberté d'écrire, et qu'il y avoit une peine très-grande, il lui étoit sans doute passé dans l'imagination des choses contraires à ce qui l'avoit porté à signer; de sorte que lui présentant une seconde fois la procuration pour signer ce qui étoit rapporté dans les marges, il me dit assez brusquement qu'il le feroit à son loisir, que rien ne pressoit, et qu'aussi bien nous étions demeurés d'accord, lui et moi, qu'il falloit écrire à M. du Mans avant toutes choses, par la reconnoissance qui oblige indispensablement de rendre à son patron ce qui lui est dû, quand il est question de disposer du bien qu'on en a reçu, et par la civilité ordinaire, qui ne peut souffrir qu'on n'avertisse pas ce patron d'une chose qui doit ensuite paroître à la vue de tout le monde, surtout quand on est encore dans sa propre maison, et qu'on en reçoit tous les jours de bons traitemens et des marques d'amitié.

Je répondis qu'en ce qui regardoit M. du Mans, son bienfaiteur et son patron, je demeurois toujours dans la résolution que nous avions prise ; qu'il se devoit souvenir qu'il m'avoit dit qu'il lui écriroit, et qu'il lui enverroit même sa procuration, en le priant de l'agréer et de la faire mettre entre les mains du banquier pour l'envoyer en cour de Rome, s'il trouvoit bon qu'il eût ainsi disposé du bien qu'il avoit reçu de lui ; que je croyois comme lui que la bonne volonté de ce prélat pour M. Pauquet lui feroit approuver cette disposition, et qu'il le loueroit d'avoir choisi pour son successeur un homme qui avoit toujours eu part aux services qu'il lui avoit rendus, et qui, en beaucoup de rencontres, avoit fait paroître toute sorte de zèle pour ses intérêts ; qu'au reste, s'il étoit d'un autre sentiment, il lui offroit de s'y soumettre entièrement, et le prioit de lui prescrire ce qu'il désiroit ; que pour cela même il étoit besoin qu'il mît la procuration en état d'être envoyée à M. du Mans.

Je parlai ensuite d'autre chose, et sortant peu après, je laissai l'acte tout déplié sur une table auprès de laquelle il se mettoit dans une chaise de brocatel de Venise (1) qu'il avoit fait faire pour lui servir dans ses maladies; car il étoit bien aise de se montrer en toutes choses propre, ajusté et opulent.

Le voyant l'après-dîner de meilleure humeur, je m'approchai de la table et j'y maniai la procuration que j'y avois laissée. Je voulus par là m'attirer sa demande de ce que je faisois, ne doutant pas que, de la distance où j'étois, il ne faisoit qu'entrevoir les objets, sa vue étant extrêmement courte, et qu'il seroit curieux de savoir quel papier j'avois à la main. La chose réussit; et répondant à ce qu'il me demandoit, je lui dis que c'étoit la procuration *à résigner* ses bénéfices; que je lui avois déjà fait entendre qu'elle étoit imparfaite, en ce que son seing manquoit en deux endroits. Il me répliqua que je la laissasse sur la table, et qu'il l'achèveroit.

Dans ce même temps-là, M. Pauquet entra dans la chambre, et je demandai au malade s'il vouloit lui dicter la lettre qu'il avoit résolu d'écrire à M. du Mans, me semblant qu'il étoit en état de le faire aisément, la chose ne demandant pas de méditation pour un homme qui s'exprimoit aussi facilement que lui. Il me repartit qu'encore que ce que je lui disois fût vrai, néanmoins il ne se trouvoit pas à cette heure-là disposé comme il eût voulu pour faire cette lettre, et

---

(1) C'étoit une étoffe de coton ou de bourre de soie qui imitoit le brocard. (*Dict. de Trévoux.*)

qu'il espéroit être le lendemain plus en humeur de la faire.

M. Pauquet prit la parole, et dit qu'il n'étoit point de besoin qu'il la lui dictât ; qu'il l'alloit faire lui-même ; qu'il la lui feroit voir ensuite, et qu'il l'adresseroit à madame la marquise de Lavardin, qui étoit leur bonne amie, et qui avoit accoutumé de vouloir bien se charger de toutes leurs requêtes, et d'en solliciter l'effet auprès de M. du Mans. M. Costar approuva cette proposition, et M. Pauquet passa dans un cabinet proche, où ils se retiroient d'ordinaire pour étudier et pour écrire.

En ce temps-là M. Costar me demanda si j'avois une plume, et si je voulois donc qu'il achevât ce qu'il avoit commencé. Ce mouvement lui vint de ce que M. Pauquet s'offrit de le décharger de la peine de faire une lettre, qui lui donnoit sans doute des images qui lui faisoient peur ; car si son esprit étoit beau, il étoit aussi fort petit et très-foible ; et d'ailleurs il est vrai que les moindres choses font souvent des impressions dans notre imagination que les plus claires et les plus fortes raisons n'y sauroient faire. Je lui répondis que j'en allois quérir une. J'entrai pour cela dans le cabinet où étoit M. Pauquet, à qui l'ayant demandée, il me la donna le plus vite et la meilleure qu'il put, me témoignant une grande joie et un grand ressentiment du soin que je prenois de ses affaires.

Quand j'eus donné cette plume au malade, il griffonna comme il put son nom aux marges de cet acte, ainsi qu'il avoit déjà fait en le signant la première fois ; car il avoit les mains tellement nouées de gouttes et si tremblantes, que ce qu'il formoit de caractères étoit plutôt un griffonnage que de l'écriture (1). Il y avoit près de quinze ou seize ans qu'il n'écrivoit plus du tout, si ce n'étoit seulement son nom, dans les occasions où il ne pouvoit pas s'en dispenser.

Cette affaire étant ainsi achevée, M. Costar avec M. Pauquet trouvèrent à propos que j'écrivisse à madame la marquise de Lavardin le récit de l'*accident* qui étoit arrivé à M. Costar ; il appeloit ainsi le violent transport au cerveau que lui avoit causé son mal, et ils m'en prièrent, M. Pauquet nous faisant croire qu'il manderoit seulement au nom de M. Costar à M. du Mans la résolution qu'il avoit prise de le faire le *résignataire* de ses bénéfices, sous son bon plaisir. Nous crûmes qu'il ne manqueroit pas à faire ce qu'il nous disoit. Il n'en fit cependant rien, dans la crainte que ce prélat n'apportât quelque changement dans cette affaire qui lui donnoit une extrême joie. Il s'efforçoit néanmoins de la cacher sous une tristesse apparente et affectée ; mais il savoit si peu jouer son personnage, que souvent il y demeuroit court, permettant à cette joie de se laisser entrevoir. Cela me fit d'autant plus de peine, que j'avois occasion d'en juger que cet homme n'étoit pas aussi rempli d'honneur et de probité que je l'avois cru ; qu'il s'échapperoit fort, et qu'il seroit mal conduit, quand il seroit son propre maître et suivroit ses inclinations.

Je pourrois, monsieur, faire ici quelques réflexions sur les divers changements de volonté des hommes,

---

(1) Il est singulier que le notaire ait manqué à son devoir en ne recevant pas lui-même la signature de Costar. Une procuration *ad resignandum* étoit, relativement aux bénéfices, une véritable donation entre-vifs, et par conséquent un acte très-important.

je me contenterai de vous dire que, peu de temps
après mon arrivée au Mans, en 1652, m'entretenant
une fois avec M. Costar des services qu'il recevoit de
M. Pauquet, je lui dis, pour rendre plus d'offices à ce
dernier, que j'aimois parfaitement, à cause de beaucoup d'amitié qu'il m'avoit alors témoignée, plus toutefois en apparence qu'en effet, que je ne doutois pas
qu'il ne le fît son successeur, pourvu qu'il eût le loisir
de disposer de ses bénéfices en mourant. Il me répondit à cela que je ne connoissois guère Pauquet, que
c'étoit un franc ivrogne et un fou, auquel il n'auroit
garde de se fier, et que si ce n'étoit qu'il le retenoit
sans cesse, il lui feroit mille affronts. Cependant, lorsque le temps de sa fin fut venu, il ne se souvint plus
de l'humeur de cet homme. Il ne fut pas capable de
penser, par la longue connoissance qu'il en avoit, au
peu d'honneur que lui feroit une telle disposition de
ses bénéfices.

Les jours qui suivirent furent assez calmes pour le
malade, qui se remit même à travailler à la traduction
de la Vie d'Agricola qu'il avoit commencée, et il l'a-
cheva.

Il lui reprit peu de temps après un accès de sa goutte ;
mais très-léger, et la fluxion, qui avoit changé son
cours ordinaire, se jeta sur la poitrine, et augmenta
beaucoup son asthme. Voyant qu'il ne se guérissoit
point, et qu'il sentoit même ses forces diminuer, il
s'en prit à son médecin, et il fit venir un homme qu'on
lui dit être très-habile et très-expert à guérir de pareilles maladies. Il se persuada même que ce nouveau
médecin, demeurant dans le bourg de Conlie, qui est
le plus considérable et le principal du marquisat de

Lavardin, auroit un soin plus particulier de lui, et qu'il ne manqueroit pas, pour lui rendre la santé, d'employer tous les secrets de son art. Ce nouveau médecin, qui n'étoit qu'un apothicaire de village, et qui s'étoit mis dans une si grande réputation parmi les paysans, qu'elle étoit venue jusque dans la ville, fut reçu comme un souverain Esculape, sans aucun examen, et sans que le malade se mît en peine de lui faire connoître sa maladie; sans que lui-même, qui devoit savoir ce qu'il entreprenoit, voulût seulement écouter ce que je tâchois de lui en apprendre. Il se contenta de parler aussi magnifiquement qu'il put de son remède, qu'il prétendoit spécifique, de raconter quantité de cures singulières et merveilleuses qu'il assuroit avoir opérées, et de nous promettre dans fort peu de temps le plus heureux succès, sans vouloir qu'on lui répliquât, et exigeant de nous une entière confiance en ses promesses. Car si on lui disoit que l'hydropisie, non-seulement étoit toute formée, mais qu'elle lui gagnoit déjà le ventre, il répondoit : « J'en ai bien vu d'autres; » que l'asthme étoit fort enflammé et fort puissant : « J'en ai bien vu d'autres; » que la fièvre, quoiqu'elle ne fût pas violente, étoit presque continue; qu'il prît garde que son remède ne donnât plus d'inflammation à l'asthme qui la causoit : « J'en ai bien vu d'autres; » et point d'autre réponse à ce qu'on lui pouvoit dire. Ce qui est le style ordinaire de tous les charlatans et de tous les ignorants qui débitent un remède, dont ils ne connoissent ni les qualités, ni le temps et la manière de s'en servir à propos.

Il parut cependant si ferme en ses promesses et il sut si bien nous faire valoir son mérite et celui de son secret, qu'il me fit espérer, comme aux autres, qu'il guériroit M. Costar. Ce qui m'y porta particulièrement fut que ses drogues eurent d'abord quelque force, en ce qu'elles diminuèrent l'extrême inquiétude que causoit au malade une véhémente chaleur qu'il sentoit par tout son corps, surtout dans le creux des mains et à la plante des pieds. M. Costar eut tant de joie de ce soulagement, et il en conçut une si ferme espérance d'une entière et parfaite guérison, qu'il ne songea plus qu'à se bien divertir. Il fit même inviter à dîner avec lui quelques-uns de ses amis les plus familiers. Il fit souvent lui-même répéter M. de Lavardin, qui étoit encore son disciple. Il fit venir des violons dans sa chambre, et quelques chantres à qui il fit chanter des airs qu'ils lui disoient être nouveaux. Il s'imaginoit que cette gaîté exciteroit la chaleur naturelle, la rendroit victorieuse de celle qui n'étoit qu'étrangère, et, secondant les remèdes, les feroit plus promptement agir. Pour augmenter encore les mouvements de cette joie, quoiqu'il n'eût qu'une fort mauvaise voix, il chantoit lui-même, et il fit quelques petits couplets de chanson assez mal rimés.

Cela me fait souvenir, monsieur, de parler d'une chose assez singulière dans un homme de lettres qui aimoit passionnément la poésie : c'est qu'il n'a fait en sa vie que si peu de vers, qu'on peut dire qu'il n'en a point fait. Et je ne connois de sa façon que cette épithalame :

> Dieu veuille que le blond hymen
> Vous soit bien favorable ! *Amen !*

qu'il donnoit au petit Nau, alors son laquais, qu'il

vouloit faire passer pour avoir beaucoup de penchant à la poésie, et rimer naturellement.

Il fit outre cela une épigramme dont il feignit aussi que ce petit laquais étoit l'auteur. Ce fut à la louange d'une femme de chambre de madame la marquise de Lavardin, qui étoit une grande fille brune, qui, dans une grande jeunesse, avoit les dents très-blanches et fort belles. Je ne me souviens pas des premiers vers, où il se disoit à lui-même qu'elle se moqueroit de l'offre de ses services, et de la déclaration qu'il lui alloit faire de son amour; mais je sais que cette épigramme finissoit ainsi :

> Elle va rire à tes dépens ;
> Mais, petit Nau, tu t'en consoles :
> Si tu n'as de belles paroles,
> Tu verras de fort belles dents.

Il fit aussi quelques couplets de chansons sur des airs du temps, c'est-à-dire quelques vaudevilles ; et comme il savoit qu'il n'avoit point de génie pour la poésie, il n'avoit pas voulu s'y appliquer. M. de Voiture, qui étoit un excellent juge de ces sortes de talents, lui dit par raillerie dans la lettre huitième de leurs *Entretiens*, en lui répondant touchant quelques vers de sa façon qu'il lui avoit envoyés : « Mais je crois que vous aimez « mieux que je vous loue de votre poésie que de votre « prose, car Aristote dit que *sur tous les ouvriers, le* « *poète est amoureux de son ouvrage*. En vérité, vos « œuvres poétiques sont admirables ! et je veux mou-« rir si vous ne faites des vers comme Cicéron (1) ! »

---

(1) *Entretiens*, p. 87.

Il lui avoit dit de même dans la précédente, qui est la seconde de leurs *Entretiens*, par une pareille raillerie, qu'il faisoit sur quelques vers françois qu'il avoit composés en traduisant une épigramme grecque : « Je « trouve au reste votre version du grec en vers fran- « çois fort heureuse ; mais dites le vrai, combien de « fois avez-vous invoqué Apollon pour cela (1) ? » Ce que M. de Voiture lui disoit pour lui faire entendre qu'il paroissoit en ses vers qu'il avoit eu bien de la peine à les faire, qu'ils ne couloient pas de source, qu'ils avoient été mis ensemble à force de machines et d'engins, et enfin qu'Apollon n'avoit cédé qu'à son importunité pour lui aider à se tirer de l'embarras où il s'étoit jeté de gaîté de cœur, et dont il ne pouvoit se dégager sans son secours.

Cependant il disoit avec Montaigne : « L'histoire, « c'est plus mon gibier, ou la poésie que j'ayme d'une « particulière inclination ; car, comme disoit Cléan- « thes, tout ainsi que la voix contraincte dans l'estroict « canal d'une trompette sort plus aigüe et plus forte ; « ainsi me semble-il que la sentence pressée aux pieds « nombreux de la poésie s'eslance bien plus brusque- « ment, et me fiert d'une plus vifve secousse (2). » Il

---

(1) *Entretiens*, p. 38. Dans la lettre citée, Voiture s'est continuellement moqué de Costar. On voit qu'il en est ennuyé, fatigué. Mais Costar étoit trop prévenu de son mérite pour s'en apercevoir, et il lui arrive même de citer comme des éloges de mordantes critiques, dont la pointe rebroussoit sur l'amour-propre dont il étoit cuirassé. On en pourra juger par le passage suivant d'une lettre adressée à Voiture : « On montroit l'autre jour à un gentilhomme de cette province une de « mes lettres qui étoit assez longue. — *Vraiment*, dit-il, *cet homme-là « sait bien faire de longues lettres, mais en sauroit-il bien faire de suc- « cinctes ?* (Entretiens, p. 59.)

(2) *Essais de Montaigne*, liv. 1ᵉʳ, chap. 25.

est vrai qu'il étoit persuadé que c'étoit chez les excellents poètes que se rencontroit la sublime, douce et vive éloquence, selon les genres différents de poésie ; que les lumières étoient plus pures et plus brillantes chez eux que chez les orateurs ; que les expressions y étoient plus nobles, plus fines et plus surprenantes ; que les inventions ingénieuses, touchantes, merveilleuses et adroites couloient toutes des sources qu'ils avoient ouvertes ; que les poètes avoient les premiers trouvé les diverses figures, et qu'ils avoient enseigné l'art de s'en bien servir, pour exciter dans les esprits d'infinis mouvements, comme Plutarque l'a dit de Sapho, en la comparant à Cacus, fils de Vulcain, qui jetoit feu et flammes par la bouche ; qu'ils avoient en un mot fait voir les grâces du discours avec tous leurs appas, leurs attraits et leurs charmes, aussi bien que cette puissance avec laquelle le poète tonne, éclaire, foudroie, et emporte à son gré les volontés les plus mutines et les plus rebelles ; il disoit enfin que les beaux vers, la noble et la grande poésie lui sembloient autant au-dessus de la bonne et de la belle prose, que le langage des Dieux est au-dessus de celui des hommes, et que c'est une *monnoie d'or, qui a beaucoup de prix, quoiqu'elle ait peu de masse et peu d'étendue.*

C'est ce qui l'avoit obligé d'apprendre tout Horace par cœur, et les plus beaux endroits des autres poètes, tant grecs que latins. Il les avoit traduits en prose, avec toute la délicatesse, toute la force et l'éloquence qu'il avoit cru pouvoir répondre à leur beauté.

Il savoit de même tous les vers de Malherbe, et il avoit pris un soin particulier d'étudier ses merveilleux ouvrages, sur lesquels il avoit travaillé. Il avoit voulu en faire voir, par une espèce de commentaire, l'excellence et les rares avantages, soit en y faisant remarquer ce que cet auteur a de pensées sublimes, nouvelles et finies (1), et d'expressions admirables, soit en défendant quelques endroits contre les injustes attaques de critiques qui en jugeoient avec moins de savoir que d'envie et de jalousie. Enfin il n'y avoit point de beaux vers en notre langue qu'il n'eût lus, et dont il n'eût rempli sa fidèle et vaste mémoire, aussi bien que de ceux des poètes italiens, entre lesquels le Tasse, comme de raison, avoit le premier rang dans son esprit.

Voyons maintenant, monsieur, l'effet des remèdes de l'apothicaire de Conlie, qui eurent d'abord assez de succès. Il m'a semblé que je prolongeois la vie du malade, en différant de vous dire qu'au bout de quatre à cinq jours, il sentit les inquiétudes qu'une chaleur interne lui causoit, non-seulement revenues comme auparavant, mais de beaucoup augmentées, malgré toute la puissance des drogues de celui qui lui avoit promis de le guérir, et qui commençoit lui-même à reconnoître qu'il travailloit en vain, et qu'au lieu d'une paix solide et entière, il ne lui avoit obtenu qu'une trève de courte durée.

Ce qui fut encore plus fâcheux, c'est qu'il se fit un second transport au cerveau, qui lui fit, comme le premier, perdre toute connoissance ; et quoiqu'il eût moins duré, comme il fut violent, il l'affoiblit beaucoup.

On se servit de l'occasion qu'en donna ce second ac-

(1) *Finies* pour *achevées*.

cident, pour le porter, plus particulièrement qu'on n'avoit fait jusqu'alors, à songer à la mort, et le disposer à se mettre en état de bien mourir. Il témoigna à tout ce qu'on lui dit là-dessus, qu'on lui faisoit grand plaisir, et, élevant son esprit à Dieu, il dit forces choses dévotes et touchantes. Il allégua même quelques beaux passages de l'Ecriture et des Pères; car en l'état où il se trouvoit, et durant tout le cours de sa maladie, sa mémoire demeura dans toute sa force. Il parut extrêmement persuadé de ce qu'il disoit, et il édifia tous ceux qui l'entendirent. Après qu'il eut parlé, comme il fit, près de demi-heure, se reposant quelquefois et écoutant ce qu'on prenoit le temps de lui dire, dans les mêmes pensées, il souhaita qu'on lui fît venir le Père Hameau, alors supérieur de l'Oratoire de cette ville. Il lui fit sa confession, et ce Père étant homme de piété et de beaucoup de lumières, ils eurent ensemble plusieurs entretiens, dans lesquels il parut que le malade jouissoit aussi entièrement de son esprit, que si son corps eût été en santé; car, à ce que m'a dit plusieurs fois ce Père, il n'étoit pas concevable combien, sur les différents sujets de dévotion dont ils parlèrent, sa mémoire et son entendement lui fournirent de belles et d'excellentes choses qu'il avoit puisées dans la lecture des Pères, et combien il en produisoit de lui-même sur-le-champ, par les judicieuses réflexions qu'il y faisoit.

Son mal, qui s'augmentoit toujours, ne laissoit pas néanmoins de lui donner quelques heures de relâche, et il en concevoit aussitôt quelque espérance de guérison, tant l'amour de la vie est attaché à l'homme par sa propre nature, et tant cet amour l'aveugle aisément sur ce qu'il lui est le plus important de connoître, puisqu'il n'y en a point d'où dépende plus souverainement son mal ou son bien. Comme on s'apercevoit de l'inclination qu'il avoit à prendre ces espérances, qu'on étoit assuré qu'elles étoient fausses, et qu'on ne vouloit pas qu'il s'y trompât, on lui disoit toujours qu'il devoit se détacher de l'amour de la vie de ce monde, pour ne penser qu'à la vie éternelle.

Il lui survint une troisième attaque d'un transport au cerveau; elle fut plus légère et de plus courte durée que les deux précédentes. Elle obligea, quand il fut revenu, à lui faire voir que la fin de sa vie s'approchoit. Il avoit communié deux fois, et il avoit reçu le saint viatique. On lui proposa de recevoir l'extrême-onction. Il la reçut fort chrétiennement, je veux dire avec une entière connoissance de l'action sainte qui se faisoit sur lui, pour son salut, par ce sacrement, en témoignant qu'il prenoit une parfaite confiance en la bonté de Jésus-Christ, qui l'a institué, et en se résignant tout-à-fait à la miséricorde de Dieu, à qui il demandoit pardon de ses péchés avec beaucoup de marques de douleur de l'avoir offensé. Il répondit avec beaucoup de présence d'esprit à M. son curé qui le lui administra, et il dit sur ce sujet plusieurs choses qui témoignoient sa foi, et qui étoient d'édification et de piété.

Le lendemain il se trouva un peu mieux, et il se fit lever dans sa chaise, où il étoit quand deux Pères Minimes le vinrent voir. Ils lui firent un compliment sur la part qu'ils prenoient à son mal, et ils lui dirent qu'ils avoient prié Dieu pour lui dans leur communauté, et qu'ils continueroient de le faire. Il les remercia avec des paroles fort élégantes et fort affectueuses, parlant toujours bien en toutes occasions, par la très-longue habitude qu'il s'en étoit faite. Il les pria de le secourir par leurs prières, et il les assura que la première visite qu'il feroit, dès qu'il seroit guéri, seroit dans leur maison, pour leur rendre grâces de l'amitié qu'ils lui faisoient paroître. Ces bons Pères, ayant passé une demi-heure dans cette conversation, se retirèrent. Nous vîmes, par la promesse qu'il leur avoit faite, qu'il reprenoit toujours des espérances trompeuses, qui pouvoient le détourner des vues qu'il devoit avoir pour celles du ciel. Nous fîmes revenir le Père Hameau et M. le curé de la paroisse, qui lui firent entendre doucement qu'il ne devoit se remplir que des pensées qui regardoient les choses de son salut, afin de mourir dans la douleur d'avoir offensé Dieu, et d'obtenir sa grâce pour vivre éternellement avec lui, puisqu'il pouvoit assez reconnoître, par l'opiniâtreté invincible de son mal, que la volonté de Dieu étoit qu'il quittât la terre pour le ciel. Il se soumit tout aussitôt à ces sages et saints avis, et il remercia beaucoup ceux qui les lui donnoient, leur disant qu'il alloit tâcher d'en tirer tout le profit qui lui seroit possible.

Deux jours avant qu'il mourût, il fut tourmenté d'une chaleur interne qui l'inquiéta, et comme il se trouva très-foible, au lieu que lorsqu'il avoit plus de force on le portoit de son lit dans une chaise, on ne fit plus que le tirer doucement d'un côté a l'autre de ce lit. Enfin, le treize du mois de mai, ne paroissant point être proche du dernier moment, il voulut qu'on le levât dans une chaise qui étoit au chevet de son lit.

Il s'y ennuya bientôt, et il s'y trouva même fort incommodé. Il demanda avec empressement qu'on le remît dans son lit; ce qu'on fit à l'instant même; mais dès qu'il y fut recouché, il dit que sa camisole étoit pliée sous son côté et qu'elle le blessoit. Il pressoit fort qu'on lui ôtât ce pli, et quoiqu'on fît tout ce que l'on pouvoit pour le satisfaire, et qu'après y avoir bien regardé, on l'assurât qu'il n'y avoit plus rien qui lui pût nuire, et qu'on avoit ôté le pli, cela ne servit qu'à augmenter l'émotion où il étoit, et que lui causoit, sans doute, une douleur qui venoit de ses maladies. Il commanda même avec des paroles aigres et injurieuses à son lecteur, qu'il voyoit occupé à le secourir, de lui ôter donc ce pli qui lui faisoit une si sensible douleur. Dans ce même temps et tout d'un coup, il vint dire : « Ah! voici bien autre chose! » J'ouïs cette parole aisément, parce que j'étois tout proche de son chevet, tandis que M. Depoix, son lecteur, et M. Pauquet, qui étoient dans la ruelle, tâchoient de faire disparoître le pli de sa camisole.

J'aperçus dans ce moment, en le voyant s'agiter, et remarquant quelque changement en son visage par le mouvement de ses yeux, par les différentes couleurs que prenoit son teint, et plus encore par sa bouche qu'il ouvroit extraordinairement, qu'il se faisoit un grand débord de son cerveau. Je me jetai brusquement sur son lit, et par un grand et prompt effort, je mis le malade en son séant, lui criant qu'il songeât à Dieu, qu'il lui offrît son âme et qu'il lui demandât pardon de ses fautes, et dans ce moment je le vis expirer, un flegme qui lui remplit toute la bouche l'ayant étouffé.

M. Pauquet, après quelques légères lamentations, donna ordre à l'enterrement, qui, le lendemain, se fit solennellement dans l'église cathédrale.

Environ deux mois après sa mort, M. Pauquet, par la faveur de M. de Pellisson, reçut les douze cents écus dus à son défunt patron pour la dernière année de ses gages d'historiographe du roi. Il employa cette somme à fonder un service dans l'église cathédrale, pour y être célébré à perpétuité pour le repos de l'âme de son défunt maître et de son très-libéral bienfaiteur, et il fit mettre une tombe de pierre sur la fosse, où on lit cette épitaphe :

Hic jacet venerabilis ac circumspectus vir
Dominus Petrus Costar, presbiter, Parisijs oriundus,
In sacrâ theologiæ Facultate Parisiensi
Baccalaureus formatus, nec non archidiaconus
De Sabolio.
Obijt decimâ tertiâ maij, anno salutis 1660.
Requiescat in pace.
Omnia omnibus.

VIE

DE LOUIS PAUQUET,

CHANOINE ET ARCHIDIACRE DU MANS.

A M. L'ABBÉ MÉNAGE.

Louis Pauquet, monsieur, naquit à Bresles, bourg de Picardie, près de Beauvais. Son père étoit un pauvre paysan, qui travailloit au labourage dans une terre qu'avoit en ce lieu-là M. Chastelain, parent de M. de Rueil, évêque d'Angers, et dont vous avez vu autrefois le fils être l'un des adjudicataires des gabelles. Comme ce pauvre homme avoit plusieurs enfants, il fit en sorte de se décharger de celui-là, en le donnant à madame Chastelain, pour lui servir de laquais. Louis Pauquet demeura chez cette dame pendant quelques années, quoiqu'elle s'aperçût qu'il avoit une furieuse inclination pour le vin; mais comme il avoit beaucoup de mémoire, et qu'il retenoit facilement ce qu'elle lui ordonnoit de dire, dans les différents messages dont elle le chargeoit, et les réponses qu'on lui faisoit, elle en souffrit pendant quelques années; mais cette passion pour l'ivrognerie s'accrut tellement, que Pauquet lui devint insupportable. Comme madame Chastelain avoit de la charité pour le père de ce jeune garçon, elle ne voulut pas que le fils eût perdu le temps qu'il avoit passé à son service, et elle se résolut à lui faire apprendre un métier; lui en ayant donné le choix, il prit celui de tourneur. Le soin qu'eut son maître de le tenir assidu à son travail, et le peu de moyens qu'il avoit d'acheter du vin, dans un lieu comme Paris, où il est cher, firent qu'il passa une grande partie du temps de cet apprentissage sans qu'on le vît ivre; cela fit croire qu'il s'étoit corrigé de ce défaut. Il apprit cependant qu'on vouloit donner à MM. de Ruzé, neveux de M. l'évêque d'Angers, et fort proches parents de M. Chastelain, un valet de chambre pour les servir au collége de La Flèche, où on les envoyoit, afin de les tenir près de leur oncle. Pauquet, ennuyé de son métier, s'offrit, et il fut reçu. On pensa que son âge de dix-huit à dix-neuf ans l'avoit rendu plus sage.

Lorsque ces jeunes enfants furent à La Flèche, les Jésuites, qui en avoient un soin particulier, et qui surveilloient la conduite de leur valet, ne laissoient sortir ce dernier que les jeudis; mais il ne revenoit jamais, le soir, sans être complètement ivre; ce qui obligea ces Pères de l'empêcher entièrement de sortir, ayant reconnu qu'il n'y avoit que ce moyen de le retenir. En cet état de contrainte, il s'ennuyoit beaucoup dans le collége, parce qu'il étoit privé de la douce liqueur du vin. Les Jésuites lui en donnoient si peu à chaque repas, et de si bien trempé, qu'il le comptoit pour rien.

Il fit alors de nécessité vertu; il considéra qu'il n'avoit que très-peu d'occupation auprès de ses jeunes maîtres, qui alloient deux fois le jour en classe, et il se mit en tête d'apprendre la langue latine : il y fut d'ailleurs porté par le Préfet de la chambre où étoient les jeunes enfants qu'il servoit. Ce Père avoit reconnu qu'il avoit beaucoup de mémoire, et qu'il ne manquoit pas d'esprit; et d'autant qu'il en tiroit, en son particulier, quelque service, il avoit pris de l'affection pour lui, jusqu'à vouloir bien se donner la peine de lui enseigner les premiers éléments de la langue latine.

Il y fit tant de progrès, qu'ayant commencé, vers le milieu de l'année, à s'y appliquer, il fut capable d'entrer, à l'ouverture des classes de l'année suivante, dans la cinquième; et, sa mémoire secondant toujours son application, il se trouva qu'à Pâques il savoit tellement tout ce qu'il pouvoit apprendre dans cette classe, qu'on le fit monter en quatrième. Il s'y rendit si savant à la fin de l'année, qu'on lui donna la troisième, où il passa toute l'année; mais son Régent et le Préfet des classes qui examinèrent sa composition, et qui l'interrogèrent, jugèrent à propos de ne le point arrêter dans la seconde; ils le mirent en rhétorique, où en peu de temps il surpassa tellement tous les autres écoliers, qu'on fut obligé de lui donner une place fixe pour leur laisser le moyen d'exercer leur émulation, et de se disputer la première, qu'il auroit toujours occupée.

Ces Pères, étonnés de cette merveilleuse facilité, ne pouvoient s'empêcher d'avoir de l'estime pour lui; ils avoient même l'indulgence de le laisser aller dans la ville quelques jeudis, persuadés que les belles connoissances dont ils lui avoient rempli l'esprit l'auroient éclairé et lui auroient mieux fait comprendre la honte qu'il y a de noyer sans cesse sa raison dans le vin; mais cela ne servit qu'à leur faire reconnoître que les fortes inclinations que la nature donne au mal ne se changent point, et qu'elles aveuglent toujours l'entendement;

car il rentroit toujours ivre dans leur collége, et le Père Jésuite, qui étoit chargé du soin de MM. de Ruzé, crut devoir en donner avis à M. l'évêque d'Angers, leur oncle, qui avoit accoutumé de dire, *les jeudis de Pauquet,* pour faire entendre des jours de débauche et d'ivrognerie.

Il reconnut, par ce nouvel avis, que l'ivrognerie étoit un mal sans remède dans ce jeune homme, et il se résolut de lui donner son congé, lorsqu'il seroit revenu à Angers, avec ses maîtres, pour y passer le temps des vacations, comme il faisoit chaque année. Il s'affermit surtout en cette résolution par la pensée qu'un défaut de cette sorte ne le rendoit pas seulement incapable de bien servir ses neveux, mais pouvoit encore être à ceux-ci d'un mauvais exemple.

Les neveux du prélat étant venus à l'ordinaire à Angers, il se rencontra, heureusement pour M. Pauquet, que M. Costar, qui étoit auprès de M. d'Angers, en qualité de bel-esprit, eut besoin d'un homme qui le servît dans ses études, à la place d'un autre qui le quittoit pour se marier. Comme M. Costar savoit que M. Pauquet écrivoit bien, et qu'il entendoit la langue latine, il le crut propre à lui rendre les services qu'il désiroit, et il le prit avec lui.

M. Costar fit tout ce qu'il put pour lui ôter l'amour du vin; mais il y perdit ses peines, et le seul remède qu'il y trouva, fut de l'occuper extrêmement, et de ne lui permettre de sortir de son cabinet que le moins qu'il se pourroit; car lorsqu'il étoit obligé de l'envoyer en quelque lieu que ce fût où il y avoit du vin, il n'en revenoit jamais sans en avoir pris au-delà de la mesure; et pour se procurer ce plaisir, il s'accostoit toujours de petites gens, surtout des sommeliers des grandes maisons, et de tous ceux généralement qui pouvoient le faire boire sans cérémonie, à toute heure et en toutes sortes de lieux.

Mais ce qui étoit plus fâcheux, c'est que le vin, qui, comme les lions et les tigres, a quelque chose de féroce que rien ne peut apprivoiser, lui montoit d'abord à la tête, et commençoit dès le second verre à le faire parler, l'obligeoit de contredire, mais assez légèrement, à tout ce que l'on disoit; au troisième, il haussoit tout-à-fait sa voix, et il devenoit véhément orateur, plus véhément encore au quatrième. Il poussoit ensuite sa contradiction à tort et à travers, et il se répandoit en paroles injurieuses; en sorte qu'il avoit besoin souvent de gens sages pour engager ceux qu'il offensoit à ne pas prendre garde à ce qu'il disoit, et pour les empêcher de le maltraiter. Il lui est arrivé plusieurs fois d'être battu, quand il se rencontroit avec d'autres ivrognes qui ne le connoissoient pas, ou qui étoient aussi emportés que lui. En cet état, ne pouvant proférer aucune parole intelligible, il contredisoit encore injurieusement d'une voix rauque et balbutiante, et, ne pouvant plus parler, il se portoit à battre les laquais. Il s'en rencontroit assez souvent qui, en repoussant sa brutalité, le déchiroient de coups; je l'ai vu plus d'une fois le visage emporté de leurs griffes; car, en revenant ivre de la ville, il les cherchoit pour les battre, ou, à leur défaut, le premier qu'il trouvoit dans la cuisine. Il arriva une fois qu'ayant bu avec excès, il eut encore le dessein d'entrer à une comédie des machines, au Palais-Royal, où le Roi logeoit alors, et il prétendit passer au travers des gardes qui le repoussèrent, sa mine ne lui attirant aucune considération. Il s'opiniâtra, mais il reçut tant de coups de hampe de hallebarde, que vraisemblablement ils l'eussent estropié, s'il n'eût été reconnu par une femme de qualité, des amies de M. Costar, qui se trouva heureusement à la porte du palais. Elle arrêta les gardes, qui eurent du respect pour elle, et elle fit retirer M. Pauquet.

Hors de l'ivresse et de sang-froid, il avoit beaucoup d'imagination, et quand elle s'échauffoit par quelque chose qui le choquoit, ou qui lui plaisoit, elle lui fournissoit des pensées nouvelles subtiles et fines ; elle lui produisoit mille inventions pour se tirer d'affaire, ou pour en faire à ceux qu'il n'aimoit pas. Il avoit peu de sincérité dans ses paroles, parce que le sang-froid et la raison qui lui faisoient promettre, et qui le portoient à suivre le bien, étoient bientôt renversés par le vin, qui le rendoit toujours félon et extravagant, et il auroit même été dangereux, si M. Costar, son maître, ne l'eût souvent retenu, et s'il n'eût été plus touché que lui de la crainte du blâme qui suit les friponneries, et de l'honneur du monde qui donne la bonne réputation. Il agissoit néanmoins souvent si impétueusement que rien n'étoit capable de le retenir. Il étoit artificieux, et il avoit acquis à l'école de M. Costar une belle facilité de parler qui lui donnoit le moyen de couvrir si bien ses artifices, sous les apparences d'une franchise naïve et picarde, qu'il étoit difficile de ne s'y pas laisser prendre.

Il écrivoit purement, et son style, qui étoit moins orné que celui de M. Costar, paroissoit plus naturel, plus aisé et plus libre (1), et il avoit presque partout une certaine gaîté et un agréable enjouement qui ne lui donnoient pas de médiocres beautés. Il y mêloit toujours, à la façon de son patron, quelques passages d'auteurs latins, grecs, italiens ou espagnols, quoiqu'il ne sût que très-peu ces trois dernières langues. Il trouvoit ces passages dans sa mémoire, ou dans les lieux communs de M. Costar, dont il disposoit comme son maître, et il les savoit si bien employer, qu'ils lui devenoient propres et donnoient beaucoup de plaisir par tout ce qu'ils avoient d'ingénieux et de naturel dans leur application. Il paroissoit, dans ses lettres, tout rempli d'un zèle ardent et sincère pour ceux à qui il écrivoit, et en cela il avoit plus d'art que de vérité, tant les paroles sont de lâches esclaves toujours prêtes à servir ceux qui s'en sont rendus maîtres par l'étude, ou à qui la nature les a données.

Il étoit d'autant plus capable de tromper ceux à qui il parloit, que rien en lui ne préoccupant par la beauté ou la bonne mine, il sembloit dire toutes choses bonnement, et comme ayant ce que l'on appelle *le cœur sur les lèvres*; il étoit aisé à mettre en colère, même à jeun, et cette colère lui donnoit de la hardiesse, comme le vin lui donnoit de l'impudence. Mais quand il n'étoit excité ni par l'un ni par l'autre, il ne parloit que fort peu, et il se montroit doux et humain; il étoit sujet à prendre des aversions dont il revenoit difficilement, et qu'il poussoit très-loin quand il étoit contredit. Il étoit d'un travail infini dans la lecture et

(1) Il n'étoit pas difficile de paroître naturel auprès de Costar, toujours guindé et monté sur des échasses.

dans l'écriture; il y passoit tout le temps que M. Costar le retenoit auprès de lui, sans lui permettre de sortir de son cabinet; et parce que, dans les repas ordinaires du dîner ou du souper, il se seroit laissé emporter à trop boire, M. Costar lui disoit, quand il le faisoit manger avec lui, et qu'il n'étoit pas obligé de le laisser aller dîner à la table du commun : « Mon fils Pau-« quet, garde-moi ta tête; » et il empêchoit souvent qu'on ne lui apportât du vin toutes les fois qu'il en demandoit, et lorsqu'il s'apercevoit qu'un laquais, lui versant de l'eau dans son verre, ne lui en laissoit tomber qu'une seule goutte qui se fendoit en deux sur le bord pour n'y entrer qu'à demi, il lui disoit : « Tu ne fais « faire, mon fils Pauquet, que la cérémonie, fais-y-en « mettre davantage; » alors il présentoit une seconde fois son verre au laquais, qui recommençoit à verser un peu mieux, en sorte qu'il y entroit cinq ou six gouttes; mais, pour se récompenser de la perte qu'il croyoit avoir faite, quand il voyoit M. Costar occupé à parler ou à manger, il faisoit signe au laquais de lui apporter à boire, et le laquais lui apportoit un verre plein de vin. M. Pauquet le recevoit et se détournoit pour le boire sans être aperçu. M. Costar l'y surprenoit quelquefois, et alors, en se réjouissant, il se mettoit à crier : « *Le roi boit,* » ou à faire quelque autre plaisant cri, pour lui faire connoître qu'il s'apercevoit bien qu'il buvoit à la sourdine; mais M. Pauquet ne s'étonnoit pas pour ce bruit, et il ne laissoit pas d'avaler au plus vite. Il ne prenoit néanmoins en ces repas que du vin *de contradiction*, ainsi que l'appeloit M. Costar, et il ne s'en donnoit pas jusqu'à l'ivresse; une demi-heure ou une heure de sommeil lui faisoit évaporer ce qui lui étoit monté de fumées au cerveau, et cela n'empêchoit plus ensuite qu'il ne lût ou n'écrivit.

Il étoit d'une santé robuste et sujet à peu de maladies. Il en eut une à Angers, qu'une fièvre continue et violente de quinze ou seize jours rendit très-grave, et durant laquelle il disoit sans cesse, en délire, *qu'il n'avoit point de tête*. Il se trouva dans la maison un jeune homme et une jeune fille assez simples, ou assez aveugles eux mêmes, pour faire dans sa chambre, devant lui, ce qu'ils pensoient que ne verroit pas un homme qui ne devoit point avoir d'yeux, puisqu'il disoit qu'il n'avoit point de tête; mais il ne laissa pas néanmoins de les voir fort bien, et, étant guéri, de se souvenir de leur action. Il eut, à l'âge de cinquante ans, la fièvre-quarte pendant près de dix mois; il étoit sujet à de grands rhumes qui lui donnoient quelques accès de fièvre dont il se guérissoit en se faisant saigner et en s'abstenant entièrement de vin. Il ne fut presque jamais touché de l'amour des femmes, auxquelles il lui eût été bien difficile de plaire, étant aussi désagréable et dégoûtant par sa bouche de travers et presque toujours écumante, par ses yeux louches, son nez assez mal fait, ses lèvres grosses et d'une couleur livide, à moins qu'il n'en eût rencontré qui fussent du naturel des louves, qui préfèrent toujours le plus laid.

Il avoit quarante-sept ou quarante-huit ans, quand il prit les premiers ordres et qu'il se fit prêtre, sans garder les interstices, par la dispense qu'il en obtint en cour de Rome. Ce fut pour se mettre en état de posséder la cure de Saussay, à quatre lieues du Mans, que M. de Lavardin lui donna, en l'obligeant de se défaire, en faveur d'un de ses domestiques, d'un petit prieuré de Poitou, de cinquante écus ou deux cents livres de rente dont il l'avoit pourvu, dès le temps qu'il étoit dans la retraite en son abbaye de Saint-Liguières. La raison qu'eut ce prélat d'en user ainsi, fut que ce bénéfice étoit à la bienséance de cet autre domestique poitevin, qui venoit d'embrasser la profession ecclésiastique. Ce même prélat avoit aussi pourvu M. Pauquet, long-temps auparavant, d'une des prébendes de Saint-Calais, qui lui demeura avec cette cure de Saussay.

Comme dans les Mémoires que je vous ai envoyés, Monsieur, de la vie de M. Costar, je vous ai fait connoître plusieurs choses de celle de M. Pauquet, qui en faisoient partie, et que je vous ai appris de quelle sorte M. Costar l'institua son héritier et le fit son successeur en ses bénéfices, je ne vous en parlerai point ici ; je vous dirai seulement que, M. Costar étant mort, M. Pauquet eut affaire à un mauvais maître, en ce qu'il se trouva abandonné à sa propre conduite. Il retint le cuisinier de son patron, et se mit à faire grand'chère et à boire incessamment, et cela avec le plus de canailles qu'il put, d'autant qu'il étoit embarrassé et contraint avec les honnêtes gens. C'est chose étrange que la veille du service de son maître et de son bienfaiteur, étant venu dans l'église cathédrale pour assister aux vigiles qui se chantoient pour l'office du lendemain, au sortir de l'église, il s'en alla dans une salle, sous les bâtiments de l'évêché, qui servent de logement au concierge, et, ayant trouvé des cochers, des palefreniers et d'autres gens de cette sorte, il se mit à boire avec eux jusqu'à un excès si grand, qu'à peine put-il revenir au jardin de M. de Lavardin, où il étoit logé. Cela me donna occasion de lui dire ce que je pensois de cette conduite qui le couvriroit de honte, s'il ne la quittoit entièrement, et surtout étant sur le point d'entrer dans une compagnie qui ne la pourroit voir sans la blâmer et donner tout l'ordre nécessaire à l'empêcher. Enfin je lui remontrai, avec toute la force et toute la douceur que je pus, qu'en se déshonorant, il déshonoroit encore davantage la mémoire de son patron, qui se trouveroit ne lui avoir laissé du bien que pour assouvir une passion brutale, indigne d'un homme qui, ayant de l'esprit et de l'entendement, devoit avoir de la sagesse et de l'honnêteté. Tous mes conseils ne servirent qu'à m'en faire haïr et à l'éloigner de moi. Ils ne laissèrent pas néanmoins de le toucher en quelque façon ; car ils le portèrent à délibérer en lui-même assez long-temps s'il ne lui seroit point meilleur de permuter les bénéfices dont il étoit revêtu, pour des bénéfices simples qui lui laissassent plus de liberté de vivre à sa fantaisie, que d'entrer dans une compagnie où il se trouveroit sujet à plus de régularité et contraint de garder plus de mesures de bienséance. Cela fit qu'il reçut, durant un mois ou six semaines, quelques propositions de permutation. Mais n'y trouvant pas son compte, et ayant commencé à goûter le plaisir de bien boire avec quelques-uns des chantres de l'église cathédrale dont le gosier étoit le plus altéré, il se résolut d'y prendre possession de sa prébende et de son archidiaconé : ce qu'il fit, après avoir renvoyé avec assez de peine, et moyennant quelque argent, dans leur pays, une sœur qui étoit venue de Bresles, avec son mari et trois ou quatre enfants, qu'ils avoient apportés à leurs cols, et menés par la main. Ces pauvres gens s'imaginèrent mal à propos, sur la nouvelle qu'ils avoient reçue, par un de ses neveux, de la bonne fortune qui lui étoit arrivée, qu'il les alloit faire vivre heureusement dans sa maison, ou les établir richement dans la ville.

Au commencement de son installation dans l'église cathédrale, il hanta quelques-uns des plus sobres du chapitre, et même les plus honnêtes gens de ceux qui étoient susceptibles de boire avec lui, et il leur fit toujours bonne et grande chère; mais il fut bientôt lassé de la compagnie de personnes pour qui il étoit obligé d'avoir quelque considération, et qui lui causoient de la contrainte. Il lui fallut de vrais et de purs ivrognes; il les appeloit toujours à son dîner et à son souper. Il ne déjeûnoit jamais : et c'étoit un grand avantage pour lui, car il n'étoit point ivre le matin, et en ce temps, il venoit à l'église comme un autre chanoine; mais ce n'étoit pas la même chose après le dîner, quand il lui prenoit fantaisie d'y venir. Il continua sa dépense avec ces sortes de gens, car il ne pouvoit souffrir une table peu ou mal couverte : il la vouloit toujours abondante en plusieurs mets, quoiqu'il n'y mangeât que quelques croûtes de pain, son objet principal étant d'avaler beaucoup de vin, dont il avoit grand soin de tenir sa cave pleine, et qu'il choisissoit dans les meilleurs crûs. Comme il faisoit tout sans économie et sans prendre garde s'il pourroit soutenir cette dépense, il se jeta inconsidérément dans une vie désordonnée qu'il ne put soutenir avec le revenu de ses bénéfices qui montoient à plus de deux mille cinq cents livres. Il y consomma avec honte, en peu de temps, tout l'argent comptant qu'il avoit trouvé dans la cassette du défunt, qui montoit à la somme de quatre à cinq cents louis d'or. Il y suppléa ensuite par la vaisselle d'argent qu'il vendit, ou qu'il donna en paiement à des marchands qui le pressoient de les payer. Car il ne payoit jamais rien autrement, et la plus grande aversion qu'il eut après celle de boire de l'eau, quand il n'étoit point enrhumé, étoit de payer où il devoit. Cette manie étoit telle que, du vivant de M. Costar, dont il avoit l'argent entre les mains, et dont il faisoit toute la dépense, quand il venoit un ouvrier ou un marchand pour se faire payer, il le renvoyoit toujours le plus long-temps qu'il pouvoit sans lui rien donner; nul n'étoit payé, à moins qu'après avoir rencontré M. Costar, et s'être plaint à lui de ce qu'on lui faisoit faire tant de voyages inutiles, M. Costar ne se fût mis à gronder et à quereller ce domestique. Alors, dans la colère que lui causoient les réprimandes de son maître, M. Pauquet alléguoit, pour s'excuser, mille fausses raisons; et ne pouvant encore se résoudre à compter et à payer entièrement, il donnoit presque toujours brusquement et avec dépit plus qu'on ne lui demandoit, et sa folle colère le livroit à la merci de ceux avec qui il agissoit de cette sorte, et dont il prenoit même les parties sans les lire et sans songer jamais à les revoir.

Cependant il avoit toujours été l'intendant et l'unique maître des affaires de son patron, qui y entendoit encore moins que lui, tant les beaux-esprits en sont incapables, et tant ils croiroient se faire tort s'ils employoient quelque peu de leur temps à songer au détail de leur subsistance, et à ce qui doit assurer le repos et le loisir dont ils ont besoin. Ils aiment mieux suivre les lumières pures et vives qu'ils reçoivent de l'étude des belles choses auxquelles ils s'appliquent, et qui peuvent seules les contenter, *prœter laudem, nullius avaris.*

Dans un temps peu éloigné du décès de M. Costar, M. de Pellisson, qui en chérissoit la mémoire, et qui avoit pris quelque affection pour M. Pauquet, dont il ne connoissoit que les qualités de l'esprit, lui fit toucher les douze cents écus de la pension du défunt, dont le terme se trouvoit échu peu de jours avant sa mort. Quelques-uns des chanoines, ses confrères, qui le hantoient, l'excitant à faire pour le repos de l'âme de feu son maître, et pour son propre honneur, la fondation dont il leur avoit quelquefois parlé, ils surent le prendre en si bonne humeur qu'il donna, pour cet objet, toute la somme à l'église de Saint-Julien : ç'a été le seul louable et légitime emploi qu'il ait fait du bien dont sa bonne fortune l'avoit comblé.

Il mangea presque tout en sept ou huit années, et comme il n'avoit nul ordre dans l'esprit, il n'en avoit point aussi dans ses affaires, et le goût de la crapule ne lui auroit pas laissé le temps d'y en apporter, quand il en auroit eu quelque désir.

Cependant il aimoit les procès, et dans l'impétuosité ardente que lui donnoit son *vin de contradiction*, il en entreprit deux ou trois si mal à propos, qu'il se fit condamner, envers ses parties adverses, aux dépens, qui se trouvèrent fort considérables, parce qu'il avoit entassé chicane sur chicane. Ce qui étoit singulier, c'est que, nonobstant la fureur avec laquelle il se portoit à entreprendre ces procès, quand il étoit temps de les faire juger il les négligeoit, et ne vouloit pas prendre la peine de voir un juge pour l'instruire plus particulièrement de ses prétentions, soit qu'il désespérât du succès, ou que sa passion pour la crapule se trouvât plus forte que son goût pour la dispute. En cet état il se vit forcé d'acquitter ses dettes, ce qui étoit pour lui la plus fâcheuse chose du monde; mais s'il n'aimoit point à payer, il n'avoit point aussi d'avidité à se faire payer, et il étoit aussi doux créancier que cruel débiteur. Pour se tirer de ce fâcheux embarras, sans délibérer beaucoup, et suivant son naturel impétueux, il se résolut de se jeter entre les bras de messieurs Hardy, pour se décharger de toutes sortes d'inquiétudes et de soins, et pour vivre dans l'aisance, et dans une entière liberté, c'est-à-dire dans une profonde oisiveté. Ce qui peut causer quelque étonnement, c'est qu'encore qu'il eût passé trente ans auprès de M. Costar, à lire et à écrire sans cesse, et que cette longue habitude dût lui être passée en nature, cependant depuis la mort de son maître, si on en excepte quelques lettres qu'il écrivit de temps en temps à Paris, il ne mit pas une seule fois la main à la plume, ni le nez dans un livre; quoiqu'à l'entendre parler, il eût le dessein d'entreprendre de grands ouvrages, et de mettre en bon ordre les papiers de son maître, pour les donner au public.

Mais comme vous serez bien aise, monsieur, de savoir ce qui lui donna particulièrement la pensée de se confier entièrement à messieurs Hardy, je vous dirai que ce fut l'amitié que lui témoignoit l'aîné de ces messieurs, qui a la charge de receveur des tailles de l'élection du Mans, et qui étant un homme agréable, de bonne chère et enjoué, lui plaisoit fort, et avoit acquis son estime, en l'admettant à sa table, et lui ouvrant sa bourse. Il n'eût pas plus tôt fait connoître son projet à M. Hardy l'aîné, que celui-ci l'assura qu'il auroit dans sa maison toute la satisfaction qu'il pouvoit désirer; et il fit si bien, qu'il porta M. Pauquet à exécuter ce dessein, en commençant par résigner ses bénéfices à son jeune frère, qui étudioit en Sorbonne. Et, parce qu'il connoissoit le résignant d'humeur légère et bizarre, afin qu'il ne s'avisât pas de révoquer, il lui proposa de passer quelque temps avec lui au bourg d'Yvré-l'Evêque, où il n'ignoroit pas que M. Pauquet aimoit fort à s'aller réjouir; ainsi ils s'en allèrent, et y demeurèrent autant qu'il fut nécessaire pour donner le temps à la résignation d'arriver à Rome, et d'y être admise. Ce temps qu'ils passèrent à bien boire n'ennuya pas M. Pauquet, qui fit bientôt suivre cette résignation du don de tout ce qui lui restoit de meubles; et afin d'en saisir ces messieurs, et de les en faire entrer en toute jouissance, lorsque son résignataire eut pris possession, il se démit de sa maison, et la lui fit prendre en chapitre, et par là il se trouva entièrement dans la maison de messieurs Hardy, et il les rendit les maîtres absolus de tout ce qu'il avoit. Il s'étoit seulement retenu quelques pensions sur ses bénéfices, dont il ne se faisoit point payer, car il n'avoit que faire d'argent, vivant chez ces messieurs, qui prenoient d'ailleurs le soin de lui fournir toutes les choses dont il avoit besoin, et qui acquittèrent toutes ses dettes. Ils avoient même la complaisance de souffrir qu'il amenât manger à leur table des chantres, et autres gens de cette sorte, avec lesquels il aimoit à boire. L'après-dîner il faisoit porter dans son logement, qui joignoit celui de ces messieurs, autant de vin et de choses propres à faire boire qu'il le vouloit. C'étoit particulièrement dans ce moment que des artisans et gens de néant le venoient trouver, et lui tenoient bonne compagnie tout le reste du jour. Comme il avoit avec eux une entière liberté, et qu'ils avoient pour lui une grande déférence, lui faisant toujours raison, et l'excitant à boire, il n'étoit jamais plus content que quand il les avoit avec lui. On peut dire que messieurs Hardy en ont usé très-honnêtement et avec la reconnoissance et la bonne foi qu'il s'en étoit promis. Je suis obligé de vous dire encore, monsieur, pour leur honneur, que non-seulement ils l'ont bien traité durant sa vie, mais qu'ils ont même donné après sa mort toutes sortes de marques qu'ils le reconnoissoient pour leur bienfaiteur. Cette mort arriva la soixante-troisième ou soixante-quatrième année de sa vie, par un rhume qui lui prit dans le bourg d'Yvré-l'Evêque, où il y avoit un mois qu'il s'étoit rendu pour y voir faire les vendanges, et pour y prendre de l'air et du vin, l'un et l'autre étant fort bons en ce lieu-là; ce rhume l'obligea de revenir à la ville, et lui tombant sur la poitrine, malgré toute la ptisane qu'il prenoit toute pure, comme il avoit accoutumé de faire en pareilles maladies, lui causa une fièvre continue qui l'emporta en huit jours.

Son successeur eut toutes sortes de soin de lui en cette extrémité, et surtout des choses qui regardoient le salut de son âme, et après qu'il l'eut fait inhumer dans l'église cathédrale, il y fonda une messe pour être célébrée à perpétuité au jour de son décès, afin d'implorer pour lui la miséricorde de Dieu, et outre les frais de son enterrement, il fit encore la dépense d'une tombe qui fut placée sur sa fosse, et où on lit cette inscription :

Hīc jacet venerabilis et circumspectus vir Ludovicus Pauquet, presbiter hujus ecclesiæ, canonicus præbendatus, atque archidiaconus de Sabolio, qui obijt die decimâ quartâ mensis novembris, M. D. C. LXXIII.

On auroit pu ajouter à cette inscription :

Amphora non meruit tam pretiosa mori.

LETTRES

DE MADEMOISELLE DE SCUDÉRY

A M. GODEAU, ÉVÊQUE DE VENCE.

SUR

MADEMOISELLE DE SCUDÉRY.

Nous ne donnons point ici une notice biographique sur cette femme célèbre. Tallemant lui a consacré, ainsi qu'à son frère, un chapitre dans ses Mémoires (1); Conrart a aussi laissé sur eux quelques détails (2); nous avons inséré, dans la Biographie universelle de Michaud, des articles étendus sur le frère et sur la sœur (3); les lecteurs pourront recourir à ces divers ouvrages; nous nous bornerons à de courtes observations qui ne seront pas déplacées à la tête du petit nombre de lettres de mademoiselle de Scudéry que nous publions pour la première fois.

Mademoiselle de Scudéry se présente à nos souvenirs comme un esprit prétentieux, guindé et plein d'affectation. On la juge d'après des ouvrages où, entraînée par le goût de son temps, elle a suivi une impulsion que vraisemblablement elle partageoit elle-même. Les interminables romans d'Urfé et de la Calprenède obtenoient les plus grands succès; obligée d'écrire pour réparer les torts de la fortune, mademoiselle de Scudéry, sous le nom de son frère, se

---

(1) *Mémoires de Tallemant*, t. 5, p. 265.

(2) *Mémoires de Conrart*, t. 48, p. 253 de la deuxième série de la collection des Mémoires.

(3) *Biographie universelle*, t. 41, p. 382; 1825.

mit à composer aussi des romans immenses, dans lesquels elle a reproduit les conversations subtiles et précieuses des illustres personnages qui, réunis à l'hôtel de Rambouillet, étoient alors le type de la politesse et des belles manières, et donnoient le ton à la ville et aux provinces. On ne lit plus *Cyrus*, où sont retracées les mœurs langoureuses que d'Urfé a peintes dans l'*Astrée*; on lit aussi peu la *Clélie*, où les héros de l'ancienne Rome composent de fades madrigaux, discutent sur des cartes allégoriques, et recherchent sérieusement la distance qui sépare *Particulier* de *Tendre*.

Il n'en est pas de même de ses *Conversations*; on peut encore les lire avec fruit, et même avec plaisir.

Il falloit bien que Madeleine de Scudéry fût une personne remarquable pour que toutes les célébrités de son temps en aient fait l'objet d'aussi grands éloges. Nous citerons ici les passages de plusieurs lettres qui lui ont été adressées ; c'est une curiosité littéraire qu'il est bon de faire connoître : « L'occupation « de mon automne, lui écrivoit Mascaron, est la lec- « ture de *Cyrus*, de *Clélie* et d'*Ibrahim*... j'y trouve « tant de choses propres pour réformer le monde, que « je ne fais point de difficulté de vous avouer que, « dans les sermons que je prépare pour la cour, vous « serez très-souvent à côté de saint Augustin et de « saint Bernard (1). »

Il venoit d'arriver dans son diocèse ; il mande à mademoiselle de Scudéry qu'on lui a fait une sorte de triomphe : « L'amitié des peuples, toute grossière « qu'elle est, ajoute-t-il, a par sa sincérité un charme « qui se fait sentir et qui console de la perte des cho-

(1) Lettre du 12 octobre 1672, citée dans la *Biographie universelle*.

« ses qui ont plus d'éclat à la vérité, mais moins de
« solidité. Je ne mets point dans ce rang, mademoi-
« selle, cette bonne et généreuse amitié dont vous
« m'honorez depuis si long-temps; rien ne peut con-
« soler d'être éloigné de vous, que la persuasion d'ê-
« tre toujours dans votre souvenir, et d'avoir une petite
« place dans le cœur du monde le plus grand et le plus
« généreux. Je ne manquerai pas de faire copier les
« sermons que vous désirez. Je souhaite qu'ils puissent
« vous plaire; votre approbation me donnera une joie
« moins tumultueuse à la vérité, mais plus solide que
« celle de toute la cour, et votre sentiment réglera ce-
« lui que j'en dois avoir (1). »

Le cardinal de Bouillon venoit de prier Mascaron de prononcer l'oraison funèbre de Turenne; l'orateur avoit peu de temps pour se préparer à cette grande action, et dans l'espèce d'embarras où il se trouvoit, il écrivoit à mademoiselle de Scudéry : « Vous pouvez
« m'aider à éviter ces inconvénients, si vous avez la
« bonté de penser un peu à ce que vous diriez si vous
« étiez chargée du même emploi (2). » Fléchier, nommé évêque de Lavaur, ayant reçu un exemplaire de ses *Conversations,* lui adressoit les remercîments les plus délicats. « Il me falloit une lecture aussi délicieuse
« que celle-là, lui écrivoit-il, pour me délasser
« des fatigues d'un voyage, pour me guérir de
« l'ennui des mauvaises compagnies de ce pays-ci,
« et pour me faire goûter le repos, où la rigueur de
« la saison et la docilité de mes nouveaux convertis me

(1) Lettre autographe et inédite du 23 mai 1673. (*Cabinet de l'éditeur.*)

(2) Lettre du 5 septembre 1675, citée dans la *Biographie universelle.*

« retiennent dans ma ville épiscopale ; en vérité, ma-
« demoiselle, il me semble que vous croissez toujours
« en esprit ; tout est si raisonnable, si poli, si moral
« et si instructif dans ces deux volumes que vous m'a-
« vez fait la grâce de m'envoyer, qu'il me prend quel-
« quefois envie d'en distribuer dans mon diocèse, pour
« édifier les gens de bien, et pour donner un bon mo-
« dèle de morale à ceux qui la prêchent. Les louanges
« du Roi sont partout si finement insérées qu'ils'en fe-
« roit, en les recueillant, un excellent panégyrique. Re-
« cevez donc, mademoiselle, avec mon remercîment,
« les louanges que vous donne un homme relégué dans
« une province, qui n'a pas encore perdu le goût de
« Paris, qui vous conserve toujours la même estime
« qu'il a eue toute sa vie pour vous, etc. (1). »

Les *Conversations* de mademoiselle de Scudéry, dans lesquelles la morale est revêtue de formes agréables, eurent le plus grand succès ; elles paroissent avoir donné à madame de Maintenon l'idée d'en composer de plus simples, destinées à être récitées par les demoiselles de Saint-Cyr. Les jeunes élèves trouvoient dans ces petits ouvrages des enseignements de morale, et des notions sur les bienséances et sur ces nuances délicates qui étoient alors le partage exclusif de la haute société. Ce point nous a échappé quand, il y a quelques années, nous avons publié les *Conversations inédites de madame de Maintenon* (2). On nous excusera de saisir l'occasion de réparer un oubli.

(1) Lettre autographe du 26 décembre 1685. (*Cabinet de l'éditeur.*) Une partie de cette lettre a été publiée dans la *Biogr. univ.*
(2) *Conversations inédites de madame de Maintenon.* Paris, Blaise, 1828, in-18. Quelques exemplaires ont été tirés in-8°.

Madame de Brinon, première supérieure de Saint-Cyr, écrivoit à mademoiselle de Scudéry, le 3 août 1688 : elle étoit de l'école des *Précieuses*, on lui pardonnera quelques expressions ridicules qui feroient rire aujourd'hui : « Je ne saurois différer davantage à vous témoi-
« gner le plaisir que vous avez fait à toute notre com-
« munauté de lui avoir donné une morale qui convient
« si fort à celle qu'elle enseigne tous les jours : vous
« avez trouvé le moyen, mademoiselle, de beaucoup
« plaire en instruisant solidement..... Votre génie est
« sans deschet, et votre esprit, qui a toujours fait l'ad-
« miration des sages, croît au lieu de diminuer. Ma-
« dame de Maintenon, qui prend un singulier plaisir
« de nous enrichir des bons livres, et qui ne savoit pas
« que vous m'aviez fait part des trésors de votre *sapience*,
« après avoir vu votre morale, me l'envoya fort obli-
« geamment pour vous et pour moi, me mandant qu'elle
« croyoit qu'en son absence, ces livres me tiendroient
« lieu d'une bonne compagnie. Elle ne se trompoit pas,
« mademoiselle, car voulant régaler les dames de Saint-
« Louis de quelque *mets d'esprit* convenable à leur
« état, je leur ai lu moi-même dans nos promenades du
« soir l'*Histoire de la Morale*, qui leur a toujours fait
« dire, quand on a sonné la retraite, que l'heure
« avançoit. Ces Conversations sont ici d'autant plus
« aimables qu'on en fait chez les demoiselles qu'on a
« extraites de vos premières, qui ont donné lieu à un
« grand nombre d'autres, dont ces jeunes demoiselles
« font tout leur plaisir et celui des autres. Quand vous
« nous ferez l'honneur de venir à Saint-Cyr, vous vous
« retrouverez en plus d'un endroit, car nous som-

« mes fort aises qu'on copie ce qui est bon (1). »

La savante madame Dacier, à laquelle mademoiselle de Scudéry avoit aussi envoyé ses *Conversations*, ne s'exprimoit pas avec moins de chaleur; elle lui répondoit de Castres, le 17 juillet 1685..... « En vérité, « mademoiselle, quoique l'on doive tout attendre de « vous, je n'ai pas laissé d'être ébloui de toutes les beau-« tés qui éclatent en foule dans vos *Conversations*. On « peut dire que tout en est bon; mais j'y ai trouvé sur-« tout de certains endroits qui m'ont enchantée, et « qui m'ont retenue plus que les autres par le plaisir « extraordinaire qu'ils m'ont donné. Mon exemplaire « est plein des marques que j'ai faites sur tous ces en-« droits, etc. (2)....

Ce n'étoit pas à une femme ordinaire que madame de Sévigné écrivoit dans ces termes : « En cent mille « paroles, je ne pourrois vous dire qu'une vérité qui « se réduit à vous assurer, mademoiselle, que je vous « aimerai et vous adorerai toute ma vie; il n'y a que « ce mot qui puisse remplir l'idée que j'ai de votre « extraordinaire mérite. J'en fais souvent le sujet de « mes admirations, et du bonheur que j'ai d'avoir « quelque part à l'amitié et à l'estime d'une telle per-« sonne (3). »

On pourroit joindre à ces témoignages, ceux de Go-

---

(1) Lettre autographe de madame de Brinon à mademoiselle de Scudéry, du cabinet de l'éditeur, publiée en partie dans une note du t. 8, p. 139 de notre édition des *Lettres de madame de Sévigné*; Paris, Blaise, 1818 ou 1820, in-8°.

(2) Lettre autographe de madame Dacier. (*Cabinet de l'éditeur.*)

(3) Billet de madame de Sévigné à mademoiselle de Scudéry, du 11 septembre 1684, t. 7, p. 156 de notre édition.

deau, de Rapin, de Bouhours, de l'abbé Genest, du savant Huet et d'une foule d'autres. Nous ne citerons plus qu'une lettre de Charpentier, de l'Académie françoise : elle est écrite dans le style de la galanterie ; le traducteur de Xénophon ne balance pas à se mettre lui, son héros et son modèle, aux pieds de mademoiselle de Scudéry.

Celle-ci lui avoit écrit pour le remercier de l'envoi d'un exemplaire de sa traduction de la Cyropédie, Charpentier répond en ces termes :

« Mademoiselle, je reçus hier au soir fort tard, le
« billet que vous m'avez fait l'honneur de m'écrire.....
« Si le temps l'eût permis, je vous en aurois remercié
« sur l'heure même, car il est impossible de retenir
« un ressentiment si juste. Vous avez trop payé l'ou-
« vrage que j'ai pris la hardiesse de vous offrir ; l'es-
« time que vous en faites est assurément au-delà de
« son mérite, et je ne puis attribuer les louanges que
« vous lui avez données, qu'à la cause même que vous
« m'en découvrez, en reconnoissant qu'il parle d'un
« de vos plus anciens amis. Je le sais, mademoiselle,
« que Cyrus est un de vos amis, et que votre amitié
« est une de ses plus glorieuses aventures ; c'est en
« cette considération que son nom est dans les plus
« belles bouches de France, et qu'il sert maintenant
« d'entretien au monde poli, qui autrement ne le con-
« noîtroit guère :

« Et moi qui le connois assez parfaitement,
   « Si vous en croyez mon serment,
« J'aurois eu peu de soin de relever sa gloire,
« Quoiqu'il ait autrefois mille peuples soumis,

« Si je n'avois appris ailleurs que dans l'histoire
« Qu'il possède l'honneur d'être de vos amis (1). »

Il ne falloit rien moins que l'imposant cortége dont mademoiselle de Scudéry marche environnée, pour nous donner le courage d'imprimer pour la première fois, en 1835, les lettres que nous présentons au public.

Ces lettres sont malheureusement en trop petit nombre; elles roulent presque entièrement sur les événements de la Fronde, pendant les années 1650 et 1651. Mademoiselle de Scudéry s'y montre fidèle au parti de la cour, pleine de mépris pour les hommes qui ne cherchoient, dans le trouble et l'agitation, que les moyens de satisfaire leurs intérêts aux dépens du trône, qu'ils ne craignoient pas d'ébranler. « Dieu « veuille, s'écrie-t-elle, que ceux qui ont eu le des- « sein de faire de la France ce que Cromwell et Fair- « fax ont fait de l'Angleterre, ne puissent jamais avoir « de crédit (2) ! » Dans une autre lettre, mademoiselle de Scudéry porte sur l'avenir un regard prophétique; elle semble deviner ce que sera un jour Louis XIV, qui n'avoit encore que treize ans : » Le Roi, dit-elle, sem- « ble haïr tous ceux qui veulent abaisser son autorité, « et, selon toutes les apparences, il se souviendra long- « temps de tout ce qu'on lui fait aujourd'hui (3). »

Ce n'est plus cette femme aux sentiments exagérés, aux froides analyses métaphysiques, c'est une femme

---

(1) Lettre autographe et inédite de Charpentier à mademoiselle de Scudéry. (*Cabinet de l'éditeur.*) Cette lettre n'a pas d'autre date que *mercredi à onze heures du matin*. Elle doit être de 1659, époque à laquelle fut publiée la traduction de la Cyropédie de Xénophon, par Charpentier.

(2) Lettre troisième, du mois d'octobre 1650.

(3) Lettre septième, du 2 mars 1651.

éloquente, inspirée par les événements; son style est rapide, simple, clair et énergique. Elle adresse ses lettres à Godeau, l'évêque de Vence, l'ami et le parent de Conrart. Pendant une maladie de celui-ci, mademoiselle de Scudéry le remplaçoit auprès de Godeau, à qui elle mandoit ce qui se passoit dans Paris.

C'est peut-être à des soins de ce genre que sont dus les Mémoires de Conrart. Ce que nous en avons publié, il y a dix ans, étoit vraisemblablement les minutes de la correspondance qu'il entretenoit avec Godeau. Quel que soit le motif qui ait déterminé Conrart à écrire ses Mémoires, son travail est utile; nous n'avons eu pendant long-temps que les Mémoires des Frondeurs; tels que ceux du cardinal de Retz, le roi des brouillons; ceux de Guy-Joly, de La Rochefoucauld, voire même quelques lettres de madame de Sévigné, que ses relations de parenté avec le coadjuteur entraînoient dans l'opposition: il est bon que d'autres Mémoires, écrits par des amis de l'ordre, viennent rectifier des idées que les partisans de la Fronde n'ont pas manqué d'altérer à leur profit. Les Mémoires de Conrart et de madame de Motteville, ceux du Père Berthod, et ce peu de lettres de mademoiselle de Scudéry, produisent cet effet. C'est ce qui nous détermine à joindre aux Mémoires de Tallemant ces lettres tout-à-fait historiques, pour qu'elles viennent s'incorporer à la suite des Mémoires relatifs à l'histoire de France.

Les originaux n'en existent malheureusement plus. Nous en avons trouvé les copies dans un volume manuscrit intitulé : *Anecdotes sous le règne de Louis XIV, ou Recueil de lettres et pièces diverses touchant l'histoire de Louis XIV*. Ce volume est de format in-4°.

Il est rempli pour la plus grande partie de lettres extraites des manuscrits de Bussy, dans lesquelles nous n'avons rien vu que nous n'eussions nous-même rencontré dans les manuscrits ou dans le *Supplément* de Bussy Rabutin.

On y lit aussi trois lettres de Fléchier à mademoiselle de La Vigne; elles sont spirituelles, entremêlées de vers, et tout-à-fait dans le genre d'une correspondance inédite de Fléchier avec mademoiselle Deshoulières, dont M. de La Place, premier président honoraire de la cour royale d'Orléans, est possesseur, et qu'il a eu la complaisance de nous montrer quelquefois.

Les trois lettres de Fléchier ont été imprimées dans un recueil donné chez Tardieu, en 1802, par M. Serieys, qui, en les publiant, a eu tort de dire dans l'avertissement, que ces lettres étoient adressées à une jeune *actrice*. Mademoiselle de La Vigne étoit une fille de beaucoup d'esprit, dont on a quelques poésies fines et spirituelles, qui n'a jamais travaillé pour le théâtre, ni joué la comédie.

Enfin on trouve dans ce manuscrit la copie des sept lettres de mademoiselle de Scudéry à Godeau.

Le manuscrit qui contient ces diverses pièces nous a été communiqué, il y a environ dix ans, par feu M. Peuchet, alors archiviste de la Préfecture de police. Nous ignorons en quelles mains le volume a passé depuis la mort de ce laborieux littérateur.

Ce recueil est de la fin du règne de Louis XIV; il a fait partie de la riche collection du président de Meinières. On sait que ce magistrat avoit acquis une grande quantité de manuscrits relatifs à l'histoire de France, qui provenoient de l'abbé de Rothelin, de

M. Talon, de l'abbé de Bourzéis, de messieurs Secousse et de Sainte-Palaye. Sa collection survécut à la révolution ; elle fut placée dans un local loué exprès pour la contenir. Celui qui la possédoit se lassa malheureusement de payer le loyer, et en 1806, tous ces manuscrits furent vendus à vil prix et dispersés. M. Éloy Johanneau, le savant éditeur de Rabelais, avoit eu souvent l'occasion de faire des recherches dans cette précieuse bibliothèque, et il a plus d'une fois exprimé au rédacteur de cette note les regrets que lui causa la disparition de ces richesses; il avoit été témoin de cette calamité littéraire.

Le catalogue de ces manuscrits est tombé dans nos mains ; le volume qui contient les lettres de mademoiselle de Scudéry y est mentionné. Nous nous proposons de déposer ce catalogue à la bibliothèque du Roi, qui possède une foible partie de la collection de Meinières.

Nous aurions sans doute beaucoup mieux aimé pouvoir publier ces curieuses lettres d'après les originaux; mais nous n'entretenons pas le moindre doute sur leur vérité, quand nous les trouvons placées à côté d'une multitude de copies d'autres pièces originales sur l'existence desquelles aucune incertitude ne peut s'élever. Nos lettres contiennent beaucoup de faits et d'anecdotes, et à cet égard elles s'accordent et correspondent avec tous les ouvrages contemporains. Cette coïncidence est ce qui rend si difficile une contrefaçon de mémoires anciens, qui soit susceptible de faire quelque illusion ; nos lettres résistent à cette épreuve parce qu'elles sont vraies. D'ailleurs dans quel intérêt les auroit-on fabriquées, il y a plus d'un siècle, pour les ensevelir ensuite dans un volume oublié? Les lettres de mademoiselle de Scudéry portent avec elles le cachet du temps et de la vérité ; nous en appelons à toute personne versée dans la connoissance de nos monuments historiques.

Ces lettres ne sont point datées dans le manuscrit. Il ne nous a pas été difficile de suppléer à cette omission, en nous attachant aux événements qui y sont rapportés. Ces dates ainsi rétablies sont placées entre parenthèses.

MONMERQUÉ.

LETTRES

DE MADEMOISELLE DE SCUDÉRY.

LETTRE PREMIÈRE.

DE MADEMOISELLE DE SCUDÉRY A M. GODEAU, ÉVÊQUE DE VENCE.

(Paris, 22 février 1650.)

Ayant su par une de vos lettres que vous me faisiez l'honneur de souhaiter que je vous écrivisse le peu de nouvelles qui viennent à ma connoissance, j'avoue que j'eus quelque peine à croire que mes yeux ne me trompoient pas, ou que vous ne vous fussiez pas trompé vous-même, en mettant mon nom pour celui d'une autre, étant certaine que je n'ai pas une des qualités nécessaires pour rendre ma correspondance agréable en matière de nouvelles. Je ne suis pas fort exposée au monde; les gens que je vois ne sont pas de la nouvelle faveur; et quand je saurois même une partie de ce qui se passe, je ne saurois pas assez bien écrire pour vous divertir. Néanmoins, comme je suis persuadée que la plus légitime excuse ne sauroit jamais valoir une obéissance aveugle, je ne veux point me servir de toutes celles que je pourrois employer pour me dispenser de faire ce que vous souhaitez, lorsque je saurai quelque chose de digne d'être su de vous.

C'est pourquoi, pour commencer dès aujourd'hui, je vous dirai que l'on ne sait point encore avec certitude en quel lieu est madame de Longueville, et que, depuis le jour qu'elle se sauva du château de Dieppe (1), avec deux de ses filles seulement et quatre gentilshommes, l'un desquels est le sieur Thibault, et l'autre Trery, l'on n'a pas pu encore découvrir précisément quelle a été sa route, ni quel est son asile. Il y a du moins apparence que Dieu sera son protecteur; car on m'écrit de Normandie, qu'après qu'elle eut pensé tomber dans la mer, et qu'une de ses filles eut aussi failli être noyée, elle se confessa et monta à cheval un moment après, se préparant à ce funeste voyage comme si elle eût dû mourir.

Sans mentir, Monsieur, le renversement de la maison

(1) La duchesse de Longueville, après l'arrestation des princes, qui eut lieu le 18 janvier 1650, s'enfuit en Normandie. La cour se rendit à Rouen le 1er février; la duchesse, qui s'étoit réfugiée à Dieppe, s'échappa du château. « Elle sortit la nuit à cheval, jambe de çà et « jambe de là, avec ses femmes, en courant jour et nuit; elle s'embar- « qua sur la côte et fut en Hollande.... Elle gagna Stenay, où étoit le « maréchal de Turenne. » (*Mémoires de Montglat. Collection des Mémoires relatifs à l'histoire de France*, deuxième série, t. 50, p. 219.) Le récit de madame de Motteville est plus circonstancié; elle dit que la duchesse sortit par une petite porte qui n'étoit pas gardée; qu'elle fit deux lieues à pied pour gagner un petit port, où elle ne trouva que deux barques de pêcheurs; elle voulut s'embarquer contre l'avis des mariniers, afin de gagner un vaisseau qu'elle faisoit tenir à la rade. Le vent étoit si grand et la marée si forte, que le marinier, qui l'avoit prise entre ses bras pour la porter dans la chaloupe, la laissa tomber dans la mer; elle se décida à prendre des chevaux et à se mettre en croupe, ainsi que les femmes de sa suite, se réfugia chez un gentilhomme, demeura cachée dans le pays pendant environ quinze jours, et fit enfin gagner le capitaine d'un vaisseau anglois, qui la reçut sous le nom d'un gentilhomme qui s'étoit battu en duel. (*Mémoires de Motteville. Ibid.*, t. 39, p. 19.)

de M. le Prince et de celle de M. de Longueville est une étrange chose, car on voit tant d'innocence et de persécution ensemble qu'il n'est pas possible de n'être pas touché de leur malheur. M. le Prince s'est pourtant trouvé l'âme plus grande que son infortune, car, depuis qu'il est prisonnier, il n'a pas dit une parole indigne de ce même cœur qui lui a fait gagner quatre batailles et acquérir tant de gloire. Après avoir entendu la messe, il s'occupe la moitié du jour à lire, et il partage l'autre à converser avec monsieur son frère, à jouer aux échecs avec lui, à railler avec ses gardes, et même, pour faire exercice, il joue au volant avec eux. Il s'est confessé une fois depuis qu'il est prisonnier, mais on ne veut plus lui donner le même confesseur : enfin on le garde mieux que le roi.

Il y a trois jours que M. de Beaufort, accompagné de madame de Chevreuse et de madame de Montbazon, fut au bois de Vincennes, dans un carrosse de louage, afin de n'être point connu, pour voir de ses propres yeux si une muraille que l'on a bâtie sur la contrescarpe des fossés du donjon étoit assez haute pour qu'il fût impossible que M. le Prince se pût sauver. Je vous avoue que cette action ne me semble pas trop belle, ni pour les dames ni pour Beaufort, qui, tant que le prisonnier a été libre, ne l'approchoit qu'en lui faisant des soumissions d'esclave. Il est vrai qu'un héros de la place Maubert ne doit pas être de même manière qu'étoient autrefois ceux qui triomphoient au champ de Mars ou au Capitole.

Au reste, pendant que toutes choses changent en France, toutes choses changent aussi dans le cœur de M. de Guise ; car, pour recouvrer sa liberté, il rompt les chaînes de mademoiselle de Pons, et reprend madame la comtesse de Bossu, qui va être reconnue pour madame de Guise (1).

Vous savez sans doute que la garnison de Clermont s'est soulevée en l'absence de M. de La Moussaye, et qu'ainsi le parti du maréchal de Turenne en est plus foible; mais on assure, dès ce matin, que le duc de Wirtemberg assiége Mouson. Les ennemis font de grands préparatifs en Flandre, et le mal est que l'on n'est pas en état de s'y opposer.

La cour est à Rouen, d'où elle doit partir pour revenir ici. On dit aussi que le duc de Richelieu est enfin venu assurer le Roi de sa fidélité, et qu'en considération de cette obéissance son mariage est confirmé par la Reine, à condition qu'il aura un lieutenant de roi dans son gouvernement, et que la garnison en sera changée. Je ne sais pas encore ce que madame d'Aiguillon dit de cela; mais je sais bien que l'amour du duc de Richelieu lui coûte déjà trop, et qu'il lui auroit été toujours plus avantageux d'être maître du Havre absolument, que de régner dans le cœur d'une femme comme madame du ...... (2).

---

(1) Cette reconnoissance n'eut point lieu; tout ceci étoit un jeu joué par le duc de Guise, prisonnier à Madrid, dans l'espoir d'obtenir sa liberté. (*Voyez* au surplus l'historiette du duc de Guise dans les *Mémoires de Tallemant*, t. 4, p. 200.)

(2) Armand Jean Du Plessis, duc de Richelieu, père du maréchal, avoit épousé, le 26 décembre 1649, Anne Poussard de Fors du Vigean, veuve, en premières noces, de François-Alexandre d'Albret, sire de Pons. Ce mariage, fait sans le consentement de la duchesse d'Aiguillon, surprit tout le monde. « Madame de Richelieu, dit madame de Caylus,
« sans biens, sans beauté, sans jeunesse, et même sans beaucoup d'es-
« prit, avoit épousé, par son savoir-faire, au grand étonnement de toute
« la cour et de la Reine-mère, qui s'y opposa, l'héritier du cardinal de Ri-

Je viens de recevoir une lettre de Rouen, qui m'apprend que cette nouvelle duchesse y est aussi, et que M. le cardinal la devoit présenter hier à la Reine, chez laquelle elle devoit avoir le tabouret. L'on me mande que cela hâte le départ de la cour, qui quitte Rouen aujourd'hui (1). M. de Matignon est aussi venu remettre le gouvernement de Grandville et celui de Cherbourg entre les mains de Sa Majesté, ensuite de quoi on a commandé à ce lieutenant de roi et à M. de Beuvron de suivre la cour.

On m'écrit encore que madame de Longueville fut droit de Dieppe au château de Tancarville, qui est à monsieur son mari. On m'assure qu'il y a quatre jours qu'elle s'est embarquée pour la Hollande.

Voilà, Monsieur, tout ce que je sais pour aujourd'hui ; cependant je ne puis me résoudre de ne vous point parler de mademoiselle Paulet (2), de qui les maux me touchent encore plus que les affaires publiques, quoique l'amour de la patrie soit bien avant dans mon cœur. Je veux pourtant espérer que vos prières lui feront obtenir la santé de celui seul pour qui il n'y a point de maux incurables ; mais je ne songe pas qu'en ne finissant une si longue lettre je vous donnerois lieu de croire que je veux vous en

« chelieu, un homme revêtu des plus grandes dignités de l'État, parfai-
« tement bien fait, et qui, par son âge, auroit pu être son fils. » (*Souvenirs de madame de Caylus*, deuxième série de la *Collection des Mémoires relatifs à l'histoire de France*, t. 66, p. 413.)

(1) « La Reine partit de Rouen le 22 février, après avoir vu madame
« de Richelieu et lui avoir donné le tabouret. » (*Mémoires de madame de Motteville. Ibid.*, t. 39, p. 21.) Cette circonstance donne la date positive de cette lettre.

(2) Tallemant lui a consacré un article dans ses *Mémoires*.

lasser pour la première fois : c'est pourquoi je m'en vais finir aussitôt que je vous aurai assuré, avec tout le respect que je vous dois, que je suis autant que je puis, etc.

LETTRE DEUXIÈME.

DE LA MÊME AU MÊME.

(Paris, 8 septembre 1650.)

Vous me reprochez si flatteusement mon mauvais caractère, que ce n'est pas un trop bon moyen de m'en corriger; car, puisqu'en écrivant mal je vous oblige enfin de m'en reprendre plus doucement qu'à me dire que j'écris bien, je ne sais si je ne ferois pas mieux de continuer de faillir que de m'amender....

Souffrez, s'il vous plaît, que je prenne toute la part que je dois aux maux de votre esprit et de votre corps. Pour les premiers, je ne pense pas que vous ayez besoin d'autre médecin que de vous-même; mais, pour les autres, je pense que vous auriez besoin de venir trouver à Paris quelque remède à vos maux; car, de la façon dont je connois ceux de la province où vous êtes, je ne pense pas qu'ils vous puissent guérir d'un grand mal : c'est pourquoi il me semble que vous y devez songer sérieusement. Je vous demande pardon de la liberté que je prends de donner des conseils à un homme que tous les rois et les sages devraient consulter; mais, s'agissant de la conservation d'une vie aussi précieuse que la vôtre, je pense qu'il vaut mieux dire une chose inutile que de se mettre au hasard de manquer à en dire une nécessaire. Je vis même encore hier un ouvrage de vous, qui me fortifie dans le dessein de vous conjurer de prendre soin de votre santé; car, Monsieur, ne seroit-ce pas un crime si vous vous mettiez par votre négligence à la détruire, de façon que vous ne puissiez plus enrichir votre siècle comme vous l'avez fait jusqu'ici?

Vous jugez bien, je m'assure, que cette nouvelle richesse que j'ai vue de vous est l'admirable poëme que vous avez fait à la gloire de *la Grande Chartreuse* (1), que M. Conrart eut la bonté d'envoyer hier à mon frère et à moi. Après vous en avoir rendu mille grâces, je vous dirai que ce beau désert m'a sensiblement touchée, et que la sainte horreur de cette solitude a passé si doucement de vos vers dans mon esprit, que la compagnie que j'ai vue aujourd'hui m'a plutôt ennuyée qu'elle ne m'a divertie, parce qu'elle m'a empêchée de relire une seconde fois ce qui m'a donné tant de satisfaction la première. Mais, Monsieur, puisque vous faites si bien toutes choses, et que vous représentez également bien les cours les plus superbes et les déserts les plus sauvages, je voudrois que vous pussiez voir ce que je vis hier; je veux dire la prison de M. le Prince, afin que vous pussiez laisser à la postérité une parfaite image de la constance de ce héros; car je ne pense pas qu'il y ait un endroit dans le monde où il y ait une tour plus agréable par dehors, ni si affreuse par dedans. Cependant, comme on dit que la

---

(1) *Voyez* les *Poésies chrétiennes et morales* de Godeau. Paris, 1663, t. 2, p. 81. *La Grande Chartreuse* avoit paru isolément, comme la plupart des autres poésies de Godeau.

nécessité fait des armes de toutes choses, je pense qu'on peut dire que M. le Prince tire de la gloire de tout ce qui lui arrive; car vous saurez que, depuis qu'on l'a mené à Marcoussis (1), le donjon de Vincennes est devenu l'objet de la curiosité universelle. En mon particulier, j'y vis hier plus de deux cents personnes de qualité, à qui on montre le lieu où il dormoit, celui où il mangeoit, l'endroit où il avoit planté des œillets qu'il arrosoit tous les jours, et un cabinet où il rêvoit quelquefois et où il lisoit souvent. Enfin, Monsieur, on va voir cela comme on va voir à Rome les endroits où César passa autrefois en triomphe. Je vis même dans un cabinet plusieurs épigrammes écrites avec du charbon, ou gravées sur la muraille, qui ne parlent que de ses victoires ou de ses louanges; mais ce que j'y vis de plus surprenant, c'est que, durant que j'y étois, M. de Beaufort y vint avec madame de Montbazon, à qui il faisoit voir toutes les incommodités de ce logement, triomphant lâchement du malheur d'un prince qu'il n'oseroit regarder qu'en tremblant, s'il étoit en liberté. Pour moi, j'eus tant d'horreur de voir de quel air il fit la chose, que je n'y pus durer davantage. En vérité, je pense qu'on peut dire que nous sommes au temps des prodiges et des miracles tout ensemble, tant on voit de choses extraordinaires.

(1) Les princes avoient été transférés du donjon de Vincennes au château de Marcoussis, près de Montlhéri, le 29 août précédent; c'est ce que nous apprenons de Loret:

Ce jour (*lundi*) on prit occasion
De faire la translation,
Mais très-cachée et très-soudaine,
Des trois prisonniers de Vincenne.

Je pense que vous avez bien su l'épouvante que les ennemis ont donnée à Paris, lorsqu'ils sont venus à La Ferté-Milon (1), et que nous avons vu la capitale du royaume aussi alarmée qu'ont accoutumé de l'être les petites bicoques des frontières. Cependant j'espère que la même puissance qui retient la mer dans ses bornes, quoique ses rivages ne la doivent pas vraisemblablement empêcher d'inonder la terre, empêchera les ennemis de venir ici, encore qu'il n'y ait point de rivière entre eux et nous, et qu'il n'y ait pas même d'armée qui pût s'opposer à leur marche, s'ils le vou-

>Plaise à la divine Bonté
>Que la dure captivité
>Par eux constamment endurée
>Ne soit pas de longue durée!

(*Muse historique*, lettre du 2 septembre 1650.)

(1) On voit dans les *Mémoires d'Omer Talon* que l'on avoit eu connoissance, par des lettres interceptées, que de Madrid, sur la demande du marquis de Sillery, qui négocioit pour les rebelles, des ordres avoient été donnés pour que le maréchal de Turenne entrât dans le royaume et donnât de l'effroi à Paris. « Ce qui étoit déjà fait, dit Ta-« lon, car lors l'armée des ennemis étoit proche de La Ferté-Milon. »(*Mémoires relatifs à l'histoire de France*, deuxième série, t. 62, p. 97.) Cette alarme donna lieu au transfèrement des princes. Loret peint très-plaisamment l'effet que l'approche de l'ennemi produisit dans Paris :

>Lundi, vindrent dedans Paris,
>Avec plaintes, clameurs et cris,
>Gens conduisant, toutes complettes,
>Sept mille sept cent trente charrettes
>Pleines de coffres et paquets,
>Dont l'on fit lors de grands caquets ;
>Mais ces caquets sont choses vaines.

(*Muse historique*, lettre du 2 septembre 1650.)

loient. Ce qui me fait espérer ce bien, est que l'on assure qu'il y a déjà une partie de leur cavalerie qui a repassé la rivière d'Aisne. Nous verrons, par le retour de M. de Verderonne (1), qui est allé porté la réponse de M. le duc d'Orléans à l'archiduc, ce que l'on doit craindre ou espérer.

Mais, pendant que les ennemis ravagent la Champagne et la Picardie, sans qu'on puisse seulement penser à les en empêcher, les frondeurs emploient tout ce qu'ils ont d'adresse et de crédit pour obliger M. le duc d'Orléans à mettre les princes sous sa puissance, afin de les avoir en la leur. On assure même qu'il leur avoit promis de le faire; mais M. le garde-des-sceaux (2), M. Le Tellier et madame de Chevreuse l'ont empêché jusqu'à cette heure, car encore que cette dernière soit grande Frondeuse, elle est pourtant présentement divisée de M. de Beaufort, et même de M. le coadjuteur, pour ce qui regarde M. le Prince, de sorte que, par ce moyen, les amis de cet illustre captif sont en quelque espérance de voir bientôt la cour dans la nécessité de faire une négociation secrète avec lui, afin de délivrer le royaume de tant de tyrans qui l'oppriment.

Les affaires de Bordeaux sont toujours douteuses; peut-être que les députés du parlement, qui y vont, trouveront quelque expédient aux choses (3). M. de

---

(1) Charles de L'Aubespine, seigneur de Verderonne, maître des requêtes, chancelier de Gaston, duc d'Orléans.

(2) Le chancelier Séguier n'avoit pas alors les sceaux, ils lui avoient été redemandés le 1er mars précédent, et confiés à Charles de l'Aubespine, marquis de Châteauneuf-sur-Cher, qui les garda jusqu'au mois d'avril 1651, et les remit alors à Mathieu Molé.

(3) Le parlement de Paris députa, le 5 septembre, deux de ses mem-

Rohan est à la cour, et M. le maréchal de Gramont aussi; l'accommodement de M. le comte du d'Ognon est fait.

Le Roi a obligé la Reine à chasser une de ses femmes de chambre parce qu'elle lui avoit révélé une chose qu'il lui avoit confiée, quoique ce fût celle qu'il aimoit le plus; et ce qu'il y a de plus considérable, est que ce qu'il avoit dit à cette fille, étoit qu'il lui avoit témoigné avoir beaucoup de douleur de voir les affaires de son royaume en si mauvais état. Jugez, s'il vous plaît, de ce qu'il fera, quand il sera marié, puisqu'il agit présentement ainsi (1).

bres à la Reine-régente, pour la supplier de continuer *sa bonne volonté envers la ville de Bordeaux.* Ces députés furent Meusnier, de la Grand'chambre, et Bitaut, des Enquêtes, lequel choix, dit Talon, « fut
« fait *multis et melioribus reclamantibus*, parce que ces deux messieurs
« étoient infiniment chauds, prompts et se peut dire étourdis. » (*Mémoires de Talon*, audit lieu, p. 102.)

(1) Loret nous apprendra le nom de cette femme de chambre et le motif de son renvoi; mais, par une précaution qu'explique suffisamment la gêne imposée à la presse, le chroniqueur burlesque a eu soin de mettre en apostille: *Nouvelle apocryphe.* Nous citerons son naïf récit:

  Noiron, du Roi la confidente,
  N'ayant pas été bien prudente,
  Ni bien gardé fidélité
  Au secret de Sa Majesté,
  Fut assez promptement chassée,
  Et la chose ainsi s'est passée:
  « Voyez-vous, lui disoit le Roi,
  « Il semble qu'on se rit de moi;
  « Je crois tout de bon qu'on me trompe.
  « On m'avoit dit qu'en grande pompe
  « Et dans des triomphes nouveaux
  « Je serois reçu dans Bordeaux;
  « Mais hélas! je ne puis me taire,
  « Que j'aperçois bien le contraire!

Voilà, Monsieur, tout ce que je vous dirai présentement, car je m'aperçois bien que si je vous en disois

> « Ou Maman, ou le cardinal
> « Seroient-ils la cause du mal ?
> « Certes, j'en suis très-fort en peine ;
> « Mais ne dites pas à la Reine
> « Que d'un cœur dolent et transi
> « Je vous ai dit tout ceci ;
> « Ne me mettez pas mal près d'elle
> « Et me soyez toujours fidèle. »
> Ce que Noiron mal observa ;
> Car au même temps elle va
> A la Régente, sa maîtresse,
> Faire narration expresse
> De tout ce qu'avoit dit le Roi,
> Sans lui garder secret ni foi.
>
> Il ne faut pas que l'on demande
> Si l'on fit grande réprimande
> A notre jeune potentat,
> Qui, remarquant le peu d'état
> Qu'on avoit fait de sa défense,
> Faillit à perdre patience ;
> Et voilà d'où vient, ce dit-on,
> L'exil de la belle Noiron,
> Qu'aucuns tiennent pour véritable,
> Mais je crois que c'est une fable.
>
> (*Muse historique*, lettre du 10 septembre 1650.)

La Reine ne tarda pas à marier la belle Noiron ; ainsi, sa disgrâce fut peut-être la cause de son établissement. C'est encore notre chroniqueur qui nous en instruit :

> La Noiron, dont la populace
> Avoit publié la disgrâce
> Par un rapport faux et malin,
> Se marie au sieur Ivelin,
> Jeune médecin chez la Reine ;
> Et comme elle est toujours mal saine,

davantage, vous ne le pourriez plus lire, tant j'ai pris une forte habitude de mal faire. Je vous dirai pourtant encore que mon frère est votre très-humble serviteur, et que je suis de toute mon âme, etc.

LETTRE TROISIÈME.

DE LA MÊME AU MÊME.

(Paris, ... octobre 1650.)

.... Je ne crois nullement mériter toutes les louanges que vous me donnez, et je crois seulement que me faisant l'honneur de m'aimer, parce que votre illustre et chère Angélique (1) m'aimoit tendrement, vous n'êtes pas marri que je me donne l'honneur de vous entretenir; au reste, avant que de vous dire des nouvelles, il faut que je vous dise que les vers que vous avez envoyés à madame de Clermont m'ont fait verser plus de larmes qu'ils n'ont de syllabes (2). Il me semble, Monsieur, qu'en vous dépeignant la douleur qu'ils ont

  Il sera, lui tâtant le pouls,
   Son médecin et son époux.
     (*Ibid*, lettre du 1ᵉʳ octobre 1650.)

(1) Cette *Angélique* est mademoiselle Paulet, dont il a été question dans la première lettre de mademoiselle de Scudéry. Elle demeuroit avec madame de Clermont d'Antragues, et elle mourut chez cette dame, en Gascogne, vers le milieu de l'année 1650. Tallemant a dit par erreur qu'elle étoit morte en 1651.

(2) *Voyez* l'épître de Godeau à la marquise de Clermont d'Antragues, dans ses *Poésies*. Paris, P. Le Petit, 1663, t. 3, p. 75.

excitée dans mon cœur, c'est en faire l'éloge. En effet, vous représentez si agréablement cette merveilleuse fille, que l'on peut assurer que jamais portrait n'a si bien ressemblé que celui que vous avez fait d'elle. De plus, vous touchez avec tant de délicatesse l'endroit où vous parlez de l'amitié que vous aviez pour elle, et de celle qu'elle avoit pour vous, qu'il ne faut pas s'étonner si, ayant l'âme aussi tendre que je l'ai, j'en ai été extraordinairement satisfaite, et si mon cœur s'en est attendri ; car enfin vous dites cent choses que j'ai senties pour elle, mais que je n'eusse jamais pu si bien dire : je vous rends donc mille grâces d'être cause que j'aurai la consolation de voir une peinture de la divine Angélique, plus durable et plus belle que ne le sont celles de Raphaël. En vérité, Monsieur, je ne me console point de la perte de cette généreuse amie, et je trouve une si notable différence de l'amitié qu'elle avoit pour moi à celle qu'ont quelques autres personnes qui m'aiment pourtant autant qu'elles peuvent aimer, que, quand elle n'auroit eu qu'un médiocre mérite, je la regretterois toute ma vie. Jugez donc ce que je dois faire, vous qui savez mieux ce qu'elle valoit que qui que ce soit. Si je suivois mon inclination, je ne vous parlerois d'autre chose ; mais puisque je me suis imposé la nécessité de vous dire ce que je sais des nouvelles du monde, il faut que je m'en acquitte.

Vous saurez donc que l'entrevue de la Reine et de madame la Princesse (1) a tellement épouvanté toute

---

(1) Cette entrevue fut due à une sorte de hasard. La paix de Bordeaux ayant été signée le 1ᵉʳ octobre 1650, la princesse de Condé sortit de cette ville le 3, accompagnée des ducs de Bouillon et de La Rochefoucauld, et d'un grand nombre de gentilshommes. Comme elle alloit

la *fronderie*, qu'il est aisé de juger que vous aviez raison de dire que *si le lion rugissoit en liberté, il feroit fuir tous ses ennemis*. Il est vrai que cette entrevue, aussi bien que celle de MM. de Bouillon et de La Rochefoucauld avec M. le cardinal (1), a des circonstances qui font croire que leur peur n'est pas tout-à-fait sans fondement; car, non-seulement la Reine reçut admirablement bien madame la Princesse, mais elle l'entretint très-long-temps en particulier : on ajoute même qu'il paroissoit, par l'air du visage de cette jeune princesse, que ce que la Reine lui disoit lui donnoit de la joie (2). De plus, M. de Bouillon

à Lormon, pour de là se retirer en Anjou, elle rencontra le maréchal de La Meilleraie, qui venoit à Bordeaux pour lui rendre ses devoirs. Le maréchal lui donna le conseil d'aller à Bourg saluer Leurs Majestés, et il parvint à l'y résoudre. La princesse se jeta aux pieds du jeune Roi et d'Anne d'Autriche, qui l'accueillit froidement, mais cependant avec bonté. Lenet et madame de Motteville parlent de cette entrevue dans leurs Mémoires, mais c'est mademoiselle de Montpensier qui donne le plus de détails. Elle insiste en jeune femme sur la forme d'une écharpe et sur la mauvaise grâce qu'on trouvoit à une princesse qu'on n'aimoit pas. On ne lui pardonnoit pas la mésalliance de son illustre époux.(*Mémoires de Montpensier*, deuxième série de la *Collection des Mémoires relatifs à l'histoire de France*, t. 41, p. 101.) « Le mépris, dit madame
« de Motteville, que madame la Princesse, sa belle-mère, avoit pour sa
« race et pour elle, joint à toutes ces choses, n'avoit pas peu contribué
« à son anéantissement. Elle avoit néanmoins des qualités assez loua-
« bles; elle parloit spirituellement quand il lui plaisoit de parler, et
« dans cette guerre elle avoit paru fort zélée à s'acquitter de ses devoirs. »
(*Mémoires de Motteville. Ibid.*, t. 39, p. 80.)

(1) *Mémoires de Motteville*, audit lieu, p. 81.

(2) Loret peint assez plaisamment les craintes que cette entrevue inspiroit aux Frondeurs :

La Reine ayant avec carresse
Reçu madame la Princesse,

coucha chez M. le cardinal, et il court un bruit que le neveu de Son Éminence épousera la fille aînée de ce duc. Enfin, personne ne doute que la paix de Bordeaux n'ait plusieurs articles secrets que la gazette ne dit pas, et les politiques les plus fins disent que M. de Bouillon est trop habile pour s'attirer la haine de M. le Prince, comme il feroit sans doute s'il avoit fait un traité secret où il n'eût point de part. Ce qui étonne encore les Frondeurs, est que M. l'abbé de La Rivière a eu permission, avec le consentement de Son Altesse Royale, de partir d'Aurillac, et de venir à son abbaye de Saint-Benoît, auprès d'Orléans. Outre cela, ils savent encore que cette même Altesse a écrit plusieurs fois de sa main à la Reine et à M. le cardinal, sans leur en rien dire. Ils n'ignorent pas non plus que M. Le Tellier a été ces jours passés à Marcoussis. Ils savent encore que M. l'intendant a reçu ordre de faire un dernier effort pour contenter les rentiers, de peur qu'ils ne se servent d'eux pour faire quelque nouveau remuement à Paris. M. le coadjuteur, en son particulier, sait bien que Son Altesse Royale ne peut plus souffrir sa domination, et il ne peut pas ignorer que la cour n'ait su qu'il a fait tout ce qu'il a pu pour obliger M. le duc d'Orléans à se rendre maître des

> Et ses associés aussi,
> Cela donne bien du souci
> A ces deux têtes noire et blonde,
> Qui sont les suppôts de la Fronde ;
> On dit qu'ils font les yeux mourants,
> Et même aussi leurs adhérents,
> Et n'est pas jusqu'à La Boulaye
> Dont le grand cœur ne s'en effraye.
> (*Muse historique*, lettre du 15 octobre 1650.)

princes prisonniers, à quelque prix que ce fût. Il a même tenu des discours sur cela qui font horreur.

Outre toutes ces choses, les Frondeurs voient encore que l'ardeur du peuple pour *l'amiral du Port au foin* (1) est fort ralentie, de telle sorte qu'il n'y a plus guère que le quartier des halles où on le salue, si bien que présentement la *fronderie* est un peu chancelante. Dieu veuille qu'elle ne se raffermisse pas, et que ceux qui ont eu le dessein de faire de la France ce que Cromwel et Fairfax ont fait de l'Angleterre ne puissent jamais avoir de crédit.

On dit que la cour avoit dessein d'aller en Languedoc et en Provence ; mais Son Altesse Royale la presse si fort de revenir, qu'on croit en effet qu'elle reviendra (2).

Ceux de Melun ont refusé deux fois, depuis quinze jours, d'obéir aux ordres de M. le duc d'Orléans, qui vouloit que ses gendarmes y logeassent ; et quand on leur a dit qu'ils s'exposoient beaucoup, ils ont répondu que M. de Beaufort les avoit assurés de sa protection, et qu'ils ne craignoient rien. Le retour du Roi fera voir s'ils ont raison.

Madame de Chevreuse (3) et madame de Montbazon (4) sont toujours plus mal, et elles vont même plaider. Le sujet du procès est digne du temps et des

---

(1) On appeloit ainsi par dérision le duc de Beaufort, qui avoit la charge de grand-amiral de France.

(2) La cour revint à Paris au commencement du mois de novembre 1650.

(3) Marie de Rohan, duchesse de Chevreuse.

(4) Anne de Rohan, princesse de Guemené, duchesse de Montbazon. Louis de Rohan, son mari, étoit, comme aîné, débiteur de la dot constituée à sa sœur.

personnes; car madame de Chevreuse demande cent mille écus qu'on lui a promis en mariage; à cela madame de Montbazon dit qu'elle a une quittance de M. de Chevreuse, et madame de Chevreuse répond que, monsieur son mari l'ayant donnée du temps qu'il étoit amoureux de madame de Montbazon, elle ne prétend pas qu'elle soit bonne.

Voilà à peu près tout ce que je sais; mais puisqu'il semble que vous avez envie que je vous dise exactement tout ce qui regarde M. le Prince, pour vous témoigner mon exactitude, je vous dirai que, lorsque je fus au donjon, j'eus la hardiesse de faire quatre vers et de les graver sur une pierre où M. le Prince avoit fait planter des œillets qu'il arrosoit quand il y étoit. Mais pour porter encore ma hardiesse plus loin, et vous faire voir que j'ai plus de zèle que d'esprit, je m'en vais vous les écrire :

> En voyant ces œillets qu'un illustre guerrier
> Arrosa d'une main qui gagna des batailles,
> Souviens-toi qu'Apollon bâtissoit des murailles,
> Et ne t'étonne pas de voir Mars jardinier [1].

Je m'assure, Monsieur, que vous ne me disputerez pas la dernière chose que je vous ai dite; aussi ne vous envoyé-je pas ces quatre vers comme jolis, mais comme une marque de la confiance que j'ai en votre bonté.

Je vous dirai encore que mon frère envoya hier à M. le Prince la cinquième partie de *Cyrus*; mais

---

[1] Cette anecdote et les vers inspirés à mademoiselle de Scudéry par la prison du prince de Condé, étoient déjà connus par le récit de madame de Motteville. (Voyez ses *Mémoires*, dans la collection déjà citée, t. 39, p. 9.)

comme on ne parle qu'à M. de Bar qui lui avoit déjà donné la quatrième, lorsqu'il étoit à Vincennes, il écrivit à mon frère qu'il ne manqueroit pas de donner son livre à M. le Prince, aussitôt qu'il l'auroit lu (1). Ce qu'il y a de plus rare, c'est qu'il écrit si mal, qu'il s'en faut peu que je ne croie qu'il ne sait pas lire, et pour juger de sa suffisance en matière d'écriture, il écrit *doute* avec une *h*, encore est-ce le mot le mieux orthographié.

Au reste, Monsieur, si l'on ne nous avoit pas donné quelque espoir que vous viendriez bientôt ici, mon frère vous auroit déjà envoyé le livre dont je viens de parler, et vous auroit aussi renvoyé une seconde fois celui qui a été perdu; mais sachant cette agréable nouvelle, il se prépare à vous les offrir lui-même, et moi à vous protester que je suis de toute mon âme, etc.

LETTRE QUATRIÈME.

DE LA MÊME AU MÊME.

(Paris, 4 novembre 1650.)

Tant que M. Conrart est en santé, je vous écris plus pour mon intérêt que pour le vôtre, sachant bien qu'il vous apprend toutes les nouvelles avec beaucoup

---

(1) M. de Bar étoit chargé de la garde des trois princes. Il étoit fort ignorant; on a prétendu que, comme il ne savoit pas le latin, il vouloit qu'on leur dît la messe en françois, de peur que le prêtre en officiant ne leur donnât dans cette langue des avis qu'il ne pourroit pas comprendre.

d'exactitude et beaucoup d'éloquence tout ensemble ; mais aujourd'hui que cet illustre ami est malade, il me semble que c'est à moi à vous apprendre les choses remarquables que la bizarrerie du siècle produit tous les jours.

Je vous dirai donc que, depuis un mois ou six semaines, on vole si insolemment dans les rues de Paris, qu'il y a eu plus de quarante carrosses de gens de qualité arrêtés par ces *messieurs les voleurs*, qui vont à cheval, et presque toujours quinze ou vingt ensemble. Mais, comme nous sommes dans un temps de confusion, ceux qui devroient donner ordre à de telles violences ne s'en sont point mis en peine, de sorte que, voyant que l'on pouvoit voler impunément, tous ceux qui se sont trouvés pauvres et méchants se sont mis à dérober : je vous laisse à juger après cela quelle multitude de voleurs il doit y avoir. On les auroit pourtant laissés maîtres des rues de Paris, sans une chose qui arriva samedi au soir, et qu'il faut que vous sachiez.

Je pense que, quelque éloigné que vous soyez de Paris, vous avez bien su que les yeux de madame de Montbazon ont assujetti le cœur du *roi des halles*, autrement appelé M. de Beaufort; mais vous ne savez peut-être pas que cet amant va tous les soirs chez la duchesse, et qu'il n'en sort qu'à deux ou trois heures après minuit. Il arriva donc, qu'étant allé samedi dernier, au soir (1), chez elle, il ne la trouva point; mais

---

(1) Cet événement arriva, le samedi 29 octobre 1650, entre onze heures et minuit. (Voyez le *Récit véritable de tout ce qui s'est fait et passé à l'assassinat commis proche l'hôtel de Schomberg, au sujet de monseigneur e duc de Beaufort;* Paris, 1650, in-4º de sept pages.) Loret a raconté

comme il ne se pouvoit passer de la voir, et que pourtant il vouloit souper, il dit tout haut au portier qu'il

cette tragique aventure d'une manière tout à la fois badine et judicieuse :

> Samedi, par grande disgrâce,
> Gens inconnus et pleins d'audace,
> Le soir, tout tard, mirent à mort
> Un suivant du duc de Beaufort,
> Comme il alloit quérir son maître,
> Qui, ce soir même, alla repaître
> Chez la duchesse de Nemours,
> N'ayant pas trouvé ses amours.
> Cela fit bien crier du monde,
> Et surtout messieurs de la Fronde,
> Jusque-là qu'un maître mutin,
> Qui ne s'appelle pas Martin,
> Fut dire à l'Altesse Royale
> Que cette action déloyale,
> Qui rendoit tout Paris chagrin,
> Ne venoit que du Mazarin;
> Et redoublant la hardiesse
> Dont il parloit à Son Altesse,
> S'écria que sans doute un jour
> On lui feroit semblable tour.
> Plusieurs disent que ce langage
> Est plein d'insolence et d'outrage ;
> Toutefois le Frondeur susdit,
> Ayant ainsi dit et prédit,
> Et fait une telle incartade,
> Ne reçut point de bastonnade.
>
> Multitude de lanterniers,
> De vrais nigauds, de safraniers,
> Et des crieurs d'huîtres à l'écaille,
> Oh ! la ridicule canaille !
> Ont envoyé des députez,
> Le peste soit des effrontez !
> Au duc de Beaufort, pour lui dire,
> Sans même excepter notre Sire,

s'en alloit à l'hôtel de Vendôme, et qu'il reviendroit à onze heures. L'histoire porte que, quand il dit cela au portier de l'hôtel de Montbazon, deux hommes inconnus, qui s'étoient avancés auprès du carrosse, l'entendirent et se retirèrent; mais la chose est un peu douteuse. Cependant, comme M. de Beaufort fut auprès de la croix du Tiroir, il changea d'avis, et résolut de souper à l'hôtel de Nemours et de renvoyer son carrosse à l'hôtel de Vendôme, ordonnant à son écuyer de le lui ramener à onze heures, chez madame de Montbazon, où un carrosse de l'hôtel de Nemours le mena aussitôt qu'il eut soupé.

Comme ce bon prince ne va jamais sans être bien accompagné, ni sans armes, deux gentilshommes [1] et deux valets de chambre, qui revinrent dans son carrosse, avoient des pistolets et des mousquetons, qui ne leur servirent cependant qu'à causer le malheur qui est arrivé. Car, comme ils furent auprès de la Croix du Tiroir [2], vingt hommes à cheval ayant environné le

> Qu'ils le serviroient contre tous :
> Mais ces gens-là sont-ils pas fous ?
> Conseil, minorité, régence,
> Que direz-vous de cette engeance ?
> Sainte majesté de nos Rois,
> Justice, obéissance, lois,
> Aujourd'hui si peu maintenues,
> Hélas ! qu'êtes-vous devenues ?
>
> (*Muse historique*, lettre du 5 novembre 1650.)

[1] Les sieurs de Saint-Eglan et de Brinville. (*Récit véritable.*)
[2] Cette croix étoit au coin de la rue Saint-Honoré et de l'Arbre-Sec. On disoit tantôt *Tiroir*, tantôt *Trahoir*. Personne n'est d'accord ni sur ce nom, ni sur son origine. (*Voyez* Jaillot, *Recherches sur Paris, quartier du Louvre*, p. 7.)

carrosse et commandé au cocher d'arrêter, un des deux gentilshommes, qui étoit au fond du carrosse, tira un mousqueton qu'il avoit, et blessa un des voleurs (1), de sorte qu'au même instant un de ceux qui attaquoient s'élança dans le carrosse, et donna un coup de poignard à celui qui touchoit le gentilhomme qui avoit tiré ce mousqueton. Un moment après, plusieurs coups de pistolet suivirent ce coup de poignard, un desquels acheva de tuer ce pauvre malheureux qui étoit déjà blessé, et un autre brûla l'oreille de celui qui étoit au fond du carrosse et qui avoit tiré le premier. Cela fait, les voleurs, qui virent un des leurs blessé, tellement qu'il ne pouvoit se soutenir, s'en allèrent sans rien prendre à ceux qui étoient dans le carrosse, et emportèrent leur compagnon blessé.

Cependant le carrosse de M. de Beaufort fut à l'hôtel de Montbazon, où il y eut un bruit tel que vous pouvez l'imaginer. Ce pauvre malheureux, qui avoit été tué à la place où M. de Beaufort se met d'ordinaire,

---

(1) Comme l'écrit déjà cité est l'ouvrage d'un Frondeur, et que ce parti ne mettoit pas en doute l'intention des assassins de tuer le duc de Beaufort, le pamphlet diffère essentiellement de la narration de mademoiselle de Scudéry. Il y est dit que les assaillans, « croyant que ledit seigneur-« duc étoit dans ledit carrosse, à cause que le sieur de Saint-Eglan « avoit la chevelure blonde, ainsi que la porte ledit seigneur-duc, ti-« rèrent quinze à vingt coups, sans blesser personne, sinon le sieur de « Brinville, lequel fut blessé légèrement à la joue..... et tout aussitôt « tira un autre coup de mousqueton, duquel fut tué ou blessé à mort un « desdits assassineurs, et en même temps ledit sieur de Brinville sauta « légèrement hors du carrosse, et à la faveur de la nuit se mêla parmi « eux sans être reconnu, ce que ne put faire le sieur de Saint-Eglan, le-« quel fut misérablement blessé d'un coup de poignard ou de baïon-« nette au cœur, dont il mourut une demi-heure après. » (*Récit véritable.*)

fut tiré de ce carrosse et exposé aux yeux du peuple jusqu'au lendemain après-midi. M. de Beaufort envoya à l'heure même chez tous ses amis. La chose passa dans son esprit pour un assassinat, et il ne s'en retourna chez lui qu'en état de donner bataille.

Cependant le peuple n'a point fait de bruit de cet accident durant les premiers jours, et M. de Beaufort a vu que son règne est changé. Mais comme les Frondeurs sont toujours tout prêts à renouveler les désordres passés, ils ont fait dire parmi le peuple que c'étoit M. le cardinal qui avoit fait faire cet assassinat. Dans le même temps, ils ont aussi fait publier que c'étoient les amis de M. le Prince, et ils n'ont rien oublié pour tâcher de faire quelque soulèvement. Mais, par bonheur, celui de ces voleurs qui a été blessé, s'étant fait panser à trois chirurgiens différents, a été reconnu et pris; de sorte que présentement il est en prison, et il y a apparence qu'on lui fera dire la vérité. Il a déjà assuré qu'il n'avoit dessein que de voler, et que, si ceux du carrosse n'eussent point tiré, il n'y eût eu personne de tué. Il a nommé tous ses complices, et on en a déjà pris deux; de sorte que, devant qu'il soit trois jours, on saura la vérité de cette funeste aventure, qui fait tant de bruit dans le monde, et dont les Frondeurs prétendent tirer tant de fruit.

Je n'oserois vous dire qui l'on a soupçonné de cette affaire, car cela seroit abominable, et il vaut mieux remettre à l'ordinaire prochain que la chose sera éclaircie.

Au reste, il semble que M. de Beaufort soit destiné à porter la division partout, car il n'a pas plus tôt eu loué une maison dans la rue Quinquenpoix, où jamais prince n'a logé, qu'il y a eu division entre deux paroisses, qui prétendent l'avoir toutes deux pour paroissien, l'une parce que de tout temps la maison où il va demeurer a été de Saint-Nicolas, et l'autre, qui est Saint-Leu, parce que M. de Beaufort, voulant être voisin des marchands de la rue Saint-Denis, a fait faire une porte qui y donne, de sorte que comme cet endroit de la rue Saint-Denis est de la paroisse Saint-Leu, le curé de cette église prétend que, faisant une porte plus grande dans cette rue que n'est l'ancienne porte dans la rue Quinquenpoix, la maison doit changer de paroisse et être de la sienne. On verra ce que les juges en ordonneront s'ils plaident; on dit qu'ils en ont le dessein.

On vient de me dire que des gens conduits par des Frondeurs ont été la nuit dernière [1], avec tambour battant, pendre un portrait de M. le cardinal à un poteau qui est auprès du Pont-Neuf, avec un arrêt

---

[1] C'étoit dans la nuit du jeudi 3 novembre 1650. Nous trouvons cette date dans Loret :

> A Paris, durant qu'il fait sombre,
> Arrive toujours quelque encombre.
> Jeudi, la nuit, plusieurs badauds
> Attachèrent à six poteaux,
> En assez indigne posture,
> Du cardinal la pourtraiture.
> Cet acte et son impunité
> Témoignent bien en vérité
> Un règne impuissant et débile.
> Je ne suis pas assez habile
> Pour leur représenter leur tort,
> Mais je hais l'insolence à mort.

(*Muse historique*, lettre du (samedi) 5 novembre 1650.)

écrit au-dessus, qui porte que, pour l'assassinat commis en la personne de M. de Beaufort, il est condamné à être pendu; mais le jour n'eut pas plus tôt fait voir la chose, que le lieutenant criminel a été faire dépendre ce tableau, et informer comment cela s'étoit passé. Je ne pense pourtant pas que la *fronderie* puisse venir à bout de soulever le peuple; toutefois les affaires de Bordeaux se rebrouillent; madame la Princesse douairière a été bien malade, mais elle est hors de danger (1). La Reine a aussi été saignée trois fois pour un grand rhume dont elle est guérie (2). Il n'est pas de même de M. de Guise, qui est très-mal.

(1) Charlotte-Marguerite de Montmorency, princesse douairière de Condé.

(2) Loret rend compte de la maladie de la Reine-mère dans les termes suivants :

<pre>
Un peu d'indisposition,
De langueur et d'émotion
Attaquèrent, l'autre semaine,
L'individu de notre Reine ;
Son corps, pour être exempt de mal,
N'est pas aussi fait de métal,
Mais de chair délicate et belle
Qui pourtant n'est point immortelle.
Pourroit-elle se bien porter
Après qu'on l'a tant fait trotter ?
Et comment n'être point malade
D'une si longue cavalcade,
Et de tant d'ennuis et de soins ?
Certes, on l'est souvent à moins.
Dieu veuille garder sa personne,
Et des conseils que l'on lui donne
Ne lui faire user que des bons
Pour le plus grand bien des Bourbons!
</pre>

(*Muse historique*, lettre du 5 novembre 1650.)

Cependant les pauvres prisonniers sont toujours entre l'espérance et la crainte, et les choses sont présentement en tel état, qu'on ne sait ce que l'on doit penser; car enfin, on voit que tout le monde fait le contraire de ce qu'il devroit faire. Il faut du moins que ceux qui ne sont pas exposés au tumulte du monde se fassent sages aux dépens d'autrui. C'est pour cela que je m'examine moi-même, afin de régler mes sentiments, que je suis assurée que l'on ne peut condamner, du moins pour ce qui vous regarde, puisque je ne pense pas que le déréglement puisse être assez grand dans l'esprit des hommes, pour trouver que je n'ai pas raison de vous honorer autant que je vous honore, et d'être autant que je suis, etc.

LETTRE CINQUIÈME.

DE LA MÊME AU MÊME.

(Paris, 18 novembre 1650.)

Je ne vous écrirai pas long-temps aujourd'hui, car je suis attendue en un lieu où je me suis engagée d'aller il y a plus de huit jours. Je me hâte de vous dire que la cour est enfin revenue à Paris (1). M. de Beaufort

(1) La cour étoit revenue à Paris le 12 novembre 1650, et le lendemain, le duc de Beaufort étant venu saluer la Reine, en fut mal reçu. C'est Loret qui donne ces dates et ces petits faits :

  La cour. . . . .
  A Paris mardi retourna. . . .

fut chez la Reine le lendemain ; mais il n'en fut pas bien reçu; car à peine fut-il entré, qu'elle dit que l'on se retirât, et en effet le *roi des halles* sortit sans avoir dit une parole. En sortant, il rencontra sur l'escalier le cardinal qui montoit. Ils se saluèrent comme des gens qui craindroient de s'enrhumer, car on assure qu'ils enfoncèrent plutôt leurs chapeaux qu'ils ne les levèrent : il est vrai qu'ils passèrent si vite qu'ils n'eurent pas le loisir de s'observer long-temps.

J'oubliois de vous dire que le jour qui précéda le retour du Roi, on avoit rompu sur la roue trois des voleurs qui ont tué ce gentilhomme de M. de Beaufort, qui dirent toujours qu'ils n'avoient dessein que de voler, de sorte que voilà le prétendu assassinat mal prouvé.

Mais, Monsieur, j'ai bien une plus pitoyable chose à vous dire ; c'est que mercredi on fit partir messieurs les princes pour aller au Havre. Je vous avoue que quand je vois ce gagneur de batailles et ce preneur de

. . . . . on me dit avant-hier. . . .
Que la Reine. . . . .
Avoit montré grande froideur
Contre monsieur un Tel, Frondeur,
Qui, croyant tirer avantage
Du funeste et cruel carnage
Qu'on avoit fait de son suivant,
Est moins aimé qu'auparavant.
Les voleurs mis à la torture
Ayant avoué l'aventure
Et dit tout haut, en plein sénat,
Qu'ils avoient fait l'assassinat,
Mais de cette action félonne
N'ayant chargé nulle personne.

(*Muse historique*, lettre du 19 novembre 1650.)

villes, qui a sauvé trois fois l'Etat, aller de prison en prison, j'en ai une compassion étrange. Il a reçu cette nouvelle avec sa constance ordinaire; il fit même une raillerie délicate sur ce que c'est M. le comte d'Harcourt (1) qui les escorte avec mille hommes de pied et cinquante chevaux (2). A dire vrai, cet emploi est bien étrange; car enfin, il a présentement le gouvernement d'un des princes qu'il mène. Je n'aurois pas aimé d'avoir telle conformité avec les bourreaux qui ont la dépouille de ceux qu'ils font mourir; car de Cazal, capitaine aux gardes, a refusé d'y aller; on dit même que Miossens (3) a feint d'être malade pour ne s'y trouver pas. On mena ces pauvres princes, mercredi, coucher à Versailles; ils versèrent en y allant, et le prince de Conti, qui se trouva dessous, fut une heure évanoui sur un fossé. Ils devoient hier coucher à Houdan, aujourd'hui à Anet, et demain à un lieu que j'ai oublié;

(1) Henri de Lorraine, comte d'Harcourt, mort en 1666.

(2) Le prince de Condé fit à cette occasion un couplet très-connu; il est imprimé dans le *Nouveau siècle de Louis XIV*, ou *Poésies anecdotes du règne et de la cour de ce prince*; Paris, Buisson, 1793, t. 1er, p. 273. Soulavie est l'éditeur de ce recueil. Voici ce couplet, rétabli d'après un manuscrit de chansons historiques que feu M. le marquis Garnier nous avoit communiqué :

>Cet homme gros et court,
>Si fameux dans l'histoire,
>Ce grand comte d'Harcourt
>Tout couronné de gloire,
>Qui secourut Cazal et recouvra Turin,
>Est maintenant recors de Jules Mazarin.

(3) César Phébus d'Albret, comte de Miossens, étoit alors maréchal de camp; élevé à la dignité de maréchal de France, au mois de février 1653, il ne s'appela plus que le maréchal d'Albret.

après quoi ils iront au Pont-de-l'Arche, de là à Jumiéges, puis à Bolbec, et de là au Havre. Jugez quelle douleur à M. de Longueville, de passer en cette posture dans son gouvernement.

M. le cardinal a envoyé faire compliment à madame la Princesse sur sa maladie, et la prier de ne pas s'alarmer sur le changement de prison de messieurs les princes; qu'il l'assuroit que ce ne seroit pas pour longtemps, et qu'il alloit faire tout ce qu'il pourroit pour mettre les choses en tel état que la Reine les pût délivrer sans danger. Dieu veuille que cela soit bientôt! car j'avoue que c'est une chose honteuse à la Reine et à notre nation de voir les injustices que l'on voit.

Je ne pensois pas vous en pouvoir tant dire. Je ne vous dis pourtant pas la moitié de ce que je pense, ni la centième partie de ce que l'on dit; mais on m'attend, je n'ai plus que le temps de vous assurer que je suis autant que je le dois, etc.

LETTRE SIXIÈME.

DE LA MÊME AU MÊME.

(Paris, 30 décembre 1650.)

Il y a quinze jours que j'étois si enrhumée, que je ne pus pas vous écrire, et il y en a huit que la curiosité de voir le service qu'on faisoit, aux Cordeliers, à feue madame la Princesse (1), et d'entendre la seconde

(1) La princesse de Condé, douairière, mourut à Châtillon-sur-Loing le 2 décembre 1650. Ses restes, déposés à Paris dans l'église des Jésui-

oraison funèbre que devoit prononcer M. l'évêque de Vabres (¹), l'emporta sur l'envie que j'avois de me donner l'honneur de vous entretenir, joint que je crus que si j'allois en ce lieu-là, j'aurois plus de matière de vous divertir aujourd'hui. Je ne m'amuserai pourtant pas à vous dire qu'il y avoit plus de deux mille cierges à cette cérémonie, que le clergé et toutes les compagnies souveraines y étoient en corps, et que les ordres que M. le Prince a donnés, de rendre tous les honneurs imaginables à madame sa mère, ont été exécutés, car la gazette vous l'aura appris; mais je vous

---

tes, furent transportés, le jeudi, 22 décembre suivant, au couvent des Carmélites de la rue Saint-Jacques; nous joindrons ici le récit semi-burlesque de Loret; il contient des circonstances curieuses :

> En ce convoi sombre et fatal,
> Plus de cent flambeaux à cheval
> Eclairoient la pompe funèbre
> De cette princesse célèbre,
> Qui tous les cœurs attendrissoit
> Par où le triste char passoit.
> Les grands et grandes de la ville,
> Au nombre de deux ou trois mille,
> Avoient été, vêtus en deuil,
> Rendre visite à son cercueil.
> Le peuple avec un zèle extrême
> En avoit aussi fait de même,
> Et moi, qui ne suis presque rien,
> Mais toutefois un peu chrétien,
> J'allai dire comme les autres
> En ce saint lieu mes patenostres, etc.

(Loret, *Muse historique*, lettre du 25 décembre 1650.)

(¹) Isaac Habert, nommé évêque de Vabres en 1645, mourut en 1668. Il a eu grande part aux disputes du jansénisme, ayant attaqué le premier l'*Augustinus* de l'évêque d'Ypres.

dirai que M. l'évêque de Vabres a acquis grand honneur, et par l'action qu'il fit aux Augustins, lorsque le clergé honora feue madame la Princesse d'un service, et par celle qu'il fit depuis aux Cordeliers : car enfin, sans rien dire contre le respect qu'il doit à la cour, il loua fort hardiment et les morts, et les exilés et les prisonniers. A sa première oraison funèbre, il prit pour sujet de son discours la dernière prière qu'a faite madame la Princesse, qui fut, si je ne me trompe : *In te, Domine, speravi, non confundar in æternum;* et, comme ce psaume a été appelé par quelques-uns le psaume des captifs, cet évêque se servit fort heureusement de cette favorable rencontre. Après cela, il ne s'amusa point à louer madame la Princesse, ni de sa beauté, ni de sa grande naissance ; ou, s'il le fit, ce fut sans s'y arrêter, et en disant qu'il laissoit toutes ces choses aux poètes et aux orateurs. C'est pourquoi il ne s'attacha qu'aux vertus, et entre les vertus il ne choisit que la patience et la charité, qui furent les deux parties de son discours. Vous pouvez juger, Monsieur, qu'il ne put parler de la patience de madame la Princesse sans parler de la prison de messieurs les princes, et de l'exil de M. de Longueville ; aussi le fit-il si généreusement et si sagement tout ensemble, qu'il toucha le cœur de tous ceux qui l'entendirent (1).

(1) Loret a fait mention, dans sa *Muse historique*, de cette action oratoire.

> De Vabres, orateur célèbre,
> Fit lundi l'oraison funèbre
> De celle qu'on nommoit icy
> Charlotte de Montmorency,
> De Condé princesse douairière,
> Qui fit voir en sa fin dernière

La seconde oraison ne fut pas tout-à-fait si hardie, parce qu'il parloit par le commandement du Roi ; il ne se démentit pas pourtant. Il y eut de fort belles choses dans son discours ; il prit le deuxième verset du même psaume dont il s'étoit servi la première fois, et joignit la persévérance aux deux autres vertus qu'il avoit attribuées à madame la Princesse. Il dit pourtant encore qu'il falloit demander la liberté de cet illustre captif, dont les mains victorieuses étoient chargées de fers ; mais qu'il ne la falloit demander qu'à Dieu et au Roi. Voilà, Monsieur, à peu près l'ordre des deux discours, qui furent tous deux fort beaux [1]. M. l'abbé

> Tant d'amour et de charité,
> Que l'on peut dire en vérité
> Que son âme ardente et zélée
> Dans les cieux est tout droit volée,
> Avec mille fois plus d'appas
> Qu'elle n'en avoit ici-bas,
> Quoiqu'elle ait passé les plus belles
> De toutes les beautés mortelles.
> L'oraison se fit le matin
> Au grand couvent Saint-Augustin.
> C'étoit un beau panégyrique,
> Et d'un accent si pathétique
> Cet évêque le proféra,
> Que l'assemblée en soupira,
> Et plusieurs, émus par ses charmes,
> En versèrent même des larmes.
>
> (Loret, *Muse historique*, lettre du 18 décembre 1650.)

[1] Ces deux discours de l'évêque de Vabres ne paroissent pas avoir été imprimés ; au moins ils ne sont pas indiqués dans l'ouvrage du Père Lelong, quoiqu'il cite deux autres oraisons funèbres de la princesse de Condé, dont une est de l'abbé d'Aubignac. (*Bibliothèque historique de la France*, n° 25820.) Moreri, quoiqu'il ait donné la liste des ouvrages d'Isaac Habert, ne fait non plus aucune mention de ces discours.

Roquette en doit faire un aux Carmélites, mais j'espère que ce ne sera qu'à la fin des quarante jours.

Je ne vous parle point des assemblées du parlement, car vous les savez sans doute, et vous n'ignorez pas que présentement les Frondeurs font semblant de demander la liberté des princes, car comme ils savent bien que mille arrêts du parlement ne feroient pas tomber une pierre du Havre, ils ne craignent pas d'obtenir ce qu'ils font semblant de souhaiter. Si la cour étoit bien conseillée, elle déchaîneroit ce *lion* contre ceux qui la persécutent.

M. le duc d'Orléans n'est pas trop bien avec la Reine, et certes je pense qu'elle a raison de s'en plaindre, car enfin il voit tous les jours chez lui M. le coadjuteur et M. de Beaufort, qui ne voient point le Roi, et qui font tous les jours ce qu'ils peuvent pour soulever le peuple et pour renverser l'Etat. La victoire de M. le maréchal Du Plessis [1] les a pourtant un peu mortifiés, car elle est venue justement au plus fort de leurs assemblées. On apporta hier soixante-cinq drapeaux à Notre-Dame, qui passèrent durant que messieurs du parlement délibéroient. Ils n'achevèrent point hier, je ne sais s'ils acheveront aujourd'hui; si je l'apprends avant que de fermer ma lettre, je vous le dirai. La pluralité des voix alloit hier à remontrance.

Il y avoit un homme dans leurs dernières assemblées qui ne sera pas des dernières, car il mourut hier au soir, fort regretté, aussi bien que M. d'Avaux, son

---

[1] La bataille de Rethel, gagnée le 15 décembre 1650, par le maréchal Du Plessis sur les Espagnols, dans les rangs desquels étoit le maréchal de Turenne.

frère (¹). Vous pouvez juger après cela que celui dont je parle est M. le président de Mesmes (²); il est mort du pourpre qui n'a pu sortir et qui l'a étouffé. La cour y perd entièrement, et les Frondeurs y gagnent. On dit qu'il a disposé de sa charge, sous le bon plaisir du Roi, en faveur de M. d'Irval, son frère; mais il y en a qui croient que M. Le Tellier y prétend.

On dit toujours que M. le cardinal revient, mais on ne le sait pourtant pas avec certitude.

Les habitants de Rethel, en reconnaissance de ce que ç'a été le conseil et la valeur de M. de Manicamp qui les a délivrés de la domination espagnole, lui ont donné une fort belle épée. Ils se sont engagés à perpétuité d'en donner une à tous les aînés de sa maison. Il me semble que cette marque d'honneur est plus belle qu'un bâton de maréchal de France (³).

On vient de m'assurer qu'enfin ces messieurs les sénateurs ont achevé d'opiner. Voici comme on dit que la chose se passa : que messieurs les gens du Roi iront aujourd'hui trouver la Reine, pour prendre jour et heure, afin que le parlement lui fasse très-humbles remontrances pour la liberté des princes; qu'ils enverront des députés à M. le duc d'Orléans, pour le supplier d'assister à toutes les assemblées qu'ils ont ré-

---

(¹) Claude de Mesmes, comte d'Avaux, l'un de nos diplomates les plus célèbres, et frère du président, étoit mort le 19 novembre précédent.

(²) Henri de Mesmes, président à mortier au parlement de Paris, mourut le 29 décembre 1650. (*Voyez* la *Muse historique* de Loret, lettre du 1ᵉʳ janvier 1651.) Ce passage donne la date précise de cette lettre.

(³) Montglat rapporte aussi ce fait. (*Mémoires de Montglat*, deuxième série de la *Collection des Mémoires*, t. 50, p. 256).

solu de faire, jusqu'à ce que la Reine les ait satisfaits; que pour cet effet ils s'assembleront dès demain pour apprendre des gens du Roi la réponse de la Reine et pour délibérer dessus. On me vient aussi d'apprendre que le président de Blancmesnil, grand Frondeur, est à l'extrémité; ainsi le bon et le mauvais parti auront chacun un protecteur (1).

Je trouverois peut-être bien encore quelque chose à vous dire, mais ma lettre est si longue que ce seroit abuser de votre patience. Il faut pourtant encore que vous ayez la peine de lire que mon frère est votre très-humble et très-obéissant serviteur, et que je le suis autant que je le dois et que je le puis.

LETTRE SEPTIÈME ET DERNIÈRE.

DE LA MÊME AU MÊME.

(Paris, 2 mars 1651.)

Je vous écrivis une lettre si longue, il y a quinze jours, que je jugeai à propos, l'ordinaire passé, de ne vous pas accabler par un nouveau griffonnage..... Je pense que ceux qui voudroient chercher quelque liaison en écrivant les nouvelles, et passer insensiblement d'une chose à une autre, s'y trouveroient bien embarrassés, car tout ce qu'on sait au temps où nous sommes a si peu de rapport, qu'il faut de nécessité l'écrire fort

---

(1) René Potier, seigneur de Blancmesnil et du Bourget, président des enquêtes, ne termina sa carrière que le 17 novembre 1680.

irrégulièrement, principalement quand on n'a pas plus d'art que j'en ai.

Quoi qu'il en soit, je vous dirai que M. le Prince fut, il y a trois jours, demander permission à la Reine de marier son fils et monsieur son frère : le premier, à une des filles de M. le duc d'Orléans, et l'autre, à mademoiselle de Chevreuse; et comme cette princesse n'est pas en état de rien refuser, elle accorda ce qu'on lui demandoit (1). Je ne vous dis point après cela que M. le duc d'Orléans et M. de Chevreuse ne refusèrent point M. le Prince, lorsqu'il fut faire la demande de ces deux princesses, car vous pouvez bien juger que cela est ainsi. Le pauvre prince de Conti a une telle envie de se marier, qu'il en est malade. Pour moi, j'avoue que je ne sais pas comment il a la hardiesse d'épouser une fille de madame de Chevreuse; je vis hier un homme qui me dit qu'il aimeroit mieux épouser quelque jeune sultane au sortir du sérail, que la fille d'une telle mère. Cependant, quelque avancé que soit ce mariage, quoiqu'on ait envoyé à Rome pour avoir la dispense de tenir les bénéfices, que M. le prince de Conti ait nommé M. de Montreuil (2) pour titulaire, il y en

(1) Les princes étoient sortis du Havre le 13 février précédent. Leur liberté avoit été le résultat d'un traité fait entre le coadjuteur et la princesse palatine, au nom du prince de Condé, dont elle avoit reçu les pouvoirs tracés sur une ardoise. Ce double mariage en avoit été l'une des conditions. Le but étoit de réunir les princes et le duc d'Orléans dans un même intérêt. Mademoiselle de Chevreuse, en épousant le prince de Conti, auroit empêché le cardinal Mazarin d'attirer à lui le frère du prince de Condé. (*Voyez* les *Mémoires de Guy Joly* dans la *Collection des Mémoires relatifs à l'histoire de France*, deuxième série, t. 47, p. 117.) Ces mariages ne s'accomplirent pas.

(2) Jean de Montreuil, secrétaire du prince de Conti, membre de l'A-

a qui doutent encore qu'il s'achève, parce qu'on sait que madame de Longueville y a une aversion étrange. Le temps nous fera voir ce qui en sera.

Pour M. le cardinal, il est à Sedan, d'où il doit bientôt partir pour aller en Suisse, ou à Madrid; la Reine demanda encore huit jours, par la bouche de M. le duc d'Orléans, pour lui donner le loisir de sortir du royaume. Le parlement les accorda, mais en même temps ces messieurs donnèrent un arrêt qui porte qu'on informera de ce qui s'est passé aux lieux où M. le cardinal a couché depuis son départ de Dourlens. Le parlement refusa aussi, pour la seconde fois, la déclaration du Roi, touchant l'exclusion des étrangers et des cardinaux pour le ministère [1]; mais, comme je crois que cette seconde affaire, qui va mettre une grande division entre le clergé et le parlement, vous est mandée par diverses personnes, je ne vous la dirai point, et je continuerai ma gazette en vous parlant de l'arrivée de M. d'Angoulême [2], qui

---

cadémie françoise. Il n'auroit pu être long-temps le *custodi-nos* du prince, car il mourut le 27 avril suivant.

[1] Ce second refus du parlement eut lieu le 1er mars 1651. (*Mémoires d'Omer Talon*, deuxième série de la *Collection des Mémoires relatifs à l'histoire de France*, t. 62, p. 172.) Ce fait donne la date précise de cette lettre.

[2] Louis de Valois, duc d'Angoulême, gouverneur de Provence, mourut à Paris, le 13 novembre 1653. Il avoit eu avec le parlement d'Aix les démêlés les plus sérieux, à l'occasion des charges qu'il avoit fait créer pour rendre ce parlement semestriel. Le duc d'Angoulême, alors comte d'Alais, voulut employer la force à l'exécution de ses desseins; le peuple prit le parti de son parlement; les avenues du palais furent barricadées, et le comte d'Alais, obligé de capituler, sortit de la ville après avoir traité avec ses magistrats. Le parlement cassa le semestre, ainsi que les consuls nommés au nom du Roi, tandis qu'ils auroient dû

a été fort bien reçu de M. le Prince. Aussi vous puis-je assurer que tout ce qu'il y a de Provençaux ici commencent déjà de s'empresser fort auprès de lui, et sa cour est si grosse, qu'on ne le sauroit croire à moins de l'avoir vue. Je voudrois de tout mon cœur que tous les ennemis qu'il a dans votre province vissent ce qui se passe ici, afin que, se repentant, ils tâchassent de se raccommoder, et qu'ils se tinssent en repos; car, enfin, il est constamment vrai que M. le Prince va être maître absolu des affaires. Je vous assure qu'il n'est pas sans occupation. Il dîna hier chez M. le premier président (1), qui le traita avec une magnificence étrange. Il y avoit quatorze potages, quatorze plats de poisson, entre lesquels on compte un saumon de douze pistoles et une carpe de huit. Jugez du reste.

Le Roi a dansé un méchant ballet ces jours passés, quoique ç'ait été de fort bonne grâce. Il le redansa hier pour la troisième fois (2). Cela me fait ressouvenir

être élus, et tout rentra dans l'ordre; mais les esprits demeurèrent long-temps envenimés. (*Relation véritable de ce qui s'est fait et passé en la ville d'Aix, en Provence, depuis l'enlèvement du roi Louis* XIV, *fait à Paris le 6 janvier 1649, et en l'affaire du parlement, où le comte d'Alais, madame sa femme et mademoiselle sa fille, le duc de Richelieu, M. de Sceve, intendant, et plus de cent cinquante gentilshommes ont été arrêtés prisonniers; apportée par le sieur T., envoyé par messieurs du parlement de Provence.* A Paris, chez Jean Henaut, au Palais, 1649. In-4° de 8 pages.) (*Cabinet de l'éditeur.*)

(1) Mathieu Molé, premier président du parlement de Paris, reçut les sceaux le 3 avril 1651, et mourut dans ses fonctions le 3 janvier 1656.

(2) C'étoit le ballet de Cassandre dont les paroles sont de Bensserade. (*Voyez les Œuvres de Bensserade*, édition à la sphère, 1698, t. 2, p. 3.) Il fut dansé au Palais Cardinal le 26 février 1651. La Reine n'y assista point; elle venoit d'être obligée d'ordonner au cardinal Mazarin de quitter la France. Les petits détails échappent à la grave histoire, bien

de ces petits oiseaux qui chantent si bien et qui se réjouissent, quoiqu'ils soient prisonniers dans leurs cages ; car enfin ce pauvre jeune Roi est présente-

qu'ils ne soient pas toujours indignes d'être recueillis ; c'est ce qui nous détermine à donner ici le récit burlesque de Loret :

> Le soir un désir me vint prendre
> D'aller visiter la Cassandre
> Qu'on dansoit au Palais-Royal,
> Où plusieurs dames, comme au bal,
> Avoient mis leurs plus riches jupes
> Pour donner dans les yeux des dupes.
> MADEMOISELLE s'y rendit,
> Qu'assez long-temps on attendit,
> Avec les deux jeunes *Loupines*
> Très-charmantes et très-poupines ;
> On y voyoit de tous côtés
> Luire tout plein d'autres beautés,
> Et la Guerchy plus que pas une
> Brilloit en haut sur la tribune
> Très-fort œilladée, et par qui ?
> Par Nemours, Joyeuse et Créqui,
> Qui, bien souvent lorgnant la belle,
> Etoient aussi lorgnés par elle.
> Pour la REINE, en ce lieu d'appas,
> Sa Majesté ne parut pas,
> Car elle étoit triste et malade.
> Pour le ballet et mascarade,
> Il étoit assez jovial ;
> Toutefois, pour ballet royal,
> En dessein, dépense et musique,
> Il n'étoit pas trop magnifique.
> Quoi que c'en soit, cette action
> Causa de l'exaltation.
> Le ROY, qui fait bien quoi qu'il fasse,
> Y dansa de fort bonne grâce ;
> Trois ou quatre admirablement,
> Et les autres passablement.

(*Muse historique*, lettre du 5 mars 1651.)

ment plus prisonnier qu'eux. On fit même encore hier deux barricades assez près du Palais-Royal. Je vous assure que ceux qui ont commencé de faire faire la garde aux portes ont donné une étrange atteinte à la royauté (1). Dieu veuille que M. le Prince la puisse un jour rétablir ; car présentement il faut qu'il dissimule beaucoup de choses, et il le sait fort bien. Il paroît même plus dévot qu'il n'étoit ; car, outre qu'il entend la messe tous les jours, il fait encore le carême, quoiqu'il ne l'ait jamais fait que depuis qu'il a été en prison.

Madame de Longueville reviendra dans quinze jours ; on dit qu'elle tâche de moyenner une trêve générale ou particulière (2). On dit qu'on fera la garde

---

(1) Les bourgeois de Paris gardoient nuit et jour le Palais-Royal ; cela dura jusqu'au mois d'avril, comme on le voit encore dans Loret :

>Les Parisiens remerciez,
>Et tout-à-fait licenciez,
>N'auront plus le soin ni la peine
>De garder le Roy ni la Reine,
>Et ne feront plus les Argus,
>Sinon de peur d'être c.....
>Outre qu'ils étoient inutiles,
>C'étoient guerriers très-mal habiles,
>Et des gens qui savoient si peu
>Gouverner des armes à feu,
>Que trente en ont perdu la vie
>Qui n'en avoient aucune envie.

(*Muse historique*, lettre du 3 avril 1651.)

(2) Nous citerons encore ici l'autorité de Loret :

>La duchesse de Longueville,
>Belle, spirituelle, habile,

jusqu'à ce qu'on ait établi un conseil à la Reine, et qu'on ait éloigné des affaires toutes les créatures de M. le cardinal.

Le Roi semble haïr tous ceux qui veulent abaisser son autorité, et, selon toutes les apparences, il se souviendra long-temps de tout ce qu'on lui fait aujourd'hui. Au reste, M. Bonneau (1) est tellement en faveur, que je commence, pour l'amour de lui, à me réconcilier avec la Fortune, quoiqu'en mon particulier elle me traite rigoureusement. Tout de bon, je suis bien aise qu'un aussi honnête homme que lui ait du crédit.

Après cela, je ne vous dirai plus rien, car il faut que j'aille au sermon. Plût à Dieu qu'au lieu de vous écrire, je vous pusse entendre! Tous vos amis disent

> A dans son cœur déterminé
> De ne point sortir de Stené (*Stenay*)
> Que la paix ne soit commencée
> Et même un peu bien avancée.
> Elle emploie, à ce que l'on dit,
> Son éloquence et son crédit
> Et tous les charmes nécessaires
> Pour disposer nos adversaires
> A ce grand accommodement,
> Désiré généralement,
> Et qui couronnera la belle
> D'honneur et de gloire immortelle.

(*Muse historique*, lettre du 26 février 1651.)

La duchesse de Longueville revint à Paris vers le 15 du mois de mars, comme on le voit au même ouvrage dans la lettre du 19 mars 1651.

(1) Ce M. Bonneau étoit vraisemblablement l'oncle de madame de Miramion; sa fille épousa M. de Chauvelin.(*Voyez* une Vie manuscrite et inédite de madame de Miramion, par madame de Nesmond, sa fille.) (*Cabinet de l'éditeur.*)

qu'il est à propos que vous veniez bientôt ici ; je le souhaite, et pour l'amour de vous, et pour avoir l'honneur de vous assurer que je suis avec toute sorte de respect et d'affection, etc.

FIN.

TABLE DES MATIÈRES

CONTENUES DANS LE SIXIÈME VOLUME.

	Pages.
Le Parquet.	5
Fourberies.	7
Mondory, ou l'Histoire des principaux comédiens françois.	10
Contes de prédicateurs et de ministres.	24
Madame de Vieillevigne.	28
Pronostics.	31
Pierre philosophale.	37
Moncontour.	39
Contes, naïvetés, bons mots, etc.	42
Les Amours de l'auteur.	70
Muets.	96
Contes sur le mariage.	98
Madame de Launay.	100
Tours, malices. — Tours de Bohêmes.	116
La marquise de Brosse et Maucroix.	126
Contes de bêtes.	136
Contes de mourants.	140
Charpy, sieur de Sainte-Croix.	143
Naïvetés, bons mots, reparties, contes divers.	145
Madame de Langey.	189
Marigny Malenoe.	206
Petit-Puis.	208
Mademoiselle Des Jardins, l'abbé d'Aubignac et Pierre Corneille.	210

	Pages.
Observations préliminaires sur la Vie de M. Costar.	225
Vie de M. Costar.	233
Vie de Louis Pauquet, chanoine et archidiacre du Mans.	339
Sur mademoiselle de Scudéry.	359
Lettres de mademoiselle de Scudéry.	371

FIN DE LA TABLE.

www.ingramcontent.com/pod-product-compliance
Lightning Source LLC
Chambersburg PA
CBHW052126230426
43671CB00009B/1135